本书系教育部人文社会科学研究青年基金项目"贫□
安置社会融入差异与优化研究"（项目编号：21YJ
成果，获贵州基层社会治理创新高端智库经费支持。

易地城镇安置社会融入
差异与优化研究

刘 升 —— 著

九州出版社 | 全国百佳图书出版单位
JIUZHOUPRESS

图书在版编目（CIP）数据

易地城镇安置社会融入差异与优化研究 ／ 刘升著
． -- 北京 ：九州出版社，2024.5
ISBN 978-7-5225-2905-9

Ⅰ．①易… Ⅱ．①刘… Ⅲ．①移民安置－研究－中国
Ⅳ．①D632.4

中国国家版本馆CIP数据核字(2024)第093750号

易地城镇安置社会融入差异与优化研究

作　　者	刘 升 著	
责任编辑	石增银	
出版发行	九州出版社	
地　　址	北京市西城区阜外大街甲 35 号（100037）	
发行电话	(010)68992190/3/5/6	
网　　址	www.jiuzhoupress.com	
印　　刷	北京星阳艺彩印刷技术有限公司	
开　　本	710 毫米 ×1000 毫米　16 开	
印　　张	15.5	
字　　数	220 千字	
版　　次	2024 年 5 月第 1 版	
印　　次	2024 年 5 月第 1 次印刷	
书　　号	ISBN 978-7-5225-2905-9	
定　　价	78.00 元	

自　序

　　笔者在 2013 年进入中国农业大学攻读博士学位。当年冬季，笔者一个人到河北张家口地区进行住村调研。那是一个只有几十户人口的小村庄，村庄中连水泥路都没有。由于当地缺水，村庄中的水井已经深达 100 多米。村民都住在窑洞中，因为村庄偏僻，交通不便，年轻人已经全部外出，村庄中已经几十年没有盖过一间新房。整个村庄在冬天看起来非常萧条，毫无生机。那是笔者第一次深切地感受到自然环境带来的规模性贫困。在此之后，笔者持续关注这种生态环境造成的规模性贫困。在 2017 年进入贵州大学工作以后，笔者亲眼见识到了贵州省轰轰烈烈的易地扶贫搬迁，并对此产生了浓厚的兴趣。

　　在此期间，看到无数长期居住在偏远山区的贫困农民借助国家政策搬进了新家，实现了进城，看到了农民对于终于能够离开贫困山区的那种渴望，但同时也看到了他们对于搬进新家之后的担忧。

　　从 2017 年以来，笔者就持续跟踪调研贵州省各地的易地搬迁社区。到了 2021 年，笔者非常荣幸地获批教育部人文社会科学研究青年基金项目"贫困农户易地城镇安置社会融入差异与优化研究"，得以将调研范围扩大，走出贵州，调研了广西、云南、四川、湖北、陕西等地的多种类型易地扶贫搬迁安置社区。在深刻感受易地扶贫搬迁工程伟大的同时，也看到了不同类型安置社区中的差异化社会融入情况。

　　按照脱贫攻坚政策，易地扶贫搬迁中全国搬迁 1628 万人的工作已经在

2020 年全部完成，但易地扶贫搬迁是一个系统性工程，对于从贫困山区搬迁出来的搬迁群众，并不能一搬了之。根据我们"搬得出、稳得住、能融入"的搬迁要求，易地扶贫搬迁后续的社会融入将是一个极为重要的内容。

为此，党和国家也多次发文，对易地扶贫搬迁的后续社会融入提出要求。党的二十大报告中提出要"巩固拓展脱贫攻坚成果，增强脱贫地区和脱贫群众内生发展动力"，国家的"十四五"规划中更是明确提出要"做好易地扶贫搬迁后续帮扶工作"。随后，国家发展改革委等十九个部门在 2023 年 1 月 28 日共同发布了《国家发展改革委等部门关于推动大型易地扶贫搬迁安置区融入新型城镇化实现高质量发展的指导意见》，再次明确提出要推动易地扶贫搬迁安置区融入新型城镇化。可见，易地扶贫搬迁的社会融入已经不仅仅是一个学术问题，同时也已经成为一个重要的社会政策问题。

易地搬迁群体的社会融入是一个复杂的系统性工程，与搬迁对象、迁入地、迁出地、搬迁安置方式、搬迁时间等都有密切关系，而在每一个因素里面，又存在诸多的微观差异。而且，因为易地搬迁本身的复杂性，很多时候多种因素共同存在，如超大型安置区中来自牧业区集中安置的老人，这里面本身就有多种因素，而受不同因素影响则会带来不同的社会融入效果。但如果考虑到所有细节性要素，本研究无法穷尽所有的可能性，所以本研究主要是从中观层面展开分析，在此过程中不免会挂一漏万，忽略掉很多特殊性，在此还请各位读者谅解。

最后，需要注意的是：第一，易地扶贫搬迁是一个系统工程，搬迁只是起点，后续还有大量工作需要开展；第二，易地扶贫搬迁尽管还有一些地方需要完善，但我国的易地扶贫搬迁已经在整体上取得了空前的成功，指出问题并不是要否定成绩，而是为了将工作做得更好。

2023 年 12 月 3 日写于江西庐山

目 录

第一章：引　言

一、研究背景

（一）易地扶贫搬迁社会融入的背景

"十三五"期间的易地扶贫搬迁是我国脱贫攻坚"五个一批"[①] 的重要组成部分，本书中的社会融入研究则属于"十三五"期间易地扶贫搬迁的后续工作。

易地扶贫搬迁不是一个新鲜事物。20 世纪 80 年代以来，为了促进区域协调发展和减少农村贫困，我国政府就开始采取易地扶贫搬迁的方式帮助那些就地脱贫难度大的居民离开脆弱的生态环境，以此来帮助他们摆脱贫困。但按照 2011 年 2300 元不变价为扶贫标准，截至 2015 年年底，我国还有贫困人口 5575 万，其中近 1000 万人生活在"一方水土养不起一方人"的地方。这些地方资源环境承载能力不足、自然灾害频发、交通不便、信息不畅、人才短缺、市场不完善，经过多轮扶贫开发，贫困状况仍未发生根本改变。基于这一现实情况，党中央、国务院决定用 5 年时间，把这1000 万贫困群众搬离恶劣的生存环境，彻底摆脱艰苦的生产生活条件，实现稳定脱贫。

---

　① "五个一批"：发展生产脱贫一批、易地搬迁脱贫一批、生态补偿脱贫一批、发展教育脱贫一批、社会保障兜底一批。

1

2015 年 6 月 18 日，习近平总书记在贵州主持召开部分省区市扶贫攻坚与"十三五"时期经济社会发展座谈会，强调对居住在"一方水土养不起一方人"地方的贫困人口，要实施易地搬迁，将这部分人搬迁到条件较好的地方，从根本上解决他们的生计问题。

2015 年 10 月 16 日，习近平总书记在 2015 年减贫与发展高层论坛上发表的题为《携手消除贫困 促进共同发展》主旨演讲中，明确把"通过易地搬迁安置一批"作为未来"中国在扶贫攻坚工作中采取的重要措施"之一，从而正式明确了易地扶贫搬迁的重要地位，使易地扶贫搬迁成为精准扶贫的重要措施。

2015 年 11 月 27 日，在中央扶贫开发工作会议上，习近平总书记再次强调：生存条件恶劣、自然灾害频发的地方，通水、通路、通电等成本很高，贫困人口很难实现就地脱贫，需要实施易地搬迁，这是一个不得不为的措施。

2015 年 11 月 29 日，中共中央、国务院印发了《关于打赢脱贫攻坚战的决定》，要求"加快实施易地扶贫搬迁工程"，标志着我国扶贫事业进入了脱贫攻坚新阶段。

2015 年 12 月 1 日，国务院召开全国易地扶贫搬迁工作电视电话会议，李克强总理作出重要批示，时任国务院副总理的汪洋同志主持会议并讲话，对新时期易地扶贫搬迁工作进行安排部署，拉开了新时期易地扶贫搬迁的序幕。国家发展改革委等 5 部委及时出台《"十三五"时期易地扶贫搬迁工作方案》，明确了新时期易地扶贫搬迁工作的指导思想、基本原则、工作目标、安置方式、补助标准以及土地、财政、金融等配套政策，为各省细化政策措施提供了指导和依据。

2016 年 9 月，国家发展改革委发布的《全国"十三五"易地扶贫搬迁规划》，进一步提出"十三五"期间全国易地扶贫搬迁的目标：搬迁 981[①]万建档立卡贫困农村居民，加上同步搬迁人口约 647 万人，总计搬迁 1628

---

① 之后增加到 986 万贫困群众，所以实际总搬迁人口为 1633 万人，但为了研究方便，本书主要使用 981 万的贫困人口统计口径。

万人，涉及全国 22 个省（区、市），约 1400 个县（市、区）。

（二）"十三五"期间易地扶贫搬迁的特点

尽管易地扶贫搬迁这种方式早已存在，但"十三五"期间易地扶贫搬迁是彻底解决"一方水土养不起一方人"的贫困问题、实现贫困群众跨越式发展的根本举措。与过去相比，"十三五"时期易地扶贫搬迁在工作目标、搬迁对象、主要任务、资金渠道、补助标准、建设标准、保障机制等方面都具有新的特点（表 1-1）。

表 1-1：易地扶贫搬迁政策特征对比

	"十三五"时期以前易地扶贫搬迁	"十三五"时期易地扶贫搬迁
工作目标	规模不明确，对脱贫发展没有强制性要求	规模明确，要求"搬迁一户、脱贫一户"
搬迁对象	各地以国家贫困线标准为主要依据自行划定	以国家扶贫开发信息系统中标注为易地扶贫搬迁对象的建档立卡贫困人口为主
主要任务	安置住房建设和人口搬迁安置	安置住房建设、人口搬迁安置、迁入地基本公共服务能力提升、搬迁群众后续发展、社会融入、稳定脱贫
资金渠道	中央和地方财政投资	中央和地方财政投资；开发性、政策性金融资金；地方政府债、专项建设基金等
补助标准	人均补助标准低，贫困搬迁群众自筹额度无限制	人均补助标准高，贫困搬迁群众自筹额度有上限要求
建设标准	无明确标准	人均住房建设面积不超过 25 平方米（宅基地严格按照当地标准执行）
保障机制	发展改革部门推动，缺乏部门协同、上下联动的保障机制	"中央统筹、省负总责、市县抓落实"，建立了分工明确、责任落实、部门联动的工作机制

表格来源：国家发展改革委国土开发与地区经济研究所研究报告《中国贫困治理现代化的贵州探索——贵州易地扶贫搬迁实践与理论总结》

从表 1-1 中可以看出,"十三五"时期以前的易地扶贫搬迁更类似于生态移民搬迁,由于国家层面缺少统一规划,所以各地都是结合各自的实际情况自行搬迁,而"十三五"期间则主要是针对贫困人口的易地扶贫搬迁。在此背景下,"十三五"期间的易地扶贫搬迁也出现了一些新特点:

第一,规模大。"十三五"期间我国一共搬迁 1628 万人,仅搬迁贫困人口就达到了 986 万。约建成 3.5 万个集中安置区,其中 5000 多个城镇安置区,约安置 500 多万人,3 万多个农村安置点,约安置 460 多万人[①]。相对而言,2001—2015 年间,在中央和地方的共同努力下,全国累计搬迁1200 万人。[②] 可见,"十三五"期间我国的搬迁规模前所未有。

按照 2020 年世界人口排名,在全球 200 多个国家和地区中,1628 万的搬迁人口数量能排到世界第 73 位,几乎赶上荷兰人口,超过比利时、希腊等国家人口,处于世界人口中上排名;即便只计算 986 万贫困搬迁人口,也能排世界人口的第 91 位,超过约旦、匈牙利等国家的人口。可见,我国"十三五"期间人口易地搬迁的速度和规模都史无前例。

在易地扶贫搬迁规模大的同时,还有时间紧、任务艰巨的难题。因为要在 5 年内完成 1628 万农村人口搬迁,平均每年要完成超过 326 万的人口搬迁,这就对时间要求非常高。

第二,相对集中。一是搬迁人口多集中在西部地区。我国西部地区成为此次易地扶贫搬迁的主战场,东部迁移人口规模非常小。西部地区 12省(市、区)建档立卡人口约 664 万人,占建档立卡搬迁人口总规模的67.7%,计划同步搬迁约 423 万人;中部地区 6 省建档立卡搬迁人口 296万人,占建档立卡搬迁人口总规模的 30.2%,计划同步搬迁约 144 万人;东部地区 4 省建档立卡搬迁人口约 21 万人,占建档立卡搬迁人口总规模

---

① 搜狐网."十三五"期间全国建成集中安置区约 3.5 万个 [EB/OL].[2020-12-30].https://www.sohu.com/a/435963185_120702.

② 国家发展改革委.全国"十三五"易地扶贫搬迁规划 [EB/OL].[2016-09].https://www.gov.cn/xinwen/2016-10/31/5126509/files/86c8eb65acf44596bf21b2747aec6b48.pdf.

的 2.1%，计划同步搬迁约 80 万人。① 其中，贵州和四川 2 省搬迁规模超过 100 万人，云南、陕西、湖北 3 省为 80—100 万人，湖南、广西、甘肃 3 省（区）50—80 万人，8 个省（区）合计占全国的 77.7%（表 1-2）。二是搬迁人口集中在自然条件恶劣的地区。分地带来看，西部占 67.7%，（其中：西北荒漠化地区、高寒山区约占 28%，西南高寒山区、石山区占 40%），中部深山区约占 30.2%，东部 2.1%。分类型区来看，迁出区域主要为生态环境脆弱、人口承接能力较弱的地区。三是搬迁人口集中在 800 人以上的大型安置社区。到 2020 年，全国共有 34002 个集中安置社区。其中，从规模来看，800 人以下安置社区 32509 个，共安置贫困人口 329 万人，占总集中安置人口的 44%；800 人以上大型安置社区 1458 个，共安置贫困人口 414 万人，占总安置人口的 56%。还有万人以上特大型安置区近 50 个。②

表 1-2：易地扶贫搬迁的搬迁区域分布

	数量	贫困人口	贫困人口比例	非贫困人口	非贫人口比例
东部	4 省	21 万	2.1%	80 万	12.36%
中部	6 省	296 万	30.2%	144 万	22.26%
西部	12 省	664 万	67.7%	423 万	65.38%
合计		981③	100%	647	100%

数据来源：根据作者统计整理而得。

第三，集中安置程度高。"十三五"时期已搬迁人口中，分散安置人口约占 23.6%，集中安置人口约占搬迁贫困人口的 76.4%。从安置地来看，39% 搬迁人口在行政村内就近安置，37% 在小城镇或工业园区安置，15% 在建设移民新村安置（表 1-3）。

_____

① 国家发展改革委 . 全国"十三五"易地扶贫搬迁规划 [EB/OL] . [2016-09]. https://www.gov.cn/xinwen/2016-10/31/5126509/files/86e8eb65acf44596bf21b2747aec6b48.pdf.

② 仇焕广、陈菲菲等 . 易地扶贫搬迁研究产业，就业与社会融入 [M]. 北京：经济科学出版社 2022:330.

③ 后调整为 986 万贫困人口。

表 1-3：集中安置为主，集中安置与分散安置结合的方式 ①

序号	安置方式	比例
1	依托中心村或交通条件较好的行政村就近集中安置	39%
2	依托县城、小城镇或工业园区附近建设安置区集中安置	37%
3	依托周边县、乡镇或行政村规划建设移民新村集中安置	15%
4	依托乡村旅游区	5%
5	其他集中安置方式	4%

数据来源：国家发展改革委《全国"十三五"易地扶贫搬迁规划》

第四，无土安置比例高，达到 64%，有土安置占比 36%。县城、小城镇或工业园区安置、乡村旅游区安置、村外安置属于无土安置；行政村内安置、建设移民新村安置以及村内安置属于有土安置。但整体而言，即便是有土安置，也是搬迁户之前已有的土地，而不是重新提供土地。

第五，搬迁和安置难度高。首先，搬迁难度高。"十三五"期间主体搬迁对象主要来自自然条件严酷、生存环境恶劣、发展条件严重欠缺且建档立卡贫困人口相对集中的农村贫困地区，这些地区都是过去扶贫之后剩下的"硬骨头"，所以扶贫难度非常高。其次，工程实施难度更大。易地扶贫搬迁涉及面广、政策性强，是一项复杂的系统工程和社会工程，既要精心组织做好安置住房、配套水电路气网等基础设施和教育、卫生、文化等公共服务设施建设，也要依据不同安置方式，扎实推进产业培育、就业培训等后续发展工作，确保实现稳定脱贫，是本轮脱贫攻坚战必须攻克的一座座艰巨"堡垒"。② 其三，安置资源约束日益凸显。搬迁人口高度集中的中西部地区，山地、高原、荒漠化土地、生态脆弱区域占比高，适宜安置的水土资源匹配条件、选址空间受限。城镇化加速推进，使新增建设用地日

---

① 新华社.要搬谁？搬哪去？钱哪来？咋脱贫？——聚焦《全国"十三五"易地扶贫搬迁规划》四大看点？[EB/OL].[2016-09-22].https://www.gov.cn/xinwen/2016-09/22/content_5110940.htm.

② 国家发展改革委.全国"十三五"易地扶贫搬迁规划[EB/OL].[2016-09].https://www.gov.cn/xinwen/2016-10/31/5126509/files/86e8eb65acf44596bf21b2747aec6b48.pdf.

益紧张。承包土地调整难度不断加大，也使搬迁安置工作受到不同以往的挑战。[①] 最后，因为"十三五"期间的易地搬迁对象主要是来自偏远地区的贫困群众，面对的是迁入地城镇完全不同的生产生活体系，所以在后续社会融入过程中会出现一些问题。

第六，以零星搬迁为主，整村搬迁为辅。尽管同样存在一些因为地质灾害点等造成的整村搬迁，但"十三五"期间易地扶贫搬迁仍然是以建档立卡贫困人口搬迁为主，这就构成了零星搬迁为主的易地扶贫搬迁安置现状。

当然，也正是因为上面的诸多特点，"十三五"期间易地扶贫搬迁作为脱贫攻坚的重要手段得到了党和国家的高度重视，各级党委政府都提供了系统的规划和保障。

2015 年 12 月，中央把易地扶贫搬迁作为脱贫攻坚战最具标志性意义的头号工程，对"十三五"时期易地扶贫搬迁工作进行具体部署。易地扶贫搬迁作为"十三五"期间我国脱贫攻坚"五个一批"中投入最大、难度最大、风险最大的系统工程，是决战脱贫攻坚、决胜全面小康的焦点战役。所以，打好易地扶贫搬迁的这场战役极其重要。从当前来看，尽管易地扶贫搬迁"前半段"的贫困对象认定、工程建设、移民搬迁等"搬得出"工作已经基本完成，但"后半段"的搬迁移民后续发展和社会融入等"稳得住"工作才刚刚开始。

我国的三峡移民工程被称为"世界最难"，历时 17 年，举全国之力搬迁安置 129 万人，其中农村移民只有 55 万人。而 2015 年开始的易地扶贫搬迁，仅用 5 年时间就完成了 1628 万移民的搬迁安置，可见，三峡移民无论是规模还是强度都远远小于 2015 年开始的易地扶贫搬迁。且"十三五"期间的易地扶贫搬迁与其他时候的搬迁都存在巨大差异，不仅时间长、人口多，关键是范围广，这也就意味着类型多。试想一下，涉及全国 22 个省市 1400 个县 1600 多万人口的易地扶贫搬迁，其中包括了平原、山地、乡

---

① 国家发展改革委 . 全国"十三五"易地扶贫搬迁规划［EB/OL］.［2016-09］.https:// www.gov.cn/xinwen/2016-10/31/5126509/files/86e8eb65acf44596bf21b2747aec6b48.pdf.

镇、县城等无数种不同类型，这些不同类型呈现出的不同社会融入效果，就成为本研究的重点关注内容。

二、研究问题和研究意义

（一）研究问题

本研究主要关注易地搬迁城镇安置对象的社会融入问题和融入差异，本研究的主要问题在于：第一，研究内容更近一步，社会融入是对社会适应的推进，是真正实现农民市民化的过程；第二，研究视角更全面，本研究将搬迁对象的易地城镇社会融入纳入城乡差距与脱贫攻坚的具体背景下分析。

（二）研究意义

1. 理论意义

在学术上，本研究希望能够推进社会融入相关理论研究。易地搬迁对象进城属于借助国家力量实现的"跨越式城镇化"，但限于自身能力无法与城镇需求匹配，所以易地扶贫搬迁对象并没有真正实现"市民化"，还需要"二次进城"。

根据社会融入的基础、主体、方式和结果等差异，社会融入呈现出"直线型融入""曲线型融入""区隔型融入"等不同样态。本研究以城乡差异和脱贫攻坚背景下的易地城镇安置对象为研究对象，从不同类别的搬迁对象、迁入地、迁出地、搬迁安置方式等搬迁对象城镇社会融入的差异，进一步推进基于我国国情的社会融入本土分析框架。

2. 现实意义

易地扶贫搬迁尽管在"十三五"期间已经完成了搬迁1628万人的历史壮举，但根据"搬得出、稳得住、能融入"的目标，"搬得出"只是一个开始，"能融入"才是关键。为此，党和国家高度重视易地扶贫搬迁的后续社会融入。在 2020 年 2 月，国家发改委又联合 12 个部门出台了《2020 年易地扶贫搬迁后续扶持若干政策措施》。2020 年 11 月，党的十九届五中全会发布的《中共中央关于制定国民经济和社会发展第十四个五年规划和二〇三五年远景目标的建议》中明确提出"做好易地扶贫搬迁后续帮扶工作"。2022 年 10 月 16 日，习近平总书记在《高举中国特色社会主义伟大旗帜为全面建设社会主义现代化国家而团结奋斗——在中国共产党第二十次全国代表大会上的报告》的"全面推进乡村振兴"中提出"巩固拓展脱贫攻坚成果，增强脱贫地区和脱贫群众内生发展动力"。2023 年 1 月，国家发展改革委等 19 个部门联合印发《关于推动大型易地扶贫搬迁安置区融入新型城镇化实现高质量发展的指导意见》，明确提出推动大型易地搬迁安置区融入新型城镇化。因此，必须高度重视易地扶贫搬迁对象的社会融入。

第一，提高易地扶贫搬迁对象的城镇社会融入水平，防范化解社会稳定风险。2019 年 1 月 21 日，习近平总书记在省部级主要领导干部坚持底线思维着力防范化解重大风险专题研讨班开班式上的讲话指出："既要有防范风险的先手，也要有应对和化解风险挑战的高招；既要打好防范和抵御风险的有准备之战，也要打好化险为夷、转危为机的战略主动战。"城乡差异背景下，易地扶贫搬迁对象脆弱性高，在城镇这种"高风险"社会中，易地扶贫搬迁农户如果融入城镇社会水平低，缺乏归属感，显然不利于我国社会的长治久安，甚至可能演变成社会的不稳定因素。因此本研究有助于增强易地扶贫搬迁农户社会融入的有效性，解决易地扶贫搬迁农户城镇社会融入中的矛盾和问题，防范化解各类社会稳定风险，维护社会稳定。

第二，巩固和拓展脱贫攻坚成果，防止"返贫"。借助脱贫攻坚政策，易地扶贫搬迁对象已实现了城镇入住，但由于自身能力不足，短期内难以适应城镇的工作和生活环境。因此，分析不同迁入地类型、不同迁出地类型、不同安置社区类型等搬迁对象城镇社会融入差异，提炼总结其一般规律，有助于巩固和拓展脱贫攻坚成果，防止"返贫"。

第三，为世界移民搬迁提供"中国样板"。党的二十大报告指出："我们坚持精准扶贫、尽锐出战，打赢了人类历史上规模最大的脱贫攻坚战，全国八百三十二个贫困县全部摘帽，近一亿农村贫困人口实现脱贫，九百六十多万贫困人口实现易地搬迁，历史性地解决了绝对贫困问题，为全球减贫事业作出了重大贡献。"但根据历史经验，大规模的人口搬迁经常会遇到很多后续的社会融入问题，所以国际社会一直对大规模的人口搬迁保持审慎态度。此次我国"十三五"期间进行的易地扶贫搬迁则带来了新的经验，用时四年多，搬迁了 1600 多万人口，我国的易地搬迁经验和模式非常具有世界意义。

（三）文献综述和相关理论

1. 国外相关研究

易地扶贫搬迁是一个有中国特色的事情，在国际视野中通常被看作政府主导型的生态移民。西方与之相对应的主要是"生态移民"（Ecological refugees）、"环境难民"（Environmental refugees）等概念。生态移民是因环境破坏或为保护环境而发生的移民，国外一般称为环境难民/移民、生态/气候难民、环境迁移人等。国外学者从 20 世纪初开始研究生态环境对移民的影响，开展了大量对生态移民/难民的定义与分类、生态移民/难民的起因与驱动力、生态移民/难民数量的预测与分析、环境与移民之间的关联等研究。

（1）生态移民的概念研究

世界观察研究院的 Lester Brown 于 1976 年提出了"环境难民"的概念，指的是"由于环境破坏（自然的或人为引起的），威胁到人们的生存或严重影响到其生活质量，而被迫临时或永久离开其家园的人们"[①]。"他们既可以是国内迁移，也可以是国际迁移"。[②] 这类生态难民可划分为灾害产生的迁移、政府蓄意改变当地环境条件而产生的迁移和环境退化产生的迁

---

① Ethan Goffman,Environmental Refugees:How Many,How bad?[M]CSA,Discovery Guides,2006,pp1-15.

② International Organization for Migration(IOM). Discussion Note: Immigration and the Environment[J],2007,(11).

移三种类型。之后，Essam EL-Hinnawi 从起因视角，于 1985 年将环境难民定义为："由于某种自然灾害、由于显著的环境崩溃和由于生态环境持续缓慢退化导致人们的生活质量受到严重影响，甚至生存受到威胁，从而不得不选择迁移的人。"[①]2005 年英国环境学家 Norman Myers 则从更加具体的角度界定了环境难民："由于干旱、土壤侵蚀、荒漠化、过度砍伐森林等环境问题，结合人口压力、贫穷等社会经济问题，从而致使其生计问题不能得到保障的人。"[②] 不过国际学术界很多学者并不认同"难民"这个提法。为了避免"难民"这一提法导致的争议，联合国难民署于 2007 年提出用"环境移民"概念来替代。[③]

关于"生态移民"的概念，在 1899 年美国植物学家考尔斯就提出了"生态移民"的概念，他将群落迁移导入生态学中，认为生态移民是出于保护生态环境而实施的移民。他指出：群落不断地改造环境，环境又反过来对群落起作用，最终的结果就是群落的动态迁移活动。[④]2012 年，Justin Lyle 梳理了国际学术界关于生态移民的概念，认为学者们的理解大体上可分为广义和狭义两种：广义上是指由于生态环境和其他因素共同作用而出现的人口迁移现象；狭义上生态移民指为了保护修复具有特殊价值的生态区域系统的扶贫移民。[⑤]

（2）生态移民的社会融入研究

国外的相关研究已经发现，移民进入新的迁入地之后会出现一系列的

---

① EL-Hinnawi E.,Environmental refugees[M],Nairobi:United Nations Programme,1985,pp.1-3.

② Myers，Environmental Refugees:An Emergent Security Issue, 见 http://www.osce.org/documents/eea/2005/05/14488-en.pdf. 转引自：税伟，徐国伟，兰肖雄等 . 生态移民国外研究进展 [J]. 世界地理研究 ,2012,21(01):150-157.

③ 税伟，徐国伟，兰肖雄等 . 生态移民国外研究进展 [J]. 世界地理研究 ,2012,21(01):150-157.

④ Cowles,Henry Chandler,The Ecological Relations of the Vegetation on the Sand Dunes of Lake MIchigan,Montana USA：Kessinger Publishing,1899. 转引自：吴晓萍，刘辉武等著 . 西南民族地区易地扶贫搬迁移民的社会适应研究 [M]. 北京：人民出版社 ,2021:8.

⑤ Jusin Lyle,Resettlement of Ecological Migrants in Georgia:Recent Developments and Trends in Policy,Implementation and Perceptions,Flensburg:The European Centre for Minortity Issues Working Paper,2012,Vol.53,No.3,p.6.

生产生活方面的困难。Marybelle Mitchell 在研究了 40 个加拿大因纽特人移民安置点后发现，这些从原来极寒地带搬迁而来的移民，由于缺乏市场化条件所需要的工业技能，谋生变得非常困难，陷入了赤贫状态，移民区因此变成了贫民窟。[①]同时，生态移民搬迁还可能导致移民失业和收入降低而成为迁入地的社会弱势人群。对生态移民的生态补偿往往也很难实现，因为生态移民过程往往非常复杂，其得失很难精确测量。

整体上，国外关于生态移民的研究主要是对非自愿移民的生态移民。毕竟，国外很难有我国政府如此大的动员能力，提供如此优越的搬迁条件以动员如此大规模的自愿移民进行搬迁。所以，以我国"十三五"期间的易地扶贫搬迁移民为研究对象的生态移民研究就显得非常重要。

2.国内易地扶贫搬迁相关研究

"十三五"期间易地扶贫搬迁属于生态移民的一种类型，所以要认识易地扶贫搬迁，同样需要了解生态移民。

在生态移民的概念定义方面。任耀武最早在国内（1993 年）提出了生态移民概念，认为生态移民是生态农业思想在移民中的应用，又可以称为"可持续性移民"或"可承受开发性移民"。[②]王培先在 2000 年对这一概念进行了界定：生态移民就是把自然生态比较脆弱、不宜于人类生存地区的居民搬迁到别的地方，以便缓解原有人口对当地环境的压力，并进行相应的小城镇建设。[③]之后，更多学者对生态移民进行了界定。

在搬迁动因方面，盖志毅等对草原牧区生态移民的原因做了宏观层次上的探讨，认为生态移民的主要原因是我国牧区人口已经超出生态环境的承受力，同时草原退化严重，草原封育需要牧户迁出。[④]唐宏等对三工河的扶贫移民研究发现，家庭人口数、人均纯收入、主要收入来源、非农收

---

① Marybelle Mitchell，From Talking Chiefs to a Native Corporate Elite:The Birth of Class and Nationalism among Canada Inuit,Montreal,McGill-Queens University Press,1996,p.1.

② 任耀武，袁国宝，季凤瑚.试论三峡库区生态移民 [J]. 农业现代化研究 ,1993(01):27-29.

③ 王培先 . 生态移民：小城镇建设与西部发展 [J]. 国土经济 ,2000(06):25-26.

④ 盖志毅，宋维明，陈建成 . 草原牧区生态移民及其对策 [J]. 北京林业大学学报 (社会科学版),2005(03):55-58.

入比重和参与退耕还林情况是影响农户搬迁意愿的主要因素，家庭人口数量越少，非农收入比重越大，对生态环境保护重要性的认知越强，就越能接受生态移民政策。此外，是否具有退耕地以及退耕面积的大小也是影响农户搬迁意愿的重要因素。[①] 时鹏等对陕西省安康市的生态移民研究发现，农户家庭人口数量、少儿抚养比、老年抚养比、年人均纯收入对农户生态移民意愿产生重要影响；原有居住条件中，房屋位置、房屋材质、居住地离集镇距离、居住地聚集户数对农户生态移民意愿影响显著；社会压力方面，亲邻态度、村干部态度会对农户的搬迁行为产生影响。[②]

在移民的社会融入方面，关于我国移民的社会融入现状研究主要集中在农民工、流动人口、城市移民以及工程移民等方面。其中工程移民的社会融入主要集中在三峡移民等一系列水利移民方面，在具体的社会融入路径方面，钟涨宝通过梳理文献，认为当前学者的基本取向归纳于"同化论"和"多元文化论"两个流派。[③] 李伯宁在研究三峡移民时发现，移民在迁入地的适应和融入是一个渐进的过程，在这个过程中，移民面临着社会网络重构，与迁入地居民的冲突与整合，乃至最终适应迁入地社会的一系列复杂任务。[④]

当然，关于生态移民的研究还有很多，包括生态移民的影响、分类、不足等，因为其中的很多内容与下面易地扶贫搬迁的研究具有重合之处，所以在此就不一一列举。

（1）易地扶贫搬迁的基本研究

具体到易地扶贫搬迁方面，因为"十三五"期间易地扶贫搬迁规模大，投入多，影响大，所以必须单独进行论述。从 2015 年到 2020 年的 5 年时间内，即便不计算同步搬迁的约 647 万非贫困人口，我国也已实现了 981

① 唐宏,张新焕,杨德刚.农户生态移民意愿及影响因素研究——基于新疆三工河流域的农户调查[J].自然资源学报,2011,26(10):1658-1669.
② 时鹏,余劲.农户生态移民意愿及影响因素研究——以陕西省安康市为例[J].中国农业大学学报,2013,18(01):218-228.
③ 钟涨宝,杜云素.移民研究述评[J].世界民族,2009(01):68-72.
④ 李伯宁等.库区移民安置[M].北京:水利水电出版社,1992.

万建档立卡贫困人口的易地搬迁，这已相当于当今世界一个中等国家的人口规模，在如此短的时间内实施如此大规模的易地扶贫搬迁，在中华民族乃至世界发展史上都前所未有。尽管我国易地扶贫搬迁已取得了巨大成就，但易地扶贫搬迁作为我国脱贫攻坚"五个一批"中投入最大、难度最大、风险最大的系统工程，其"后半段"的后续发展、社会融入、社区治理等工作才刚刚开始，且由于此次易地扶贫搬迁的城镇化集中安置比例高、规模大、搬迁距离远等情况，使得其所面临的风险和挑战也都前所未有，必须高度重视。

易地扶贫搬迁是指将生活在自然条件严酷、生存环境恶劣、发展条件严重欠缺且建档立卡贫困人口相对集中的农村贫困地区的人口，按照自愿、应搬尽搬的原则，搬迁到生存发展各方面条件更合适的地方[①]。

在易地扶贫搬迁成效方面。一方面，整体来看，"十三五"期间的易地扶贫搬迁取得了巨大成效。"十三五"期间的易地扶贫搬迁以政府统一安置为主[②]，通过其在资源、土地权属、政策、资金、服务体系等方面享有的权力进行搬迁。取得很好效果：改善生产生活条件[③]，改善居住空间，破解环境恶劣造成的"贫困积累"陷阱[④]，降低对生态系统服务的依赖和贫困脆弱性[⑤]，促进思想观念更新，密切党群干群关系，使贫困家庭获益[⑥]。另一方面，易地扶贫搬迁也确实带来了一些问题。相关研究已经指出，贫困户在进行易地扶贫搬迁尤其是进城后，由于生活生产空间的巨大变化会带来很多问题，如移民社区空间变革会导致社区公共空间缺失、移民生计空间遭

[①] 程丹，王兆清，李富忠. 易地扶贫搬迁研究——以山西省五台县为例 [J]. 天津农业科学,2015,21(01):70-73.

[②] 王金涛，陈琪. 动员力度、心理聚合与搬迁绩效——以陇中某地易地搬迁为例 [J]. 中国行政管理,2016(09):82-87.

[③] 杨福军. 云南永平：财政支持易地扶贫搬迁工程 [J]. 中国财政,2008(08):16.

[④] 邢成举. 搬迁扶贫与移民生计重塑：陕省证据 [J]. 改革,2016(11):65-73.

[⑤] 刘明月，冯晓龙，汪三贵. 易地扶贫搬迁农户的贫困脆弱性研究 [J]. 农村经济,2019(03):64-72.

[⑥] 陆汉文，覃志敏. 我国扶贫移民政策的演变与发展趋势 [J]. 贵州社会科学,2015(05):164-168.

受挤压、社会网络空间断裂和文化心理空间弱化等移民社区治理困境[①]，移民的日常生活与制度之间会产生对立与冲突[②]，易地搬迁贫困户进城后会表现出文化不适[③]，需要面临多种家庭生计等方面的风险[④]，甚至有研究显示易地扶贫搬迁社区的治理陷入了"内卷化"风险[⑤]。由此，这就使得易地扶贫搬迁社区具有生成的行政主导性、社区原子化、定居不稳定性、社区共同体意识缺失、治理主体匮乏及治理结构不完善等属性所导致的社区治理复杂性[⑥]、脆弱性高，可能带来较大的社会稳定风险。

（2）易地扶贫搬迁移民的社会融入研究

在具体的易地搬迁移民社会融入方面，移民的社会融入是指移民通过与迁入地社会的接触、互动、沟通、渗透、相互接纳，最终实现经济整合、社会融合、文化适应与身份认同的过程。依托水库工程移民、生态移民、避灾避险移民等大型移民工程的实践，我国学界对移民社会融入进行了广泛深入研究。

第一，移民社会融入程度和差异性的研究。移民的社会融入是一个非常复杂的过程。国际经验表明，移民的社会融入是非常艰难的过程，即便是在迁入地出生的第二代移民，仍然难以完成身份认同，并有可能成为社会秩序的反抗者[⑦]。因此移民群体不可避免地会遭遇社会融入困境。我国基本都是国内移民，种族、文化上的差异较少，但也呈现出整体融入水平不

---

① 李晗锦，郭占锋.移民社区空间治理困境及其对策研究[J].人民长江,2018,49(17):107-112.

② 吴新叶，牛晨光.易地扶贫搬迁安置社区的紧张与化解[J].华南农业大学学报（社会科学版）,2018,17(02):118-127.

③ 郑娜娜，许佳君.易地搬迁移民社区的空间再造与社会融入——基于陕西省西乡县的田野考察[J].南京农业大学学报（社会科学版）,2019,19(01):58-68+165.

④ 马流辉，莫艳清.扶贫移民的城镇化安置及其后续发展路径选择——基于城乡联动的分析视角[J].福建论坛（人文社会科学版）,2019(03):167-174.

⑤ 马良灿，陈淇淇.易地扶贫搬迁移民社区的治理关系与优化[J].云南大学学报（社会科学版）,2019,18(03):110-117.

⑥ 王蒙.后搬迁时代易地扶贫搬迁如何实现长效减贫？——基于社区营造视角[J].西北农林科技大学学报（社会科学版）,2019,19(06):44-51.

⑦ 李培林，田丰.中国农民工社会融入的代际比较[J].社会,2012,32(05):1-24.

足和内部存在差异性的问题①，尤其是我国的少数民族因为相对独特的居住环境、生产方式、宗教生活、语言文字及社会交往等，其社会融入会遇到更多问题②③④。①文化程度、性别、年龄、婚姻状况等家庭人口特征对移民社会融入会存在显著差异⑤⑥，如越是高收入户，搬迁后社会融入的情况则越好；而农户搬迁之后的生计适应、生计安全状况则令人担忧⑦；女性的融入程度高于男性，搬迁距离近的移民的融入程度高于搬迁距离远的移民⑧。②地理地形、经济模式等迁出地特征对移民社会融入会产生差异。由于在迁出地的长期生产生活经历，移民不可避免地会受到迁出地多种因素的影响，如来自农区、牧区和半农半牧区的生态移民在新安置地的社会融入会有所差别⑨。③地理位置、经济水平、安置措施等安置社区特征对移民社会融入会产生差异。如分散安置比集中安置老年人的心理健康状况明显提高⑩⑪。移民后土地和其他配套设施齐全，迁入地比迁出地更加靠近搬迁者耕地的社会融入比较好；而移民点只有住房，没有配套土地、猪圈、牛舍、

———————————
① 龙彦亦，刘小珉.易地扶贫搬迁政策的"生计空间"视角解读 [J].求索,2019(01):114-121.

② 闫丽娟，张俊明.少数民族生态移民异地搬迁后的心理适应问题研究——以宁夏中宁县太阳梁移民新村为例 [J].中南民族大学学报 (人文社会科学版),2013,33(05):24-28.

③ 束锡红.宁夏南部山区回族聚居区生态移民的社会适应研究 [J].北方民族大学学报 (哲学社会科学版),2015(04):58-61.

④ 刘银妹.毛南族生态移民文化变迁研究——以环江县堂八村 S 屯为例 [J].广西民族研究,2015(02):136-142.

⑤ 李霞，文琦，朱志玲.基于年龄层次的宁夏生态移民社会适应性研究 [J].干旱区资源与环境,2017,31(05):26-32.

⑥ 周丽，黎红梅，李培.易地扶贫搬迁农户生计资本对生计策略选择的影响——基于湖南搬迁农户的调查 [J].经济地理,2020,40(11):167-175.

⑦ 黎洁.陕西安康移民搬迁农户的生计适应策略与适应力感知 [J].中国人口·资源与环境,2016,26(09):44-52.

⑧ 史梦薇，王炳江.民族地区生态移民心理适应的特征及影响因素 [J].中南民族大学学报 (人文社会科学版),2020,40(02):68-72.

⑨ 冯雪红.藏族生态移民的生计差异与社会适应——来自玉树查拉沟社区的田野考察 [J].北方民族大学学报 (哲学社会科学版),2019(03):50-58.

⑩ 风笑天.安置方式、人际交往与移民适应江苏、浙江 343 户三峡农村移民的比较研究 [J].社会,2008(02):152-161+223.

⑪ 刘慧君.移民搬迁中的社会支持机制与农村老年人的心理健康 [J].人口与社会,2016,32(03):3-13+22.

柴草房等其他生产生活设施的，则社会融入比较差①。④移民方式对移民社会融入会产生差异。如自愿性移民的社会融入要强于非自愿性移民②。

第二，移民社会融入的理论分析框架研究。根据影响要素的不同，目前关于我国移民社会融入的分析框架主要有两个：一是可持续生计资本的分析框架。即通过生计资本的变化来分析移民的社会融入③。生计资本主要包括人力资本、社会资本、物质资本、自然资本和金融资本。目前研究主要集中在人力资本和社会资本方面：①移民社会融入与人力资本有关④⑤。若人力资本较高，就能较好地掌握生存技能并消除不良心理，因此，健康的人力资本在移民社会融入中起关键作用。相对而言，人力资本较差的贫困户搬迁之后因不能从事原来的工作，原有的人力资本等技能不能发挥作用，找不到合适工作，出现"人力资本失灵"，社会融入较差⑥⑦。②移民社会融入与社会资本有关⑧。有研究发现，家族网络和朋友网络的运用与移民群体的劳动参与率为正相关关系，拥有更大社会网络的移民更容易找到回报率更高的生计活动，从而促进社会融入。二是空间理论的分析框架。即通过空间某一维度变动⑨或公共空间、文化空间、意义空间等空间多维度

---

① 陈晓毅，马建钊.粤北山区瑶族移民的文化适应 [J].民族研究,2006(04):48-55+108.

② 黎洁.陕西安康移民搬迁农户生计选择与分工分业的现状与影响因素分析——兼论陕南避灾移民搬迁农户的就地就近城镇化 [J].西安交通大学学报（社会科学版）,2017,37(01):55-63.

③ 贺立龙，杨祥辉，胡闻涛.易地搬迁农户的乡村产业可惠及性——湖南湘西的微观实证 [J].西北农林科技大学学报（社会科学版）,2020,20(03):9-24.

④ 何得桂，党国英.秦巴山集中连片特困地区大规模避灾移民搬迁政策效应提升研究——以陕南为例 [J].西北人口,2015,36(06):99-105.

⑤ 刘金龙，金萌萌.易地移民搬迁能实现"搬得出、稳得住、能致富"吗？——基于陕南S县的调查 [J].中国农业大学学报（社会科学版）,2020,37(02):32-43.

⑥ 邰秀军，眷欣.易地移民邻县安置的意愿、期望与社会适应性 [J].管理评论,2019,31(11):267-278.

⑦ 叶青，苏海.政策实践与资本重置：贵州易地扶贫搬迁的经验表达 [J].中国农业大学学报（社会科学版）,2016,33(05):64-70.

⑧ 崔冀娜，王健.资本禀赋、公平感知与生态移民城镇融入研究——以三江源地区为例 [J].干旱区资源与环境,2020,34(07):97-103.

⑨ 刘少杰.易地扶贫的空间失衡与精准施策 [J].福建师范大学学报（哲学社会科学版）,2020(06):45-50+169.

变动来对社会融入产生影响①②。从村落散居到城镇聚居的居住方式带来了家庭结构、代际关系、社会网络和社区治理等社会结构和制度的变迁，使移民出现生计空间断裂③，安置社区中易地扶贫搬迁贫困人口多元化的背景形成了社区异质化的文化环境，剧烈的变迁容易带来易地扶贫搬迁贫困人口的身份认同焦虑和心理困惑，刻意的熟人社会记忆延续则引发移民的社会融入困境④，由此提出通过加强空间营造促进社会融入的方式⑤。

第三，移民社会融入的优化措施研究。面对移民社会融入中出现的种种融入差异和问题，有研究发现，若移民在搬迁后能获得生计转型、资金支持等实质性帮助，获得有利的发展机会和有价值的信息，移民就能更好地融入安置地的环境⑥，可见政府的后续帮扶能显著提升移民的经济适应水平⑦。因此，很多学者也纷纷提出各种应对措施，如对移民要进一步加强社会保障、完善技术指导培训、建构移民社会网络等⑧；对安置社区则要通过治理下乡和跨域协同治理、强化制度衔接、注重发挥非政府组织的作用、强化产业支撑、提升人居环境质量等措施加强社会融入⑨。

既有研究已有了比较好的积累，但仍有补充之处。第一，基于城乡差

① 吴丰华，于重阳.易地移民搬迁的历史演进与理论逻辑 [J].西北大学学报 (哲学社会科学版),2018,48(05):112-120.

② 周恩宇，卯丹.易地扶贫搬迁的实践及其后果——一项社会文化转型视角的分析 [J].中国农业大学学报 (社会科学版),2017,34(02):69-77.

③ 郑娜娜，许佳君.易地搬迁移民社区的空间再造与社会融入——基于陕西省西乡县的田野考察 [J].南京农业大学学报 (社会科学版),2019,19(01):58-68+165.

④ 祁进玉，陈晓璐.三江源地区生态移民异地安置与适应 [J].民族研究,2020(04):74-86+140.

⑤ 王寓凡，江立华."后扶贫时代"农村贫困人口的市民化——易地扶贫搬迁中政企协作的空间再造 [J].探索与争鸣,2020(12):160-166+200-201.

⑥ 李博，左停.遭遇搬迁：精准扶贫视角下扶贫移民搬迁政策执行逻辑的探讨——以陕南王村为例 [J].中国农业大学学报 (社会科学版),2016,33(02):25-31.

⑦ 吴晓萍，刘辉武.易地扶贫搬迁移民经济适应的影响因素——基于西南民族地区的调查 [J].贵州社会科学,2020(02):122-129.

⑧ 吕建兴，曾小溪，汪三贵.扶持政策、社会融入与易地扶贫搬迁户的返迁意愿——基于 5 省 10 县 530 户易地扶贫搬迁的证据 [J].南京农业大学学报 (社会科学版),2019,19(03):29-40+156.

⑨ 陈桂生，张跃蟾.精准扶贫跨域协同研究：城镇化与乡村振兴的融合 [J].中国行政管理,2019(04):79-85.

异和脱贫攻坚背景下易地搬迁对象城镇社会融入的研究仍较少。既有的三峡移民、三江源生态移民研究等多为整村搬迁和农村就地安置，而"十三五"期间搬迁农户的城镇安置不但面临城乡之间完全不同的生产生活体系，还有在脱贫攻坚背景下注入的大量资源与政策保障，这都已重塑了移民社会融入的基础，使搬迁对象易地城镇社会融入更加充满复杂性和差异性。第二，对搬迁对象易地城镇社会融入的类型比较、提炼总结不足。既有研究多是以单个安置社区为研究对象，立足不同迁出地、不同迁入地、不同搬迁对象等的对比和分类研究较少，进而缺乏对搬迁对象易地城镇安置社会融入差异的全面总结与提升。第三，内在作用机制研究尚有欠缺。既有研究主要是通过建构模型的方式在不同社会融入影响变量之间建构联系，但对不同变量之间的具体作用机制论证相对薄弱，这也使得目前搬迁对象易地城镇安置社会融入的解释框架相对单一。

（四）概念界定与研究方法

1. 概念界定

（1）社会融入。社会融入本身是一个非常复杂的概念，关于社会融入的解释有很多，本书中主要认为社会融入包括了经济整合、社会适应、文化习得、数字融入、心理认同五个方面。

本研究之所以采用"社会融入"而不是"社会融合"或者"社会适应"等概念，是因为目前对移民在迁入地的社会适应包括"同化论""多元文化论""分层同化论"等不同观点，但在本研究中，因为易地扶贫搬迁属于国内搬迁，其本身内部文化差异并没有那么大，加上搬迁群众多属于"零星搬迁"和"分散安置"，整体上在进入迁入地之后会被同化，所以采用了"社会融入"的概念。

当然当前学界在"社会融入""社会融合"和"社会适应"这三个概念上并没有严格的区分，尽管一些专家学者也对这几个概念进行了细分，但整体上还是处于混合使用的状态。

实际上，从实地研究来看，易地搬迁户的社会融入是一个复杂现象。因为在完成搬迁后，尽管名义上是住在城镇安置区，但实际上却是稳定居住在三个地方：一部分长期居住在农村，主要是以老年人居多；第二部分主要居住在迁入地城镇安置区，这主要以妇女儿童居多；第三部分主要是长期工作和居住在东部沿海地区，这主要以青壮年劳动力居多。本书中的社会融入是将其实际居住看成融入迁入地城镇的直接表现[①]。

关于社会融入的具体构成方面，当前不同学者都有不同的界定指标，从大类来看，大多都是从经济、文化、交往和心理这 4 个具体的变量来展开。本研究在此基础上，又加上了数字融入的指标。结合当前我国已经进入了数字社会，数字技术已经广泛应用的现实。这就在整体上构成了本研究中经济整合、社会适应、文化习得、数字融入和心理认同 5 个指标（表1-4）。

表 1-4：社会融入的指标构成

指标	具体构成
经济整合	就业类型、行业、区域、工作时间、收入水平、社会保障等
社会适应	生活方式、社交模式、社区活动参与等
文化习得	语言、婚丧节日仪式、卫生习惯、人情交往、价值观念、休闲娱乐等
数字融入	就业平台使用、水电费缴纳、手机通话和通信、短视频游戏等娱乐活动
心理认同	返村意愿、未来归宿、户籍所在地等

表格来源：根据作者调查整理而得。

（2）易地扶贫搬迁。作为一种搬迁方式，易地扶贫搬迁指的是"因自然条件恶劣，基本不具备人类生存条件或不具备就地扶贫条件而将当地人整体迁出的移民[②]"。从"一方水土养不起一方人"地区的脱贫现实来看，

---

① 长期在东部沿海务工的青壮年搬迁户尽管实际上拥有融入迁入地城镇的能力，但其离开本身也是迁入地城镇经济融入无法完成的一个表现。

② 张铁军. 生态移民社会适应问题研究 [J]. 理论建设,2012(03):85-88.

这些地区资源环境承载能力不足、自然灾害频发，且交通不便、信息不畅、人才短缺、市场不完善，形成了"贫困—经济社会发展落后—贫困程度加深"的恶性循环。经过我国历年来的多轮扶贫开发，这些地方的贫困状况仍未发生根本改变。要解决这类地区的贫困问题，需要更大的决心、更明确的思路，需要付出更大力气、采取超常规举措补齐这块"短板"①。这就让易地扶贫搬迁成了一种必然选择。

2001 年国家计委正式提出"易地扶贫搬迁"概念。同年，国务院发布《中国农村扶贫纲要（2001—2010 年）》以及其他相关文件后，易地扶贫搬迁行动在全国范围内迅速展开。②2006 年国家发改委颁布《易地扶贫搬迁"十一五"规划》，标志着我国官方正式认可"易地扶贫搬迁"，并将其纳入国家的贫困治理政策体系。

从移民搬迁的性质来看，易地扶贫搬迁在整体上属于自愿移民，这不同于水库移民之类的被动搬迁。而之所以说是从整体上属于自愿移民，是因为易地扶贫搬迁以户籍家庭为单位，而不同家庭成员对于搬迁往往持有不同的态度，此时部分家庭成员可能就会为了整体家庭的未来发展考虑而选择成为非自愿移民。

（3）生态移民。生态移民是一个比较宽泛的概念，根据当前学术界对生态移民概念的界定，生态移民主要包括两类：一类是由于资源环境退化，为了保护生态环境而迁移出来的移民；另一类是由于资源环境恶劣导致当地人生存困难，出于扶贫目的而迁移出来的移民。两类移民都与资源环境有关，故都称为生态移民。但两者之间有一定的区别：第一类生态移民的出发点和目标是为了保护原住地的资源环境，所以移民往往带有非自愿性，如我国的三江源生态移民；第二类生态移民的出发点和目标是扶贫，这类移民原居住所在地环境恶劣，属于"一方水土养不起一方人"的状态，因此当地人非常贫困，就地扶贫难度很大，政府为了帮助这些区域的居民脱

① 新华社中国经济信息社.易地扶贫搬迁贵州实践调研报告[J].内部资料,2019:3.
② 吴晓萍,刘辉武等.西南民族地区易地扶贫搬迁移民的社会适应研究[M].北京：人民出版社,2021:1.

贫致富而组织了搬迁。虽然是政府组织安排的搬迁，但也是建立在移民自愿的基础上，所以这类移民是自愿移民。[①]

可见，易地扶贫搬迁移民在相当长的时间里并没有从生态移民中明确区分出来，而 2006 年国家发改委在《易地扶贫搬迁"十一五"》中明确提出"易地扶贫搬迁亦称为生态移民"。本书研究的主要是"十三五"时期的易地扶贫搬迁，所以明确采用了易地扶贫搬迁的概念。

2. 田野介绍

"十三五"期间的易地扶贫搬迁是一场涉及全国 22 个省 1400 个县的大规模行动。本研究主要是机制研究，采用定性研究方法，以贵州、云南、四川、广西、陕西、湖北等省份的易地扶贫搬迁为调研对象，其中以贵州为主要研究对象。之所以选择贵州为主要研究对象，是因为贵州在全国"十三五"期间易地扶贫搬迁人数最多、规模最大、成效最明显。

第一，贵州易地扶贫搬迁人数最多，规模最大。按照国家"十三五"规划，"十三五"期间全国易地扶贫计划搬迁建档立卡贫困人口 986 万人，累计下达贵州省任务为 151.1662 万人，加上自然村寨整村搬迁涉及的同步搬迁人口，贵州省易地扶贫总规模达到 188 万人，是全国搬迁规模最大、任务最重的省份。截至 2019 年 11 月底，贵州省已全面完成"十三五"易地扶贫搬迁任务，累计建成安置项目 946 个，住房 45.39 万套，完成搬迁入住 188 万人，其中建档立卡贫困户 154 万人，整体搬迁贫困自然村寨 10090 个，同步搬迁人口 34 万人[②]。其中，与全国对比，贵州建档立卡搬迁的贫困人口为 22 个有搬迁任务省（区）之最，占全国总计的 15%。同时，贵州建档立卡搬迁人口占"十三五"时期建档立卡贫困人口 493 万的 30.4%，明显高于全国 16.5% 的水平[③]。

———————————
① 吴晓萍，刘辉武等. 西南民族地区易地扶贫搬迁移民的社会适应研究 [M]. 北京：人民出版社，2021:5.
② 贵州师范大学. 贵州省"十三五"时期易地扶贫搬迁评估基地报告 [J]. 内部资料，2019(12).
③ 国家发展和改革委国土开发与地区经济研究所，贵州省生态移民局. 中国特色脱贫攻坚道路的贵州探索——贵州省易地扶贫搬迁实践与理论总结 [J]. 内部资料，2020(10).

第二，资金支出压力大。搬迁之初的 2016 年贵州有 66 个贫困县，占县（市、区）总数的 75%。2016 年贵州全省人均地方公共财政收入和农村居民人均可支配收入仅相当于全国平均水平的 69.7% 和 65.4%，分别位列全国倒数第五位和倒数第二位，建档立卡贫困人口收入则更低。无论是地方政府还是贫困人口支持搬迁的财力都较弱。

第三，安置难度大。贵州是我国石漠化最严重的省份，具有"八山一水一分田"的地形特点，大量贫困人口居住在资源环境难以承载的地方，是我国易地扶贫难度最大的省份。贵州是我国唯一一个没有平原的山区省，山间平坝区面积仅占土地总面积的 7.5%，土地后备资源总量在西部各省中最少。耕地自然坡度大，多分布在 15—25 度之间，耕层薄、土质不良，低产田土面积占耕地总面积的 85.6%，人地矛盾十分突出，易地扶贫搬迁可选择的空间不大。

第四，贵州的易地扶贫搬迁取得了非常好的成绩。贵州省的易地扶贫搬迁工作成效得到国务院及有关部门的充分肯定。全国易地扶贫搬迁现场会先后 2 次在贵州省召开，贵州先后 3 次作为易地扶贫搬迁工作积极主动、成效明显的省份受到国务院办公厅表扬激励。可见贵州省的易地扶贫搬迁取得了非常好的成绩。

3. 研究方法和研究资料

本研究采用质性研究方法，这种方式虽然没有定量研究那种广泛性的优点，但质性研究中"狭窄的管道式视野的最大好处就是可以在复杂和难于处理的事实面前只集中关注有限的一些特征，这些过分简单化又会反过来使得处于视野中心位置的现象更清晰、更容易被度量和计算。简单化加上重复的观察可以对一些被选定的事实得出总体和概括的结论，从而形成高度简化的知识，并使操纵和控制这些事实成为可能[①]"，即"以个案来展

[①]　[美]詹姆斯·C·斯科特.国家的视角——那些试图改善人类状况的项目是如何失败的（修订版）[M].王晓毅译.北京：社会科学文献出版社，2012：3.

示影响一定社会内部之运动变化的因素、张力、机制与逻辑"①。因此，通过对研究对象更加深刻地研究来理解其内部的深层逻辑。

为此，笔者在易地扶贫搬迁安置社区住社区调研 5 个多月时间，同时又长期在贵州、云南、四川、广西、陕西、湖北等省移民局和各市县移民局调研，主要采用三种方法获取研究资料：

第一，访谈数据。本研究访谈数据主要包括两部分：第一部分，对搬迁安置社区干部和群众的访谈。笔者先后对各省市区移民局和各移民安置社区的相关领导、办公室人员、基层服务人员等近 100 人进行了多次长时间的专门面对面访谈。同时，为了保证访谈数据的全面，还对基层县乡、街道干部等进行多次面对面访谈，以进一步加深对易地扶贫搬迁社会融入的理解；第二部分，对易地扶贫搬迁相关人员访谈。包括对与易地扶贫搬迁相关的属地派出所、医院、学校等部分相关领导、人员进行了访谈，从而多角度更全面地理解易地扶贫搬迁安置的社会融入情况。

第二，统计数据。本研究中使用了部分统计数据，这些数据主要来自各个易地扶贫搬迁安置社区的统计数据，统计了易地扶贫搬迁安置社区的家庭、收入、稳定入住情况等。

第三，二手文献资料。第一部分，历史信息。主要是从期刊网、网络、报纸等搜集与易地扶贫搬迁相关的各类信息；第二部分，其他相关研究者对易地扶贫搬迁安置的研究。同时还有一些相关数据，包括历年的《全国易地扶贫搬迁年度报告》和包括《国家统计年鉴》在内的各种相关统计年鉴等。

（五）本书创新点

1. 研究选题的可能创新。大规模的贫困农户易地城镇安置社会融入是新现象和重要问题。社会融入是社会适应的目标，其复杂性和艰巨性都要高于社会适应。本研究系统性、完整性地开展贫困农户易地城镇集中安置

---

① 吴毅. 何以个案 为何叙述——对经典农村研究方法质疑的反思 [J]. 探索与争鸣, 2007(04):22-25.

社会融入研究，实现了研究主题宏观关怀和微观实践、现实和未来的统一。

2. 研究视角的可能创新。与已有的个体视角、逻辑演绎视角不同，本研究将城乡差异和脱贫攻坚同时纳入背景分析，综合探讨不同迁入地类型、不同迁出地类型、不同安置社区类型社会融入差异和生成基础等问题。

本研究将从搬迁内容、迁入地、迁出地、搬迁对象、搬迁安置方式这5个方面对易地扶贫搬迁的社会融入差异展开研究。在这5个方面的内部，同时也进行了多种类型的细分，当然，内部的实际细分肯定不只本书所罗列的这些类别，如还可以按照搬迁安置时间划分，相关研究也发现，搬迁2—3年内，易地扶贫搬迁移民一般都不是很适应，对安置社区情况不熟悉。4—5年后才慢慢习惯。5—6年以后能稳定的就稳定了，不习惯的要搬回去的就已经搬回去了。① 同时也可以根据有土安置和无土安置分类，还可以根据安置社区属性分类（工业园区安置，景点安置，农业区安置等）……不同的分类方式很多，本研究中主要是选择了一些对社会融入影响比较大的因素展开研究。

（六）篇章结构

本书共包括七章内容。

第一章是本书引言部分，主要论述易地扶贫搬迁安置背景、政策变迁，研究的主要问题、主要内容，对易地扶贫搬迁安置的相关研究和理论进行文献综述、并描述本书的研究方法和创新点等，以便更好地理解本书的内容。

第二章开始进入本书的正文部分，本章从整体上分析了搬迁对象进入迁入地城镇安置社区后在经济整合、社会适应、文化习得、数字融入和心理认同这些方面的社会融入差异。

第三章则是从搬迁对象入手，将搬迁对象按照不同性别、不同年龄段、不同健康状态、不同致贫原因、不同家庭人口、不同家庭经济程度、不同学历、不同民族划分为8个方面，然后逐个分析这些不同搬迁对象在具体

① 吴晓萍，刘辉武等著 . 西南民族地区易地扶贫搬迁移民的社会适应研究 [M]. 北京：人民出版社，2021:61.

的经济整合、社会适应、文化习得、数字融入和心理认同这些方面的社会融入差异。

第四章从迁入地视角入手，分析了两种类型迁入地社会融入的差异：一种是位于村内、乡镇、县城、市域和省会城市这些不同区位迁入地搬迁对象在具体的经济整合、社会适应、文化习得、数字融入和心理认同这些方面的社会融入差异。另一种是特大型、大型、中小型和微型这些不同规模迁入地搬迁对象在具体的经济整合、社会适应、文化习得、数字融入和心理认同这些方面的社会融入差异。

第五章则是从迁出地视角进行说明，将迁出地按照不同生产方式分为农耕区和牧业区，按照不同居住空间分为山脚、山腰和山顶，再根据这些分类分析从不同迁出地类型来的搬迁对象在具体的经济整合、社会适应、文化习得、数字融入和心理认同等方面的社会融入差异。

第六章是从搬迁安置方式角度出发，将搬迁安置方式按照搬迁方式分成整村搬迁和零星搬迁，按照搬迁距离分成县内安置和跨县安置，按照安置方式分成分散安置和集中安置。然后根据这些不同的搬迁安置方式分析不同类型下的搬迁对象在具体的经济整合、社会适应、文化习得、数字融入和心理认同这些方面的社会融入差异。

第七章主要是易地扶贫搬迁存在的风险、成因与对策建议研究。当前易地扶贫搬迁尽管取得了巨大成效，但并没有全部完成，还要持续推进。因为易地扶贫搬迁对象自身在生计能力方面还存在较大不足，将出现失业风险、经济风险、安全风险、认知不足风险、心理压力等多种风险。同时对当前易地扶贫搬迁存在的各种问题提出相应社会融入的对策，包括经济对策、社会对策、文化对策等。

第二章：易地扶贫搬迁城镇安置社会融入的内容差异

易地扶贫搬迁城镇安置对象的社会融入一般包括经济整合、社会适应、文化习得、数字融入、心理认同这五个大的方面，其中又可以分成很多小的方面。

既有研究已经发现，移民在迁入地社会融入的不同方面并不同步。风笑天对三峡移民的研究发现，移民日常生活适应状况普遍良好，生产劳动适应状况一般，心理适应状况最为糟糕。[①] 郝玉章、风笑天对三峡移民的研究发现，移民生产劳动适应快，但在生活适应和交往适应方面则存在分化和差异。[②] 程瑜对安置在广东的三峡移民进行了研究，发现移民外在的文化特质适应要快于深层次的文化特质的适应。[③] 刘庆、陈世海对移民中的老人研究发现，老人心理适应程度较好，社会交往能力较差，经济适应相对最差。[④] 朱力把进城农民工的社会适应划归为三个层次，即"经济层面、社会层面和心理层面"，认为这三个层面是依次递进的关系。心理层面上的适应"属于精神上的，它反映出进城农民工对城市化生活方式等的认

---

① 风笑天."落地生根"？——三峡农村移民的社会适应 [J]. 社会学研究,2004(05):19-27.

② 郝玉章,风笑天.三峡外迁移民的社会适应性及其影响因素研究——对江苏 227 户移民的调查 [J]. 市场与人口分析,2005(06):64-69+79.

③ 程瑜.一个三峡移民村落在广东的生活适应 [D]. 中山大学,2004.

④ 刘庆,陈世海.移居老年人社会适应的结构、现状与影响因素 [J]. 南方人口,2015,30(06):59-67.

同程度"，也"反映了农民工参与城市生活的深度"。因此"只有在心理上也适应了"，才能实现"由农村人转化为城市人这一社会化过程的完成"。[①]风笑天发现在移民的社会适应中，与日常生活、生产劳动和经济发展这几个维度相比，心理融合要缓慢滞后一些。[②]匡远配、纪玉昭对湖南省445个易地搬迁农户的调研发现，城镇安置模式下搬迁农民的社会适应总体接近于"比较适应"水平，经济发展适应维度的家庭人均收入、固定资产数量，社会融入适应维度的家庭亲友中能人数量，心理归属适应维度的对未来发展期许等指标偏低，整体处于"一般"水平。[③]

可见，易地搬迁群众在迁入地的社会融入表现出不同的水平。尽管"十三五"期间的易地扶贫搬迁有多种形式，但本研究主要关注城镇集中安置型易地扶贫搬迁。从整体上来看，"十三五"期间城镇集中安置型易地扶贫搬迁户在迁入地社会融入的不同方面也存在差异：数字融入＞社会适应＞经济整合＞文化习得＞心理认同。

一、经济整合：从以农为主到以工为主

经济整合主要包括搬迁对象在迁入地城镇的就业类型、就业行业、就业区域、工作时间、收入水平、社会保险等。

经济整合是搬迁户进行迁入地之后完成经济适应的过程。既有研究对其有一定的界定，罗凌云、风笑天将其界定为："所谓经济生产的适应性，就是指个体通过社会化，调整发展经济生产的行为模式和心理状态，以适应新的生存环境的过程。"[④]马德峰界定移民社区经济适应为："反映的是移民个体通过自身努力，调整发展经济生产的心理状态和行为模式，在外界

---

① 朱力.论农民工阶层的城市适应 [J].江海学刊,2002(06):82-88+206.

② 风笑天."落地生根"？——三峡农村移民的社会适应 [J].社会学研究,2004(05):19-27.

③ 匡远配,纪玉昭.城镇安置模式下易地搬迁农民社会适应性研究——基于湖南省445个微观农户数据 [J].湖南农业大学学报(社会科学版),2023,24(01):54-63.

④ 罗凌云,风笑天.三峡农村移民经济生产的适应性 [J].调研世界,2001(04):21-23.

的支持帮助下达到适应新环境的过程。"[1] 郝玉章、风笑天认为移民的经济适应主要包括："生产劳动的适应，搬迁前后经济收入的比较、移民对目前家庭经济收入的主观满意程度以及对未来发展经济、提高收入的信心。"[2] 吴晓萍、刘辉武等把经济适应界定为："易地扶贫搬迁移民搬迁后，个体在新的环境中利用各种新的自然环境和社会资源来调整自己的家庭经营模式，恢复和发展自己的家庭经济，从而融入新的经济环境中，增加家庭成员的福利。"[3]

经济整合是社会融入的基础。但对城镇集中安置的搬迁对象调研发现，与社会融入的其他方面相比，经济整合情况整体一般。我国中西部地区大多都是农业型县城，工商业基础较差，非农就业机会相对缺乏。如以全国易地扶贫搬迁规模最大的贵州省来看，"十三五"期间，贵州累计易地扶贫搬迁 192 万农村人口，基本都是城镇集中安置，同时在城镇化率提高了 8 个百分点的情况下，贵州仅实现了城镇新增就业 370 万人。[4]

（一）就业类型和方式转变

随着易地扶贫搬迁工程的完成，搬迁户的就业类型从以农为主变成了以工商业为主。搬迁之前，搬迁户都是长期生活在农村地区，而且是"一方水土养不起一方人"的自然条件恶劣地区，长期以来水电路讯等基础设施和公共服务都不完善，搬迁户受到自然条件和自身经历的影响，大多只能从事农业生产。

但在借助国家扶贫政策完成搬迁后，搬迁户从农村进入了城镇。即便是作为主要迁入地的中西部农业型城镇，仍是一个以现代工商业为主的经

---

① 马德峰.我国水库外迁移民社区经济适应研究——以大丰市三峡移民安置点为个案 [J]. 广西社会科学,2005(11):172-174.

② 郝玉章,风笑天.三峡外迁移民的社会适应性及其影响因素研究——对江苏 227 户移民的调查 [J]. 市场与人口分析,2005(06):64-69+79.

③ 吴晓萍,刘辉武等.西南民族地区易地扶贫搬迁移民的社会适应研究 [M].北京:人民出版社,2021:78.

④ 贵州省人民政府.2021 年贵州省政府工作报告（全文）：https://www.guizhou.gov.cn/ztzl/2021ngzlh/zfgzbg/bgqw/202102/t20210224_70986487.html.[2021-02-24].

济体系，且此时搬迁户已经距离迁出地农村有了一定距离，所以大部分搬迁户已经不能继续务农，只能从事工商业。但对于搬迁户而言，短期内想要在迁入地城镇找到合适的非农就业机会并不容易。因为贫困人口较多的基本都是农业型县城，当地的非农就业机会少，所以常住人口不多。而中国县域小城镇非农就业岗位分布与常住人口分布大致吻合，且集聚程度更高。[①] 易地搬迁人口尽管借助搬迁政策进了城，但受制于自身就业能力和迁入地城镇的就业结构，搬迁人口往往很难在迁入地城镇就业，大多只能通过劳务输出的方式到东部沿海地区务工。

对"十三五"期间西南地区易地搬迁户的研究发现，搬迁后，搬迁户的就业类型发生了重大变化，从事家庭传统农业的比例从 71.5% 下降到 34.4%，下降幅度达到 31.0%；而从事工商业的则占据了主体部分。[②]

（二）就业区域转变

搬迁后，搬迁户的就业区域实现了从迁出地农村向迁入地和务工地的转变。此处要注意的是，对于搬迁户而言，迁入地和务工地很多时候并非在同一个地方。按照搬迁政策，迁入地即是搬迁户从农村搬到附近的那个城镇。但一方面，中西部城镇基本都是农业型城镇，以主粮生产为主，这就决定了中西部农业型县城不但非农产业规模小，经济效益低，且能够提供的就业机会也比较少。在此背景下，搬迁户为了获得更多的经济收入，最好的办法就是到区域中心城市或者东部沿海的工业型城市务工，因为那里通常都有较多的工商业就业机会，能够获得更高的经济收入；另一方面，搬迁户自身非农就业的竞争力不足，在迁入地城镇非农就业机会有限的情况下，搬迁户很难竞争到好的就业机会。所以，很多搬迁户就只能到广东、浙江、福建等非农就业机会比较多的地方就业，这就构成了务工地。

根据国务院扶贫办建档立卡数据库统计发现，从外出务工的情况来看，

---

① 李国平，宋昌耀，孙瑀.中国县域小城镇就业岗位对人口集聚的影响研究——基于分位数回归的实证检验 [J].地理科学,2017,37(12):1785-1794.
② 吴晓萍，刘辉武等.西南民族地区易地扶贫搬迁移民的社会适应研究 [M].北京：人民出版社,2021:79.

全国搬迁人口中外出务工人数有 392 万人，占搬迁人口的 41%。外出务工人口中，县内务工人数有 175 万人，占外出务工人口的 45%；县外省内务工人数有 70 万人，占比 18%；省外务工人数有 146 万人，占比 37%。[①] 从搬迁贫困人口外出务工的统计可以看出，虽然贫困人口中留在县内就业的占比最大，但没有超过一半，而搬迁人口中选择在县外就业的超过了一半。

当然，除了在迁入地和务工地从事非农就业，还有相当一部分搬迁户会继续留在迁出地农村务农。调研也发现，搬迁户在搬迁后，从大部分在迁出地农村就业变成了只有 10% 的人留在迁出地就业，以务农为主。[②] 留在迁出地农村的以搬迁户中的老人为主，按照搬迁政策规定，搬迁户在搬迁后，他们在迁出地农村的房屋要拆除复垦，因此再回到迁出地农村务农已不方便，但老年人在城镇非农就业市场中无法找到工作，所以只能回到自己的土地上劳作，毕竟务农几乎没有门槛限制，而且老年人仍然拥有土地使用权，可以通过"土地社保化"的方式来维持生活。

（三）工作时间和收入转变

搬迁户的工作时间与他们的工作行业和工作类型密切相关。整体而言，随着搬迁户从农业进入工商业，搬迁户的工作时间越来越正规化，收入水平也越来越高。

搬迁前，搬迁户主要是在农村务农，工作时间灵活，经济收益低。由于迁出地农村大多位于自然条件恶劣的地区，农业生产条件差，机械化水平和农田水利、农业服务水平都较低，加上农业生产规模小且碎片化，且主要生产主粮，农产品价格较低，所以农业生产的经济收益非常低。但好处是农业生产本身有季节性和周期性，每年最多忙半年左右，相对工作时间不会太长，且工作时间比较灵活。

搬迁后，搬迁户的工作时间越来越正规化，经济收入提高。随着进城，

---

① 仇焕广，冷淦潇，刘明月等.中国千万人的易地扶贫搬迁：理论、政策与实践 [M].北京：经济科学出版社.2021:117-118.

② 吴晓萍，刘辉武等.西南民族地区易地扶贫搬迁移民的社会适应研究 [M].北京：人民出版社,2021:79.

搬迁户从务农转入工商业领域。相对于小农经营的务农，工商业领域对工作时间的要求更加正规化，上下班时间都有明确时间要求（案例 2-1）。但同样，不同于带有半自给自足性质的小农生产，工商业生产的收入能够直接以经济形式表现出来。因此，从统计来看，搬迁户进城后的经济收入得到了快速提高。

案例 2-1：贵州省欣欣安置社区①的保安队长 50 多岁，作为搬迁户，全家共搬迁了 5 口人，夫妻 2 人加上 3 个女儿，2 个女儿在搬迁后都已经远嫁外省，还有 1 个小女儿也在浙江务工，他自己是安置社区的保安队长，妻子在安置社区中的农贸市场摆摊，他每天的工作就是在安置社区中安排保安工作，排查矛盾纠纷等。

（四）社会保险转变

社会保险是为丧失劳动能力、暂时失去劳动岗位或因健康原因造成损失的人提供收入或补偿的一种社会和经济制度，在整个社会保障体系中居于核心地位。其主要项目包括养老保险、医疗保险、失业保险、工伤保险、生育保险。

整体上，搬迁后，搬迁户参加社会保险的内容和比例有所提高。

搬迁前，搬迁户参与社会保险类型相对比较单一，基本只局限于参与政府统一组织的养老保险和医疗保险。搬迁户在农村以传统务农为主，务农的门槛很低，危险性也比较低，农民不需要参加失业、工伤等保险。且传统的小农生产属于自雇模式，按照我国的社会保险政策，这类就业不能购买失业、工伤和生育等类型的社会保险。

搬迁后，搬迁户从在农村务农变成了在城镇的工商业领域务工经商，工作形式的转变，要求一些搬迁户不得不开始参与失业、工伤等保险。但搬迁户参与社会保险有两个特点：第一，整体参与规模并不大。大部分搬迁户自身没有动力参与社会保险。第二，参与的社会保险相对比较单一。

---

① 按照学术规范，本书中对所有人名地名都进行了匿名化处理。

大部分搬迁户除了之前在农村已经购买的养老保险和医疗保险以外，只是额外参与了社会保险中的工伤保险。

之所以出现这种情况，是因为：一方面，企业不愿交。按照政策规定，工伤保险等社会保险的相当部分保险金需要企业来交，但很多企业认为这些社会保险构成了企业负担，不愿意交。搬迁户主要就业单位是小微企业，而小微企业自身经营能力弱，水平低，所以，很多小微型企业都不愿为职工购买社会保险；另一方面，搬迁户自身也不愿意交。按照政策规定，工伤保险等社会保险仍然需要保险人自己交纳一部分资金，但很多搬迁户不愿意交纳。对搬迁户来说，他们自身就业能力相对较低，能够选择的就业机会较少，收入也相对比较少，加上出现工伤等职业危险只是小概率事件，且很多搬迁户并不认为自己有能力长期在迁入地城镇生活，所以，很多搬迁户宁肯当下多要一些现金收入，也没有动力购买失业等社会保险。

除此之外，搬迁户的职业选择也会影响他们的社会保险。相对于农村的农业生产，城镇的工商业就业稳定性要差一些。而搬迁户为了获得生活自由，往往并不愿意成为正式工，搬迁户大多更愿意以临时工的形式存在，这样辞职更方便，生活更自由。所以，从事制造业的搬迁户如果是在大中型企业就业，一般都是以劳务派遣的模式工作，也就是这些搬迁户主要是劳务派遣公司的员工，并不是制造业企业的员工，而劳务派遣公司为了对抗风险，通常只会为员工购买工伤保险；而对于那些从事建筑行业的搬迁户，建筑行业一般都是采用包工的模式，而包工头一般也都是临时招工，这些包工头一般也不会为工作人员购买工伤等社会保险，一些相对规范的单位也只是购买工伤保险。

（五）家庭开销增大

搬迁后，搬迁户的家庭经济开销极大增加。第一，搬迁户从偏远的农村地区搬迁到了城镇地区，从以务农为主变成了以工商业为主。此时，一方面，与市场的距离更近。相对于农村地区，城镇是一个市场社会，搬迁户在城镇中的购物会非常方便。同时，靠近市场也能够刺激消费，尤其是家中子女的一些攀比性消费会增加；另一方面，生产的半自给自足性质被打破。相对于农业的半自给自足，城镇的工商业则分工非常明确，搬迁户无论从事何种职业，都需要额外通过市场购买自己需要的东西。

通过对西南地区 123 户易地搬迁家庭的调研，发现搬迁户在进入迁入地城镇之后，家庭经济收入的结构发生了重大变化，表现为务农收入的极大下降和务工等非农收入的极大上升，但家庭经济收入的总量并没有太大变化。因为进城后搬迁户的家庭开销有了极大的增加。[①] 最主要的是，进城后搬迁户家庭的日常生活开支和家庭教育开支作为家庭刚需都有了快速增加。尤其是家庭中的教育开支，尽管可以不需购房就住在安置房中，但家中子女进城后往往都会需要一些零花钱来购买学习用品以及购买零食等，这自然增加了家庭开支。[②] 根据陕南地区"十三五"易地扶贫搬迁农户调查数据，发现搬迁使农户总消费提高了 17.2%，使生存型消费和人情礼金支出分别提高了 23.0% 和 34.6%。[③]

整体上，城镇安置对搬迁户造成了多种影响：第一，搬迁户的家庭收入都得到了非常快的增加。从收入角度统计，搬迁户的家庭收入确实得到了快速增加，这主要是基于收入得到了具体量化，过去在迁出地农村，搬迁户主要从事农业生产，农业生产本身带有半自给自足的性质。比如搬迁户自己种植的粮食并不销售，而是自己食用，这就难以计算价值。但进城之后，搬迁户已经从农业生产变成了从事工商业，收入变得可以直接计算，就可以直观地感受到经济收入的提高。第二，搬迁户的家庭开销也增加。尽管作为迁入地的城镇在解决非农就业上具有一定的条件，但对于中西部农业型县城来说，其能够提供的非农就业机会和非农就业待遇非常有限，这就造成了部分搬迁户家庭中出现了一些就业不稳定或者待就业的人群。

---

① 吴晓萍，刘辉武等 . 西南民族地区易地扶贫搬迁移民的社会适应研究 [M]. 北京：人民出版社 ,2021:87-88.

② 本研究中主要是关注城镇集中安置，城镇集中安置中的房屋都是政府统归统建，搬迁户须要承担的成本非常低，且很多地方为了社会稳定，也并没有收取这部分费用，所以搬迁的费用基本不构成负担。

③ 时鹏，余劲 . 易地扶贫搬迁对农户消费的影响 [J]. 中国人口科学 ,2023,37(06):111-126.

所以，相当部分搬迁户在搬迁后的家庭经济状态都是"两头跑"：农忙时返回迁出地农村务农，农闲时在迁入地城镇务工，通过这样半耕半工的方式维持家庭的经济收入。当然，从搬迁户的家庭经济收入总量而言，搬迁户的家庭经济收入明显低于迁入地的城镇本地人。

综上，搬迁户在迁入地城镇的经济整合相对较差，除了安置社区为搬迁户提供的公益性岗位属于国家提供的保障性岗位，其他就业是搬迁户凭借自身能力对接市场的行为。但安置社区中的搬迁户自身学历较低，且过去长期生活在贫困地区，缺少城镇工作经历，学习能力较差，这些都导致了搬迁户就业能力较差，市场竞争力较弱，在市场竞争中处于不利地位，所能从事的工作也主要是低端简单体力劳动，这类劳动工作环境艰苦且保障不健全。研究发现：搬迁后的搬迁户非农就业率增加了，但是由于缺乏技能，多年来从事的非农职业基本还是一些简单的低收入的工作。[1] 这就导致了搬迁户的经济整合整体较差。

二、社会适应：从熟人社会到陌生人社会

社会适应指的是搬迁对象融入迁入地城镇的过程，包括了日常交往对象、生活方式、社交模式、社区活动参与等方面。

社会关系是人们的社会资本，是搬迁户融入迁入地的重要支持力量。研究发现，当前来自农村的搬迁户的社会关系相对比较单一，"亲缘关系和地缘关系依然是村民唯一所熟悉、并加以利用的关系[2]"。但在进入迁入地城镇之后，搬迁对象从原来长期形成的自然村落或行政村搬迁至集中居住的迁入地城镇，其过去的社会关系网络遭到了破坏，甚至解体。[3] 社会网

---

[1]　董亮. 民族地区生态移民的文化教育与职业培训模式研究——以格尔木曲麻莱昆仑民族文化村为例 [J]. 贵州民族研究 ,2014,35(04):173-177.

[2]　曹锦清 , 张乐天 . 传统乡村的社会文化特征：人情与关系网——一个浙北村落的微观考察与透视 [J]. 探索与争鸣 ,1992(02):51-59.

[3]　焦克源 , 王瑞娟 , 苏利那 . 民族地区的生态移民效应分析——以内蒙古阿拉善移民为例 [J]. 西北人口 ,2008(05):64-68.

络的破坏，会导致易地扶贫搬迁对象原有的社会支持能力出现弱化，甚至消失。[①] 而进入迁入地城镇之后，搬迁户所表现出来的社会交往也呈现内倾性和表层性的特点，难以有效拓展搬迁户的社会关系网络。[②] 但社会支持对搬迁户非常重要。石智雷、彭慧发现正式社会支持与非正式社会支持在库区搬迁农户的脱贫与发展中有重要作用。[③]

当然，客观来看，易地扶贫搬迁确实会影响搬迁对象的社会适应。移民后"乡村原有的组织结构和社会关系网被削弱；家族群体被分散；文化特征、传统势力及潜在的互相帮助的作用都被削弱了"。[④] 但整体上，由于"十三五"期间的易地扶贫搬迁以集中安置为主，所以整体社区融入程度较好，只有部分特殊群体在社会适应方面出现一些不适应：第一，老年人因为再社会化难度高而不容易适应安置社区；第二，一些临近升学的中小学生因担心出现学习不适应而推迟了融入社区的时间。

（一）日常交往对象转变

搬迁后，搬迁户在迁入地城镇的社会交往对象发生了重大变化，大体可以分成四个层次：第一个层次，来自迁出地村庄或者周边地区的搬迁户；第二个层次，搬迁安置社区中的其他搬迁户；第三个层次，在迁入地城镇中的亲戚朋友；第四个层次，迁入地安置社区之外的其他城镇居民。相对而言，第一个和第二个层次主要是基于地缘关系的交往对象，第三个层次主要是基于血缘关系的交往对象，第四个层次则是基于业缘和趣缘关系的交往对象，搬迁户的社会交往也是逐步向外扩展。易地扶贫搬迁改变了搬迁户的生产生活空间，从地缘上对搬迁户的社会交往带来了直接影响，这背后存在着社交距离和社会资本的问题。

---

① 李锦.四川横断山区生态移民的风险与对策研究 [J].中南民族大学学报 (人文社会科学版),2008(02):50-55.

② 马荣芳,骈玉明.宁夏农垦生态移民的社会关系适应性调查 [J].中国农垦 ,2013(07):24-26.

③ 石智雷,彭慧.库区农户从贫困到发展 :正式与非正式社会支持的比较 [J].农业技术经济 ,2015(09):48-56.

④ 王江义.三峡坝区移民安置的实践与思考 [J].人民长江 ,1995(11):48-52.

1. 交往方式的转变

搬迁后，搬迁户的人情交往变得内外有别。

人情交往主要是指搬迁户的人情往来情况，从搬迁户搬迁后的情况来看，因为搬迁户普遍都有着随时可能返回迁出地农村的想法，所以他们会继续维持着农村的人情交往，但他们对在城镇中新的人情交往并没有表现出积极地拓展。

第一，继续维持着传统农村一定的人情交往。一方面，搬迁户尽管在空间上搬到了城镇安置社区，但绝大部分的搬迁户继续维持着他们在迁出地农村的人情交往，农村亲戚朋友遇到红白事的时候他们还是会回到农村参与人情往来，主动返回农村帮忙。同样，这些搬迁户如果在城镇安置社区中有红白事的时候，在农村的亲戚朋友也都会来积极参加。另一方面，有部分特殊搬迁户则有意识地断绝了与农村的人情往来。这部分搬迁户主要是重度残疾人、重病群体等弱势群体，从某种程度来看，这部分群体就是为了逃离农村的人情往来才搬迁到城镇安置社区。在农村的时候，农村作为一个"熟人社会"，在"熟人社会"中所有人都互相认识，所以村庄中发生红白事等重大事情的时候全体村民都会参加，而对重病群体或者重残群体而言，他们自身生计能力有限，他们的收入在村庄中也远远低于其他村民，所以其实他们并没有太多经济能力参与村庄中的人情来往。但在同一个村庄中，他们又不得不参与村庄中的人情来往，否则他们就会被边缘化，因此，村庄中的人情往来其实对这些重残、重病等低收入人群造成了压力。而搬迁到城镇安置社区后，这些过去在农村的低收入群体对于村庄中发生的红白事等人情来往就可以假装不知道，其他村民其实也知道这些低收入群体的情况，所以也不会主动喊他们。这样，搬迁户中的低收入群体就会有意识地断绝很多原来村庄中的人情来往。

第二，对安置社区新的人情来往建构比较谨慎。调研发现，一些安置社区中尽管搬迁户也办了多次红白事，但搬迁户在办红白事过程中参与者主要都是过去在农村的亲戚朋友，在新的安置社区中新认识的人极少参加。究其原因，一方面，人情往来本来就是相互的过程，在城镇中的红白事其实需要的人力互助已经非常少，基本都可以通过市场化方式得到解决，所以搬迁户在城镇中并没有太大动力去拓展他们的人情圈，只用维持他们过去在农村传统的人情交往圈即可。当然，这里如果一些搬迁户他们过去在农村的人情圈非常小，而在城镇安置社区中又迫于现实压力需要拓展人情圈的时候，搬迁户其实也并不排斥这种新建构的人情交往圈（案例2-2）。另一方面，从年龄结构来看，安置社区中日常居住的主要都是老弱病残孕群体，这些群体基本都只是在社区中维持生活，生活非常简单，人际交往圈子非常小，日常中并没有拓展人情圈的能力。

案例2-2：在贵州省康欣安置社区，一个三口之家的搬迁户，构成是一个母亲带着两个女儿，搬迁后一个女儿要出嫁，但该母亲之前长期在外务工，两个女儿也在外读书，都在原迁出地村庄中没有人情交往。而按照当地习俗，女儿出嫁的时候需要办酒，并且越热闹越好，无奈之下，这家的母亲找到了楼栋长，楼栋长了解情况后，发动该楼栋的所有住户都参加了该搬迁户女儿的婚礼。从此事件后，该楼栋中就形成了凡是楼栋中有家庭办红白事大家都参与的新的习俗。

可见，搬迁后安置社区中搬迁户的人情交往范围大部分都是维持或者缩小的状态，只有一少部分有特殊事情的安置社区或者是较强交往能力的社区搬迁户才会努力扩大他们在安置社区的人情交往圈。

2. 新的社会交往特点

调研发现，搬迁户进入迁入地城镇安置社区之后，其社会交往呈现出明显的社区化、圈层化和内倾化特点。

第一，搬迁户在迁入地城镇表现出社区化的交往模式。社区化交往指的是搬迁户的日常交往对象主要是搬迁社区中的搬迁户。"十三五"期间的易地扶贫搬迁主要是城镇化的集中安置，在这种模式下，就形成了大量的集中化的易地扶贫搬迁安置社区。这些社区中都是来自农村的易地扶贫搬迁对象，尽管大家的迁出地不同，但共同的搬迁经历和差不多的经济基础让搬迁户更容易有共同语言。同时，易地扶贫搬迁安置社区本身也是一个完整的生产生活系统，借助社区内部完善的教育、医疗、购物、就业等生产生活体系，搬迁户基本可以做到长期只在社区内生活，这也为搬迁户的社区化交往提供了基础。对西南地区搬迁户的调研发现，易地扶贫搬迁移民的邻里交往不同于一般城市社区浅层化的交往，总体上仍是一种熟人社区的邻里交往形式，邻里关系水平相对较高。[①]

第二，搬迁户在迁入地城镇表现出圈层化的交往模式。圈层化指的是搬迁户在迁入地城镇中会根据特定兴趣或者社交场合等，形成一些小的交往团体。搬迁户从迁出地农村进入迁入地城镇安置社区之后，其必须在迁入地建立新的社会关系。而迁入地社区属于现代城镇的原子化社区，搬迁户在新的迁入地可以根据自己的兴趣爱好，性格特点等寻找有共同语言的交往对象。

同时，迁入地城镇安置社区也是一个非常特殊的集中安置社区，其中集中了大量老人、患病、残疾等特殊群体，这些特殊群体往往需要一个适合自己的朋友圈。如残疾人或者是患病群体的社交模式是通过组建病友圈，这个病友圈并不一定大，通常都是居住比较近的一些身上同样有残疾或者疾病的搬迁户，他们互相谈论自己有关疾病的经历，然后从其他人那里得到安慰。毕竟，在患病群体或者残疾人这类特殊群体看来，安置社区中那些身体健康的搬迁户并不能完全理解他们，他们也不愿意与安置社区中的健康人聊自己的身体情况，那会让他们感到自卑，所以，他们会更愿意与自己一样处于病残状态的人组建病友圈子（案例 2-3）。

案例 2-3：在贵州省南溪安置社区，有一户搬迁户，只有母女两个人，女儿目前已经 20 岁，常年在外务工。其母亲在很早之前丈夫过世后，自己也生病，所以自己很早就搬回了娘家，但也只是借住在自己大哥家里。前些年，平时该妇女都是在城镇给其他人家当住家保姆，只有在逢年过节时返回娘家居住，但实际上平时在娘家也因为没地方住，加上自己生病而自卑，且在孩子小的时候，自己从来不愿意让孩子出去和其他孩子玩，免得其他人说闲话。

① 吴晓萍，刘辉武等.西南民族地区易地扶贫搬迁移民的社会适应研究 [M].北京：人民出版社，2021:151.

在政府准备易地扶贫搬迁的时候，自己想到能够有房子，而且能够远离其他人的闲言碎语，所以就主动报名。搬迁后，第一，自己有了自己的新房子，住着安心，不用过着寄人篱下的生活；第二，安置社区都是陌生人，互相之间也不认识，不用担心其他人知道自己病情之后会议论自己；第三，安置社区中有很多也是生大病的人，能够互相理解，自己就和旁边的两户也是生大病的家庭经常走动，互相聊天，而和正常家庭的人聊天别人嫌弃自己。

第三，搬迁户在迁入地社区的内倾化倾向。内倾化指的是搬迁户社会交往主要以之前熟悉的人为主。这里并不是说来自农村的搬迁户进入城镇安置社区之后不拓展自己的社会关系，而是说来自农村的搬迁户在进入迁入地社区之后，其在迁入地所拓展的社会关系大多是一种弱关系。调研发现，即便是同一个安置社区内部的邻居，大多也只是点头之交，互相之间的深度交往并不多。而搬迁户的主要社会交往还是集中在搬迁之前就已经熟识的邻居、亲戚等。既有对西南地区易地搬迁群众的研究也发现，虽然易地搬迁移民大多能正常与本地居民交往，但是这种交往是浅层次的，还不足以成为社会支持的来源。①

实际上，安置社区中的搬迁户也会与迁入地城镇中自己的亲戚朋友经常联系。改革开放以来，我国城镇化快速发展，大量农民实现了进城。调研发现，大部分搬迁户其实都有亲戚朋友在县城买房和居住，甚至一些搬迁户大部分的亲戚都已经从农村搬到了县城，对这些搬迁户而言，他们进入县城并不孤独，他们可以迅速融入他们在城镇的亲戚朋友圈，从他们那里获得一些必要的生产生活指导和帮助。

案例 2-4：贵州省的三花社区是一个乡镇上的中等规模安置社区，尽管搬迁户大多长期住在城镇的安置社区，但当搬迁户的迁出地村庄需要组织人员巡逻和帮工的时候，村主任在村民微信群里喊一声，搬迁户仍然会积极响应，一起包车回村参与村庄事务。对这些搬迁村民而言，他们认为自己只是换了一个居住地方，但仍然是村庄中的村民。即便是对留在村庄中的村民而言，

① 吴晓萍，刘辉武等.西南民族地区易地扶贫搬迁移民的社会适应研究 [M].北京：人民出版社，2021:164.

他们也不认为搬迁到城镇安置社区的村民已经离开了村庄。所以搬迁到城镇安置社区的村民仍然能够被迁出地村民选为村主任或者村干部，当选的村干部也非常乐意每天往返安置社区与农村之间上下班。

（二）生活方式转变

搬迁之后，搬迁户开始快速适应迁入地城镇中兼业化、楼房化、电器化和陌生化的生活方式。

第一，搬迁户在迁入地城镇中的兼业化生活方式。尽管在搬迁之前，很多搬迁户也维持着一种兼业的生活方式，主要是以照顾孩子为主，同时从事一些农业生产。但搬迁后，搬迁户的兼业方式发生了改变。尤其是对于很多在安置社区中照顾已上学子女的年轻妇女，对她们来说，虽然子女相对已经长大了很多，可以上学了，但仍然需要照顾。也就是说，家里的妇女在孩子上学后有了一些时间但仍然不能像之前那样有完整的时间外出务工。于是，这些妇女会在扶贫车间等地方找一些时间要求不那么高的工作，比如按照计件的方式制作民族服饰，这些民族服饰妇女可以自己拿回家去做，每天的生活就是早上给子女做完饭，然后送子女上学后就开始在家里工作，等到下午四点半左右去学校接孩子回家，然后孩子在家里玩，自己做饭，晚上孩子写作业，自己继续做工作。相对于从事农业生产，在安置社区中从事工商业生产，仍然需要面对一些转变。一方面，工商业生产的时间要求更高。即便有部分手工业生产可以在家中完成，但因为采用计件生产的方式，这就要求搬迁户必须提高时间利用率；另一方面，生产有了一定的技术门槛。相对于农业生产的低门槛，即便是扶贫车间中的手工编织，也有了一定的技术门槛，这也一定程度上阻碍了部分搬迁户的融入。安置社区中也就出现了一些没办法从事这些产业的剩余劳动力。

第二，搬迁户在安置社区中的陪读化生活方式。搬迁户过去长期在偏远农村生活，习惯了以务农为基础的生活方式。但在搬迁到城镇集中安置社区后，城镇集中安置社区基本都是采用无土化的安置方式，尽管很多城镇集中安置社区中都办了扶贫车间，但并不是所有搬迁户都可以从中找到合适的就业机会。一方面，相对于农业生产，安置社区中的工商业生产有一定的技术门槛；另一方面，相对于农业生产，安置社区中的工商业生产往往也有一定的年龄门槛。因为超过 60 岁以上的老人不能购买工伤保险等社会保险，所以，城镇中的正规企业单位都不愿意雇佣 60 岁以上的老年人，很多老年人在城镇安置社区事实上处于失业状态。只是对于需要照顾孙辈的老人，他们每天的生活就是给孙辈做饭，然后送孙辈去学校，之后老人基本都是在家里看电视，等到下午去接孙辈回家，然后给孙辈做饭，这就构成了他们简单的"陪读化"生活。

如果搬迁户家中只有老人，没有孙辈需要照顾，那老人在身体健康状况允许的情况下，也会努力给自己找点事情做，或者摆个小摊，或者是捡垃圾，或者是从安置社区附近找块土地种地，剩下的时间就是看电视或休息，这也构成了一种低成本的养老生活。

当然，在此过程中，搬迁户中的很多老人也会想办法寻找自己习惯的生活方式。尽管城镇易地搬迁基本都是无土化安置，但一些老人还是会想办法在安置社区周边开垦一些土地用来种菜或者玉米、土豆等作物，或者在家里养殖少量的鸡鸭，甚至在家里阳台搭建烤腊肉的地方等，这些农村习惯也构成了城镇集中安置社区中一种特殊的生活方式。

第三，搬迁户在安置社区中的电器化生活方式。电器化是现代生活的统称，既包括了使用各种家用和公用的电器，也包括了现代的厨卫等生活方式。搬迁户进入安置社区后，意味着从农村到城镇生活方式的电器化转变。搬迁前，搬迁户在农村尽管也会使用一些电器，但主要仍然是农业化的生活方式，如冬天取暖一般都是使用炉子，通过烧柴或者烧煤的方式取暖，但在搬迁到城镇安置社区后，无论是取暖、烧水、洗澡等都是使用电器，而做饭有的使用煤气，有的使用电，与过去农村使用木柴和煤炭相比，效率大大提高，但开销也增加。整体上，尽管搬迁户中的老人在一开始不太会使用这些电器，但一般很快也能适应（案例 2-5）。

案例 2-5：在贵州省福欣安置社区，搬迁户中很多老人因为不识字，无法通过电梯上的数字找到自家楼层。为此，很多搬迁户就会在电梯按钮上贴上一些特殊贴画作为标志，以帮助老人找到自家所在楼层。

第四，搬迁户在安置社区中楼房化的生活方式。搬迁之前，农村采用的是集体土地制度，农民可以凭借集体成员权的身份分到一块宅基地自己建房，所以搬迁户都是单家独户的自己生活。搬迁到城镇集中安置社区后，安置社区基本都是政府统规统建，采用集中化的楼房结构，这种楼房化的生活方式给一些长期习惯了农村单家独户居住方式的搬迁户带来了一些融入难题：一方面，一些老人经常会忘记自己住楼房，出现高空抛物或者高空倒水等情况，引发邻里矛盾，甚至出现小孩子从楼上掉下来摔死摔伤等情况；另一方面，一些居住在楼上的老人会出现忘记关水龙头的情况，导致楼下渗水。同时，还有一些老人、残疾人上下楼不方便。大部分搬迁户所在的安置社区都是步梯房，尽管安置社区将残疾人和老人都尽可能安排在了一楼和二楼这些低矮楼层，以方便他们生活，但仍然不能满足所有人要求，仍然出现了一些老人或者残疾人上下楼非常吃力的情况。而这作为生理结构上的问题，确实让搬迁户难以适应。

楼房化生活方式的另一个表现就是生活和居住空间的集中化，意味着生活空间变得狭窄。搬迁前，搬迁户居住在偏远农村地区，这些地区尽管自然生态环境条件恶劣，但家庭可以使用的空间面积并不小。而在搬迁进城后，按照搬迁政策规定，搬迁户每人只有不超过 25 平方米的居住面积，而且这个面积是一个刚性面积，无法拓展，这就导致搬迁户在城镇安置社区中的居住和生活会不习惯。如搬迁户在搬迁前的厨房和厕所都是相对独立的设置，厨房中的洗菜水等直接倒在门口，厕所则都是使用旱厕。而在城镇集中安置社区，厨房都是通过下水管道排水，厕所也需要冲水，为此，很多老人在刚搬迁时既不会使用厨房下水管道，也不会使用厕所冲水，要么忘了冲，要么就将很多东西丢在里面，经常造成管道堵塞。

第五，搬迁户在安置社区中陌生化的生活方式。搬迁前，搬迁户长期生活在农村地区，农村作为一个"熟人社会"，村民之间彼此知根知底，非常熟悉，在村庄中生活的安全感高，村民之间的沟通也非常顺畅，日常交流非常多。搬迁后，因为"十三五"期间的易地扶贫搬迁主要是以搬迁贫困人口为主,这就造成"零星搬迁"的状态,一个自然村中可能只有1—2户贫困户搬迁,从而造成搬迁户在进入城镇安置社区之后举目无亲,整个城镇安置社区也是一个"陌生人社会"。在此背景下,尤其是对于已经习惯农村社会的老人,他们已经没有再社会化的能力,在进入城镇安置社区之后,往往会感觉非常不习惯,连找个说话的人都没有,日常生活中也出现很多与农村"熟人社会"不一样的地方。如在农村的时候,老人出门经常不关门,但搬迁到城镇安置社区后,安置社区是一个"陌生人社会",而且安装的门都是防盗门,所以,一些老人经常出门后随手就将门带上,然后打不开,无奈之下,很多安置社区只能在社区办公室中放每家每户的备用钥匙,在搬迁户忘记拿钥匙的时候帮助他们开门。

整体上,搬迁户从农村进入城镇,就需要面对城镇中以工商业为基础构建的一套新的生产生活体系。而在长期的城乡二元体制影响之下,我国城镇的生活方式已经与农村呈现出诸多差异,这些差异尤其是对搬迁群体中的老人造成的影响比较大,但通常来看,在搬迁户搬到城镇安置社区一年之后,绝大部分搬迁户都基本能够适应城镇安置社区的生活方式。

(三)社区活动参与转变

搬迁后,搬迁户所参与的社区活动性质明显发生了变化,从搬迁前的社会自发活动变成了政府组织活动,其呈现出经济性、公益性与社会性等特点。之所以出现这种转变,也是因为迁入地城镇社会作为"陌生人社会",社会组织基础已经和迁出地农村社会不同,而安置社区作为保障型社区的特殊性质,决定了安置社区中政府组织的社区活动比农村和商业型社区都要多,且功能性比较明确。

第一,迁入地城镇社区活动的经济性特点。所谓安置社区活动的经济性,指的是搬迁户参与迁入地城镇安置社区中的很多活动都带有明确的经济性。搬迁前,搬迁户长期生活在边远农村,通过务农可以实现半自给自足,村庄活动也很少带有经济性。但搬迁后,搬迁户主要都是贫困户,即便同步搬迁人口也都是贫困边缘户,这些搬迁户短期内难以适应迁入地城镇的生产生活方式，在城镇中生活的经济负担相对比较重。所以，为了帮助搬迁户更好地适应迁入地城镇社区的生产生活，社区组织的相当多的社区活动都有一定的劳务补贴，其实也是一种变相的经济救助，如安排搬迁户参与社区卫生打扫、参与劳动培训活动等都有补贴。

第二，迁入地城镇社区活动的公益性特点。此处的公益性指的是，安置社区中的很多活动都具有公益性质。搬迁前，搬迁户长期生活在交通不便的农村地区，距离政府和市场都相对较远，政府提供的各种公共服务往往很难到达，这也造成搬迁后的搬迁户短期内难以适应迁入地城镇的生活方式。对搬迁户来说，城镇本身是一个"陌生人社会"，同时也是一个风险社会，而很多年纪比较大的搬迁户可能几十年都没有到过县城，并不清楚迁入地城镇的风险。为此，安置社区所在地的属地政府为了帮助搬迁户更好地融入迁入地，都会积极组织很多公益性活动，如银行开展如何识别假币的宣传，公安部门开展防诈宣传，医院开展健康义诊活动等，这些社区活动都可以提高搬迁户在安置社区乃至城镇社会的融入能力。

第三，迁入地城镇社区活动的社会性特点。此处的社会性特点指的是，迁入地城镇安置社区会出于社会性的目的组织一些社区活动，以提高搬迁户之间的社会联系。搬迁前，搬迁户都是来自农村的"熟人社会"，村民之间非常熟悉。搬迁后，村民从"熟人社会"进入了城镇的"陌生人社会"，搬迁户之间彼此的熟悉度和信任度都非常低，这自然不利于搬迁户融入迁入地社区。在此背景下，安置社区为了帮助搬迁户快速融入迁入地，就会在一些国家节日和民族节日积极组织各类活动，通过组织搬迁户活动，以达到构建"熟人社会"的目的。如端午节组织搬迁户一起包粽子，新年组织搬迁户一起聚餐吃饭等。

对搬迁户而言，他们的社区活动参与根据活动内容的不同也主要体现为多个方面，一方面，作为直接参与者，如社区卫生清理、清明节包粽子，社区培训活动等，这些活动都是以社区搬迁户作为主角，社区中有空闲时间的搬迁户大都会主动参加；另一方面，对于宣传类和表演类的活动，如政府组织的文娱活动等，有时间的搬迁户通常会作为观众参与其中，也会感到非常热闹。而通过参与社区活动，也确实提高了搬迁户对迁入地城镇安置社区的认同，有利于搬迁户的社区融入。

（四）社会公共服务转变

搬迁后，搬迁户能够享受到的各类社会公共服务数量和质量都得到了质的提高。搬迁户作为外来移民，他们能否享受到迁入地的公共服务通常都被看作是否融入当地的重要条件。搬迁前，搬迁户主要生活在自然条件相对恶劣的农村地区，这些地区交通不便，国家的公共服务往往也难以提供，因此，搬迁户在搬迁前实际上享受到的国家公共服务不但有限，而且质量水平往往也比较低。而易地扶贫搬迁作为国家脱贫攻坚的重要举措，国家从制度上保障了搬迁户能够便捷地享受到迁入地城镇的公共服务，这些服务包括教育、医疗、治安、水电路讯、文化等各种公共服务和设施，这些服务不但健全，而且往往质量比较高（案例 2-6）。

案例 2-6：枫丹安置社区是贵州省贵阳市最大的易地扶贫搬迁安置社区，集中了 1000 多户搬迁户。为此，当地政府在安置社区内部新建了一所高水平的幼儿园和小学，由于幼儿园和小学的硬件和软件水平都相对比较好，不仅安置社区的搬迁户愿意将自己的孩子送到这所幼儿园和小学，周边的非搬迁户也非常愿意让孩子去这所学校学习。

调研也发现，通过地方政府为迁入地城镇安置社区提供完善的公共服务和基础设施，搬迁户能够便利地享受到迁入地的各种服务，对迁入地的认同感和荣辱感都能够得到提高。

三、文化习得：从传统文化到现代文化

文化习得指的是文化层面的融入，文化作为一个相对软性的指标，"文化适应"的概念是美国民族事务局的 Powell 在 1880 年首次提出。Simons 在 1901 年，从社会学角度，界定文化适应是一个双向的不同文化"相互调节"的过程。1963 年人类学家雷德菲尔德、林顿等进一步指出，"文化适

应"指具有不同文化背景的个体或群体组织进行反复联系和互动而改变了其原来拥有的文化模式的过程。① 斯图尔特认为，文化可以能动地利用特定的技术从生存环境中获取生产资料，反过来这种技术也将在思想观念层面反映出来，以此将文化的不适应变得适应。因此，文化的适应是双重的调适，既是对自然的调适，也是对社会的调适。② 贝里指出，文化适应也称"文化渗入""文化潜移""文化调适"等，是指不同文化群体及其成员彼此接触致使文化与心理发生双重变化的过程。③ 其主要对象是习俗文化，其中，习俗"体现某种文化的物质层面和精神层面的所有内容，包括了饮食、节日、仪式、服饰、交往礼仪、生活习惯、价值观、世界观等内容④"。

相关研究已经发现，搬迁会让移民出现文化变迁的现象。马小平研究宁夏易地扶贫搬迁移民工程实施时，发现移民搬迁在促进移民经济社会发展的同时，也推动移民群体传统文化发生了巨大变化。⑤ 乌力更认为移民导致了生产生活方式、社会结构以及文化习俗等的变化，在原住地环境基础上形成的传统文化随之发生变迁。⑥ 冯文华研究宁夏易地搬迁对象后发现，易地扶贫搬迁移民使得不同民族的交流更加频繁，其文化变迁必然发生。⑦ 桑才让发现，由于社会发展不平衡，在同一个文化圈内的迁移也会引起文化碰撞，而异质文化之间的碰撞更加激烈。⑧ 王寓凡、江立华对贵州易地搬迁城镇安置点的研究发现，易地搬迁群众存在明显的文化堕距，表现为规范文化上的"失范"、行为文化上的"失序"、实体文化上的"断

① Redfield,R.Linton,R.Herskovits,M.J. "A Memorandum for the study of acculturation", American Anthroplogist,1936,Vol.38.

② 罗康隆.论文化适应 [J].吉首大学学报（社会科学版),2005(02):67-73.

③ Berry,W.Immigration,Acculturation,and Adaptation,Applied psychology,1997, Vol.46,No.1.

④ 王娟.民俗学概论 [M].北京：北京大学出版社，2002.

⑤ 马小平.人类学视野下生态移民的文化变迁 [D].西北民族大学,2012.

⑥ 乌力更.试论生态移民工作中的民族问题 [J].内蒙古社会科学（汉文版),2003(04): 12-14.

⑦ 冯文华.生态移民民族文化制衡机制的建构——以宁夏生态移民问题为例 [J].人民论坛,2013(11):166-168.

⑧ 桑才让.对三江源生态移民文化适应性问题的调查与思考 [J].攀登,2011,30(06):15-20.

裂"和观念文化上的"脱嵌"特征。[1] 彭婧对贵州黔东南的语言调查发现，安置社区群众语言使用以当地汉语方言、母语为主，国家通用语言为辅。[2]

因本书研究的主要是搬迁到城镇的易地搬迁户，所以，本书中的文化习得指的是来自农村的搬迁户融入城镇文化体系的过程，具体包括了饮食习惯、婚丧习惯、卫生习惯、人情交往、价值观念等。

（一）语言方式转变

搬迁后，搬迁户在文化层面最明显的变化就是语言方式的改变。应该看到，"十三五"期间的易地扶贫搬迁主要针对的是"一方水土养不起一方人"的贫困户，这些贫困户中相当一部分都是少数民族，且基本都住在交通不便的地区。但调研发现，整体来看，搬迁户语言方式改变遇到的融入困境并不是很大，相对而言，主要是对学习能力相对较差的少数民族老人造成一定困扰。

之所以当前的语言文化转变困境不大，是基于两方面原因：一方面，迁入地和迁出地之间的语言方式整体差异不大。"十三五"期间的搬迁主要是县内搬迁，县内搬迁的空间距离相对较近，仍然同属于一个文化区，语言差异整体不大。即便是居住在相对边远地区的贫困户，他们也会在务工、就学、就医等过程中进城，这就在潜移默化中融入了城镇地区的语言文化体系；另一方面，随着近年来电视等家电的持续下乡，搬迁户也早已通过看电视、听广播等学会了一些简单的普通话，即便不会讲，但也基本能听懂，这就让整体上的语言沟通不存在太大问题。"越来越多的少数民族年轻人在这种语言冲击中使用母语的能力逐渐下降，使用人口逐渐减少，使用领域逐渐缩小，使用功能日益萎缩。"[3] 对西南易地搬迁群众的研究也发现，西南民族地区易地扶贫搬迁移民能完全听懂和听懂大部分汉语的比例达到

---

① 王寓凡,江立华.总体性动员与激励性实践：易地搬迁人口文化堕距治理的双重逻辑[J].社会科学研究,2022(05):123-129.

② 彭婧.易地扶贫搬迁安置社区语言生活研究——基于贵州黔东南的语言调查[J].原生态民族文化学刊,2023,15(02):143-152+156.

③ 寸红彬,张文娟.云南濒危少数民族语言的生态环境[J].学术探索,2016(07):146-150.

95.2%，讲得很流利或是基本能讲汉语的比例也达到 92.3%。[①] 当然，也并不是一点问题都没有，尤其是一些长期生活在边远贫困山区的老人，他们长期适应了当地方言，且随着年龄增加，很难学会普通话。尤其是在西北地区，那里少数民族区域规模更大，民族之间内聚力更强，所以当搬迁户进入迁入地的时候也可能遇到语言沟通方面的问题。如韦仁忠对三江源易地扶贫搬迁移民的调查发现，藏族易地扶贫搬迁移民大部分只会讲藏语，缺少基本的汉语基础，由于语言不通导致他们不能正常完成政府安排的编织地毯的工作，而工作人员也因为语言障碍不了解藏民的文化困难。[②]

但整体而言，随着搬迁时间的增加，大部分搬迁群众还是能够比较快地适应迁入地城镇的语言体系。

（二）饮食结构转变

搬迁后，搬迁户的整体饮食习惯还是发生了一些改变，大部分搬迁户的饮食相对都变得更加丰富。

搬迁前，搬迁户主要是居住在相对偏僻的农村地区，这些地方通常交通不便，远离外部市场。村庄内部规模受自然条件限制而规模比较小，难以形成足够稳定的市场。所以，搬迁户在迁出地的日常饮食主要是通过务农实现自给自足，每日的饮食结构也是根据当时的务农情况而定，"地里有什么就吃什么"，大部分情况下的日常饮食结构都比较单一，肉蛋奶等饮食都比较少。搬迁后，城镇是一个市场社会，且城镇安置社区中基本都有超市或者集市，这就让搬迁后的日常购物变得非常方便。即便部分搬迁户受到经济条件限制而在购物上精打细算，但饮食作为家庭开支的刚需部分，大部分搬迁户在市场购物的时候，都会购买一些肉蛋奶等作为补充。所以，整体上，搬迁户在搬迁之后的饮食变得丰富。

但同时，迁入地城镇作为一个市场社会，搬迁户在日常饮食变得相对

① 吴晓萍，刘辉武等.西南民族地区易地扶贫搬迁移民的社会适应研究 [M].北京：人民出版社,2021:197.

② 韦仁忠.藏族生态移民的社会融合路径探究——以三江源生态移民为例 [J].中国藏学,2013(01):120-125.

丰富的同时也意味着家庭经济开销的增加，且搬迁户中的老人没有城镇职工养老保险，个人收入能力又相对较低，所以，老弱病残成员比较多的搬迁户往往会感觉到明显的经济压力。且整体上搬迁户的饮食水平还没有达到真正城镇居民的水平。

（三）婚丧仪式转变

婚丧习惯包括了婚恋习惯和丧葬习惯，婚丧习惯都是传统社会文化的重要组成部分。婚丧习惯在不同地区间往往会有一定的差异性，即便是在同一个县城的城乡之间，因为城乡之间制度要求和市场体系的不同，也会有一定的差异，而搬迁户在从农村进入城镇安置社区后，也需要承受和应对这些婚丧文化变迁的冲击。

1. 婚恋文化变化较小

搬迁后，搬迁户的婚恋文化变得更加现代化。婚恋与其他文化习惯有所不同，尽管我国城乡之间在文化上存在诸多差异，但当前结婚仪式在城乡之间整体上并没有太大差异。因为结婚主要是年轻人之间的事情，年轻人往往追求时髦，愿意尝试新事物，加上近年来年轻人不断进城务工上学，年轻人在耳濡目染中实际上早已了解了城镇的婚恋文化。在此背景下，农村地区的婚恋文化也已基本城镇化，主要体现就是婚恋自由化和结婚仪式的现代化。

即便是在交通相对封闭的农村地区，年轻人也基本都是经过一定的教育后进入外面务工，他们的婚恋也基本都是在学校或者是工作之后通过自己寻找，结婚对象大多也是以本县范围内为主，这与搬迁后的迁入地城镇基本一致。

在结婚仪式方面，现在农村地区也都已经高度现代化。大多数人都基本是从城镇地区找专业的婚庆公司来布置，而城镇婚庆公司的布置基本都是按照城镇模式，从婚车、婚服、仪式等基本都是按照城镇模式。搬到安置社区后，出现的变化主要集中在婚礼地点从农村换到了城镇地区，而随着婚礼地点变化的就是餐饮模式的变化。在农村地区，婚礼餐饮可以在村庄内以互助的方式完成，即通过其他村民帮忙在自家门前吃流水席。但搬迁到安置社区后，少部分安置社区空间较大，或者是安置社区中设置了专门的婚庆场所，也有少部分搬迁户出于节省经济开支的考虑让本村村民帮忙做饭。但也有部分经济条件相对较好的搬迁户会选择直接在饭店吃饭和举办结婚仪式，从而让婚礼仪式和婚姻餐饮与城镇地区完全等同。

可见，搬迁户在进入迁入地城镇安置社区后，在婚恋文化上会出现明显向城镇靠拢的情况。

2. 丧葬习俗转变较大

搬迁后，搬迁户在迁入地遇到丧葬方面的差异较大。

在我国传统文化中，丧葬都被看成是人生中的一件大事。围绕丧葬的文化习俗总是比较多，人们也会更加重视，尤其是在农村地区。因为农村地区受外部影响相对较小，传统文化保留相对完整，加上农村作为一个"熟人社会"，村民之间存在舆论影响，所以，农村地区的丧葬习俗往往比城镇地区要复杂得多。

以"十三五"期间易地扶贫搬迁人数最多的贵州为例，尽管贵州各地的丧葬习惯有一定差异，但整体上基本一致，有一些基本特点：第一，丧葬都是村民组中最重要的事情，一旦村民组中有人过世，不需要办事人家招呼，同一个村民组的人肯定都要到现场无偿帮忙，办事人家在当时主要是当孝子，并不做事。而同一个村民组中的村民，即便是在外省务工也要尽量赶回村庄帮忙，构成人情来往；第二，贵州农村老人仍然都是采用土葬的方式，并不使用火葬；第三，老人如果在外面过世，死后也不能放回村里，只能在村外面搭个棚子办仪式；第四，老人过世后都需要找道士帮忙做法和寻找埋人的地方，也就是看风水和看日子，经常出现老人过世后十多天才下葬的情况；第五，办事人家中需要守夜，而其他村民也会帮忙守夜，如果只有一个人守夜，其他村民会说闲话；第六，贵州农村交通不便，道士寻找的风水地又可能是没有路的地方，所以，抬老人下葬的时候经常需要很多人帮忙。

但城镇地区的丧葬则有所不同：第一，城镇大多采用火葬方式，采用火葬的时候，火葬场属于民政部门，火葬场火葬必须要有医院开具的死亡证明，而医院开死亡证明就需要当事人当场死在医院，这就与农村出现了不同。第二，城镇基本都是到公墓埋葬，而大部分公墓都需要花钱。

于是，很多搬迁户搬到迁入地城镇安置社区后还是在丧葬习惯上出现了一些不适应。当然，整体上直接表现出来的矛盾非常小：一方面，绝大部分搬迁户中的老人还是遵从农村的丧葬习惯，这些老人在年纪大的时候就直接返回迁出地农村，并不会居住在安置社区；另一方面，地方政府为了服务搬迁群众，在很多制度方面做了变通，如给搬迁户提供免费的殡仪馆和免费的公墓，如果搬迁户想要将过世的人埋回农村也被允许等。但是，部分老人仍会在安置社区过世和办理后事，这就与农村出现了一些不同：第一，部分老人过世后送到火葬场火化，搬迁户认为火化费太贵，于是一些地方政府就协调民政部门给予搬迁户减免费用；第二，老人的丧事办理过程中，城镇是在殡仪馆，而吃饭只能在附近的饭店，这就不需要农村那样的村民互忙，但本村村民还是会到现场参加，只是不需要参与帮忙，然后到附近酒店吃饭，办事人家的经济开支增大；第三，老人过世后大部分搬迁户仍然会找道士作法和看风水、看日子，即便是在安置社区，搬迁户大多仍遵循了这个传统；第四，虽然有部分搬迁户将老人埋到了城镇中的公共墓地，但大部分搬迁户并没有那么做，即便是公共墓地免费，一些搬迁户仍然遵循看风水的传统，由道士在安置社区附近的地方找块风水宝地埋葬，一般都是从附近原住民那里购买这些土地，实在不行的也会送回迁出地农村找块地方埋葬。

可见，与婚恋习俗相比，由于参与主体适应能力存在差异，搬迁后的丧葬习俗发生的变化和影响更大，但这些变化整体上也都能够通过搬迁户和地方政府变通的方式得到解决。除了搬迁老人仍然愿意在农村老家按照农村习俗办理丧葬，其他也并没有引起太大的融入问题，少部分搬迁老人也已能够接受城镇火化的方式。

（四）卫生习惯转变

卫生习惯是生活习惯的一种，卫生既包括了个人卫生，也包括了家庭卫生和社区环境卫生。搬迁后，搬迁户需要适应城镇现代楼房的卫生标准，应该承认，在卫生习惯方面，搬迁户与城镇原居民仍存在一定差距。

搬迁前，搬迁户长期生活在农村地区，在进入迁入地城镇安置社区之后，搬迁户会表现出一些与城镇卫生习惯不符的地方：第一，搬迁户有时不注重个人卫生。包括大人和孩子的个人卫生都存在一些问题。一些搬迁户家中小朋友因为长期不洗澡，头上还有虱子；第二，不注重家庭卫生，家里的衣服等经常乱放，家里地面也不注重打扫，尘土很多。甚至少部分搬迁户还会在阳台养鸡养鸭，导致家里环境卫生差；第三，不注重社区公共环境卫生。在安置社区中随意乱丢垃圾，儿童随地大小便，成年人随意从家中向外丢杂物、倒脏水等。

造成这种搬迁户卫生情况不太好的原因很多：

其一，搬迁户以贫困户为主，而一些贫困户的贫困原因就是内在动力不足，简单地说就是自身懒惰，所以这类贫困户无论是自身卫生还是家庭卫生都不会太好，经常是个人非常脏，家庭中也比较脏。

其二，过去生活习惯使然。这种主要是老年人的家庭，很多老年人过去长期是在农村从事农业生产，而农业生产本身需要长期与土地接触，就会变成"雨天一身泥，晴天一身土"，很多老年人也都习惯了这种卫生方式，平时自己和家里的卫生都不太注意清理。

其三，隔代照顾。因为很多孩子都是老人在安置社区中照顾，而老人已经习惯了过去农村的卫生习惯，自然也不会认为自己的孙辈卫生太差，这也导致一些孙辈自身卫生情况不好。

其四，家里孩子多，照看不过来。搬迁户以贫困户为主，而贫困户中很多的多子女家庭，多的甚至能够达到 10 个子女。这些搬迁户自身就业能力较差，他们日常都要忙于外出务工，家里孩子多，根本没时间照顾，所以导致孩子和家庭卫生都很差。

其五，一些家庭缺少好的家庭卫生标准作为参照。搬迁户以贫困户为主，他们过去都是长期生活在农村，缺少外部生活经验，也缺少对外界的感知，很多并不清楚家中的卫生应该达到什么样子。但在帮扶干部到这些搬迁户家中帮助其收拾一至两次卫生，给这些搬迁户建立一个参照标准后，很多搬迁户就能够比较好地知道家庭卫生和个人卫生应该如何清理。

其六，农村社会环境的影响。相对于城镇集中安置社区，农村居住更加分散，而且农村都是单家独户居住，房屋外面有大量的空闲土地，同时农村的公共环境卫生设施比较缺乏，农村的垃圾桶都非常少。由此，农民在村庄中大都养成了随地吐痰、随地乱丢垃圾，儿童也会随地大小便的习惯。鉴于农村的空间环境，农民在农村这样的卫生习惯也不会构成大问题。但安置社区不同，安置社区属于城镇集中生活社区，人口居住集中且高度密集，城镇安置社区的公共空间利用率和可见性要远远高于农村，如在安置社区公共空间中乱丢垃圾，因为道路每天路过的人特别多，就会显得非常不卫生；在安置社区中儿童随地大小便，就会让整个道路无法通行，从而给其他人带来更大的影响。

案例2-7：在贵州省清溪安置社区，刚完成搬迁的时候，一些搬迁户家中的小孩子在安置社区附近的幼儿园上学，家长还像农村一样散养，不注意孩子的个人卫生，一些搬迁户家中的小孩子平时衣服换得不勤，显得衣服比较脏，有的小朋友甚至因为长期不洗澡而头上还有虱子，在午睡的时候虱子会跳到其他小朋友身上，于是一些原住民家庭就要求给自己的孩子换幼儿园。但随着搬迁时间增加，搬迁户也会很快适应城镇的卫生标准，小孩子的卫生状况得到极大改善。

当然，随着搬迁户从农村进入城镇，搬迁户的卫生习惯也在发生明显改变，逐步向城镇标准靠拢（案例2-7）。

（五）价值观念转变

价值观念主要指的是人的人生观、世界观和价值观等。价值观与人们所生活地方的文化密切相关。所以，搬迁后，搬迁户的价值观会随着生活场域的改变而发生一些变化，尤其是学习能力较强的青年群体的价值观会发生变化。具体而言，一些高龄老人仍然维持着他们长期形成的农村人以土地为主的价值观，而青年群体因为没有农村生活经历，长期在学校形成了新的价值观，与迁入地的城镇居民基本没什么区别。

第一，老年人仍然维持他们在农村养成的勤劳耕作的价值观。搬迁户到城镇安置社区后，有劳动能力又不需要照顾孙辈的老年人总是认为没事情做，于是很多搬迁老人会要求安置社区给他们提供一些土地让他们种菜。如果安置社区无法给他们提供地方种菜，他们就会自己在安置社区附近找一些暂时的无主空地或者从附近原住民手中要一点土地种植蔬菜或者玉米、土豆等农作物。尽管在这些老人看来有节省家庭开支的意思，但实际上真正能够节省的家庭开支非常少，更主要是一种生活习惯。同时，一些搬迁老人即便是搬到安置社区后，仍然不会放弃他们在迁出地农村的土地，他们会定时返回农村种地，如定时回农村播种、浇水、收割等，为此一些搬迁老人甚至会集体搭乘公交车或者其他人的私家汽车的方式回村种地。在当前主粮作物价格普遍非常低的情况下，这种经常回村的行为从经济上来看并不会直接带来太大经济效益，但对已经习惯了农业生产的搬迁老人而言，这更多的是他们的生活习惯和价值观念。

第二，青年人已经逐步形成了城镇的价值观念。搬迁户中的青年人虽然看似是农村人，但其实他们本身对农村并没有太深的理解，也并没有太深的情感。青年人从小的时候就在学校读书，读书结束后直接到外面务工，他们不但没有农业生产经历，基本也没有农村生活经历，他们的价值观念主要是在学校和外出务工过程中形成，而务工地点通常都是沿海发达地区的城镇，所以他们形成的价值观念早就是城镇观念。如青年人一般都对土地没有什么感情，既不会也不想从事农业，他们更愿意留在城镇，生活在城镇。当然，这也并不是说青年人就一定具有城镇观念，如一些青年人务工过程中仍然没有形成良好的社会保险观念，认为社会保险不重要，这也与他们长期从事低端体力劳动的工作经历有关。

实际上，在价值观念这些文化层面整体变化不大。一方面，"十三五"期间的易地扶贫搬迁仍然是以县内搬迁为主，而同一个县城范围内的整体价值观念、生活习惯、文化认同等都不会有太多差异，大家的认知基本相同，城乡之间不会形成太大差异；另一方面，当前中西部农业型县乡中的居民其实大部分也是最近这些年随着城镇化的快速推进才从农村进城，他们中的很多人在多年前都是农村人，所以农业型乡镇中的大部分城镇居民与农民本身在观念上并没有拉开太大差距。

四、数字融入：从乡土社会到数字社会

搬迁后，除了部分老人，搬迁群众在数字融入方面整体融入程度较好。

近年来，随着无线网络、数字设备和各种数字平台的大规模普及，我国已经快速进入了数字社会。尤其是在人口更为密集、经济活动更加发达的城镇地区，其数字化转型程度已经远远超过农村地区。简单来看，搬迁群众的数字融入大体可以分成数字学习、数字生产生活、数字娱乐等部分。

数字学习指的是通过数字方式进行各类生活、工作技能和学校课程等方面的学习，在当前我国已进入数字社会的背景下，正在接受教育的学生群体需要通过数字方式进行网上学习；在工作的青壮年也需要通过数字方式完成一些工作技能提高；即便是老年人，也会给他们提供数字方式完成一些生活技巧的学习。当前数字学习的渠道主要包括电视、电脑和智能手机等。数字生活指的是通过数字化方式提高生活的方便程度等，如通过数字方式打电话、缴纳水电费、点外卖、购物等服务生活的数字化应用。数字娱乐指的是通过数字化方式休闲娱乐，如打电子游戏、微信、刷抖音短视频等。

调研发现，尽管搬迁户在数字融入方面还存在一些问题，尤其是老人的数字融入程度受到自身文化水平的限制。但搬迁户在迁入地城镇安置社区的数字融入程度整体相对较高，主要基于几方面原因：

第一，数字硬件设施的普及化。近年来，随着电脑、智能手机等硬件价格降低，智能手机等数字化设备已经进入了千家万户，所以在搬迁户的家中，除了太小的低龄儿童和知识文化受限的老人，基本已经做到了人手

一台智能手机，这就为搬迁户在迁入地城镇安置社区的数字融入提供了基础。

第二，数字操作平台的简单化。当前无论是缴纳水电费、购物，还是外卖等，各类不同数字平台已经做到了极简化，画面带来的直观图像也让场景变得简单。尤其是包括游戏、短视频等在内的各类休闲娱乐数字平台，即便是不识字的老人也可以很快学会使用。对微信群这类沟通方式，即便是不认识字也可以通过语音等方式沟通，这都让数字沟通变的简单。

第三，数字技术应用的可替代性。数字技术和其他融入方面不同，数字应用也可以让其他人帮忙，其替代性比较强，如让其他人用手机帮忙代缴水电费等。由于数字技术的可替代性特点，迁入地城镇安置社区的搬迁户在遇到困难的时候，可以找到社区工作人员、在身边的亲戚朋友等提供帮助。

由此，因为数字平台和技术等方面门槛较低、使用方便等特点，就让搬迁户可以在迁入地城镇安置社区的数字融入程度相对较高。

五、心理认同：从农村人到城里人

调研发现，搬迁后，搬迁对象的心理认同整体较低。在不同的研究者那里，心理认同的具体内容会有所不同。本研究在借鉴既有研究的基础上，将心理认同的内容主要界定为返村意愿、未来归宿、户籍所在地等方面。

所谓心理认同，可以理解为："当外部环境发生变化时，主体通过自我调节系统做出能动反应，使自己的心理活动和行为方式更加符合环境变化和自身发展的要求，使主体与环境达到新的平衡的过程。"①

心理认同是易地搬迁群众的重要方面，其与其他方面具有密切相关。杨菊华认为我国农民工在城市融入度中，心理融入的程度普遍较低。② 李

---

① 贾晓波. 心理适应的本质与机制 [J]. 天津师范大学学报 (社会科学版),2001(01):19-23.
② 杨菊华. 从隔离、选择融入到融合 : 流动人口社会融入问题的理论思考 [J]. 人口研究 ,2009,33(01):17-29.

培林、田丰以及何军分别通过社会融入的代际比较也发现，农民工的心理融入比较困难。[1][2]刘有安借用跨文化专家霍夫斯塔德的"洋葱文化论"（即多层文化论）解释移民的心理适应属于"深层适应"，而一般的"语言""饮食"和"服饰"等文化适应则属于"表层适应"，所以心理适应更是需要时间。[3]田凯根据马斯洛关于心理需求地位的评价，也认为农民工心理上对城市的认同感和归属感，是"适应的一个较高层次的具有相对稳定性的心理特征"。[4]石德生对格尔木的移民研究认为，移民城市化过程中存在"心理震荡""边际人格"。[5]祁进玉在三江源果洛州调研时发现，一些移民心理空虚，有愤怒情绪，因而出现闹事等问题。[6]

（一）返村意愿和未来归宿态度

搬迁后，搬迁对象的返村意愿和未来归宿整体呈现出比较高的犹豫态度。尽管按照"十三五"期间的易地扶贫搬迁政策，搬迁户从农村迁出后，他们留在农村的房屋需要复垦复耕。并且在进入安置社区之后，搬迁对象就不能再返回迁出地居住，从而防止搬迁户再次陷入"贫困陷阱"之中。

搬迁后，尽管在地方政府的大力支持下，搬迁对象在城镇安置社区基本实现了稳定入住，但相当一部分的中老年搬迁对象仍存在较强的返村意愿，也认为自己的未来应该是返回迁出地农村。

这是因为：一方面，尽管在各级政府的帮扶下，基本实现了"每户至少有一人就业"的目标，但搬迁对象也清楚，很多就业机会并不是凭借他们自己的能力能够得到。同时，因为搬迁对象自身能力非常有限，搬迁对

① 李培林,田丰.中国农民工社会融入的代际比较[J].社会,2012,32(05):1-24.
② 何军.代际差异视角下农民工城市融入的影响因素分析——基于分位数回归方法[J].中国农村经济,2011(06):15-25.
③ 刘有安.论移民文化适应的类型及心理变化特征——以新中国成立后迁入宁夏的外地汉族移民为例[J].思想战线,2009,35(06):23-27.
④ 田凯.关于农民工的城市适应性的调查分析与思考[J].社会科学研究,1995(05):90-95.
⑤ 石德生.三江源生态移民的生活状况与社会适应——以格尔木市长江源生态移民点为例[J].西藏研究,2008(04):93-103.
⑥ 祁进玉.草原生态移民与文化适应——以黄河源头流域为个案[J].青海民族研究,2011,22(01):50-60.

象的大部分就业机会都是收入较低的体力型劳动，随着年龄增长，体力降低，他们将无法再获得这类就业机会，到那时是否能够在迁入地城镇稳定入住就可能成为一个大问题。相对而言，迁出地农村尽管自然条件相对恶劣，但务农的门槛较低，至少还可以维持这些搬迁对象的基本生活。另一方面，"十三五"期间的易地扶贫搬迁采用的是针对贫困群众的"零星搬迁"，尽管部分贫困户搬出农村，但迁出地农村仍然保留有很多群众，而搬迁户中的中老年群体在长期的生产生活中，已经习惯了迁出地农村的生产生活方式。

（二）户籍所在地

户籍所在地的背后其实是搬迁对象对未来的预期。从目前来看，搬迁户的户籍大部分仍然留在了迁出地农村。

调研发现，除了少部分地方政府统一组织的将搬迁户户籍转移到城镇安置社区，大部分搬迁群众都不愿意将自己的户籍转移到安置社区。少量搬迁户发现地方政府要统一将他们的户籍转移到安置社区后，明确表示拒绝，并且提出如果地方政府强行将他们的户籍转移到安置社区，他们就放弃搬迁，并且已经出现了这方面的先例。地方政府也已经意识到大部分搬迁户都不愿意将自己的户籍转移到城镇安置社区，为此也采用了一些应对措施，如贵州省统一出台了"市民证"的措施，也就是通过给所有搬迁户办理"市民证"，代替户籍迁移，这样搬迁户就可以不用迁移户籍而享受城镇的相关服务。

仇焕广等通过对云南、四川、贵州、陕西等地搬迁户的调研发现，县城安置居民有 92.7% 未迁移户口，仅有 7.3% 的搬迁户将户籍迁到了迁入地；乡镇安置居民有 82.0% 未迁移户口，仅有 18.0% 的搬迁户迁移了户籍（其中仅有 41.7% 为农村户籍迁移）[1]。可见，一方面，绝大部分搬迁户并不愿意将户籍迁到迁入地城镇。另一方面，相对于县城，愿意将户籍迁移到

---

[1]　仇焕广，陈菲菲，刘湘晖等. 易地扶贫搬迁研究：产业、就业与社区融入 [M]. 北京：经济科学出版社 .2022:337.

乡镇的搬迁户还是要略多一些。

而搬迁户之所以不愿意迁户籍，是因为他们担心户籍转移到城镇社区后国家会收回他们在农村的土地，而一旦收回了他们在农村的土地，这些搬迁户就可能成为城镇的"干居民"，万一以后在城镇无法正常生活下去，他们也失去了返回农村的后路，所以出于保留后路的考虑，绝大部分搬迁户都不愿意主动将户籍转到安置社区。

当然，也有少部分认识相对深刻的搬迁户，他们认识到即便将户籍转移到城镇，国家也不可能收回他们在农村的土地，出于在城镇办事方便的考虑，他们会主动将户籍转移到城镇，但这部分群体在搬迁户中往往并不占多数。

综上，其实心理认同可以看作是经济整合、社会适应、文化习得和数字融入这几个方面的结果。对搬迁户而言，如果他们在迁入地城镇的经济融入、社会适应、文化习得等方面融入得比较好，他们自然对迁入地会出现高的心理认同。但在现实情况下，易地扶贫搬迁的社会融入毕竟是一个长期和缓慢的过程，所以需要有耐心。

第三章：搬迁对象视角下的
社会融入差异

"十三五"期间，借助易地扶贫搬迁政策，我国一共易地搬迁1628万人，搬迁对象分布在全国22个省（区、市）约1400个县（市、区）。在数量庞大的易地扶贫搬迁对象中，搬迁对象因为自身性别、年龄、健康状况等不同，在后续的社会融入过程中也表现出诸多差异。

本书将主要根据搬迁对象的性别、年龄、健康状况、家庭人口、民族等要素进行划分，以此来分析不同搬迁对象存在的不同社会融入表现和成因。

一、不同性别的社会融入差异

既有关于移民的研究已经发现，不同性别之间在迁入地的社会融入情况存在差异。钟曼丽、杨宝强通过对农民工的研究发现，身份歧视、职业选择、工作环境方面存在女性农民工城市融入的身份与性别排斥。[1] 吴伟东运用国内五大城市的问卷调查数据和普适性的社会融入指标体系，从经济整合、行为适应、文化接纳和身份认同等四个维度，对农民工社会融入的性别差异进行了全面的实证分析和探讨，发现农民工的社会融入存在显

---

① 钟曼丽,杨宝强.性别、圈层与嵌入:女性农民工城市融入研究 [J].新疆社会科学,2021(03):138-146+168.

著的性别差异。[①]

对易地搬迁群体的调研同样发现，从整体上看，男性搬迁群体在迁入地的社会融入情况整体高于女性。

（一）性别—城镇入住情况

社会融入尽管包括了经济融合、社会适应、文化习得、数字融入和心理认同等多个方面，但所有的这些社会融入都以身体在场作为社会融入的一个重要表现，如果没有身体在场，那其他方面的社会融入都难以直接实现。

本部分将主要以贵州省欣欣安置社区为研究对象展开。欣欣安置社区是在脱贫攻坚过程中新建的城镇集中安置社区。地方政府从 2018 年启动建设，2019 年 7 月完成全面搬迁入住。欣欣社区占地 550 亩，共有 54 栋楼房 136 个单元，安置易地搬迁群众 2332 户一万余人，是一个大型的城镇集中易地搬迁安置社区，搬迁群众主要来自东山县 28 个乡镇。搬迁群众中包括汉族在内一共有 16 个民族，其中汉族占 49.5%，土家族占 28.1%，苗族占 19.1%，其他则是人口较少的蒙古族、仡佬族、侗族、布依族等。搬迁群众全部来自农村，其中贫困群众占比高达 74.4%，老人占比 13.08%。

在 2022—2023 年的实地调研已经发现，尽管绝大部分搬迁群众都已经在迁入地安置社区实现了稳定入住，但仍然有部分搬迁对象难以在安置社区中稳定入住。从性别视角看，搬迁群众中女性的稳定入住情况低于男性。

---

① 吴伟东.农民工社会融入的性别差异——来自五大城市的证据 [J].兰州学刊,2012(06):118-121.

表 3-1：易地搬迁人数和返回迁出地农村人数的性别对比

	易地搬迁人数与性别比		住迁出地农村人数与性别比	
	数量	比例	数量	比例
男	5667	51.31%	766	45.60%
女	5377	48.69%	914	54.40%
合计	11044	100.00%	1680	100.00%

数据来源：根据作者调查整理而得。

通过表 3-1 可以看出，在完成易地搬迁 3 年多后，易地搬迁群众中绝大部分都已经长期居住在迁入地城镇安置社区，但仍然有部分搬迁群众因为种种原因无法真正融入迁入地。从性别角度来看，在总的搬迁人口中，男性占主体地位，而在难以融入迁入地的搬迁人口中，女性则占据明显的主体地位。

通过返回迁出地农村的情况也可以非常直观地看出，相对而言，女性在迁入地城镇的社会融入情况低于男性。

（二）易地搬迁女性群体的社会融入 [1]

通过在迁入地城镇社区的实际入住情况可以看出，相对于男性，女性的社会融入障碍显然要更多。通过分析女性搬迁群体在迁入地城镇遭遇到的社会融入障碍，可以更直观地发现不同性别群体在迁入地社会融入中的差异。

1. 就业排斥

调研发现，相对于男性，迁入地城镇对女性搬迁群体的就业排斥更加严重，女性搬迁群体与迁入地城镇的就业适配性更低。这本身与迁入地城镇和搬迁群体的自身特征密切相关。

一方面，迁入地城镇的产业结构排斥女性。"十三五"期间的易地扶贫

---

[1]　刘升. 易地扶贫搬迁女性群体的社会融入探究 [J]. 河北北方学院学报（社会科学版）,2024(02):45-48.

搬迁主要发生在我国中西部地区，其城镇都是农业型城镇，本身工商业基础比较薄弱，非农就业机会不足。农业型城镇产业结构仍以传统的建筑业等基础体力劳动为主，在这些工作中，体力不占优势的女性往往就业机会更少，收入也会比男性低。相关研究也已经证明，尽管我国在男女平等方面已经取得了非常大的成绩，但调研中仍然发现，女性在市场中的工资收入普遍低于男性。[①]

另一方面，女性搬迁群体的自身就业竞争力不足。"十三五"期间的易地扶贫搬迁主要针对的是贫困地区的贫困群众，在家庭贫困的情况下，女性群体通常能够享受的资源往往更低。既有研究也发现，贫困地区因为家庭经济能力有限，大多会导致女性的受教育程度比男性低。[②]调研发现，现仍然有少部分女性搬迁群体连自己的名字都不会写。在此情况下，女性搬迁群体的受教育程度偏低自然会影响到她们在迁入地城镇的就业情况。

对欣欣社区的调研也发现，女性搬迁群体在迁入地城镇的就业情况远远低于男性（表3-2）。

表3-2：欣欣社区16—60岁稳定入住劳动力的就业情况

	男	女
未务工	27.1%	72.8%
务工	57.8%	42.1%
自主创业	61.4%	38.5%

数据来源：根据作者调查整理而得。

通过表3-2可以看出，即便是长期住在迁入地城镇安置社区中的搬迁群体，在迁入地城镇没有稳定就业的群体中，女性占了72.8%，远远超过男性搬迁群体。华经产业研究院数据显示：2019年中国男性劳动力参与

---

① 向华丽.女性农民工的社会融入现状及其影响因素分析——基于湖北3市的调查[J].中国人口资源与环境,2013,23(01):103-110.

② 吴晓萍,刘辉武等.西南民族地区易地扶贫搬迁移民的社会适应研究[M].北京:人民出版社,2021:109.

率为 75.27%，女性劳动力参与率为 60.45%[①]。对欣欣安置社区的统计发现，搬迁对象中男性劳动力参与率为 74.41%，女性劳动力参与率则只有 52.83%。在务工的工资性收入对搬迁对象至关重要的情况下，由于大量女性劳动力要留在安置社区照顾家庭中的病残成员，所以，搬迁对象中女性劳动力参与率要远远低于全国女性平均劳动力参与率。可见，女性搬迁群体在迁入地城镇的就业机会相对非常有限。因此，即便是女性搬迁群体长期住在迁入地城镇安置社区，但因为她们并没有真正融入迁入地的就业体系，所以，也很难说女性搬迁群体完成了迁入地的经济整合。甚至从经济角度来看，女性并不具有独立的就业和经济能力，更多是属于客居迁入地城镇，属于经济上的"依附型社会融入"。

2. 社会交往受限

由于女性搬迁群体在迁入地城镇的就业弱于男性，这就造成在家庭劳动力有限的情况下，搬迁户必须根据性别作出分工，以最大程度实现家庭合力。

具体而言，就是我国传统的"男主外女主内"的家庭分工，即男性在迁入地城镇劳动力市场中相对占据优势，则男性外出务工赚钱；女性因为在就业市场中相对处于劣势，则主要留在家中照顾家庭中的老弱病残群体。

表 3-3：欣欣社区 16—60 岁稳定入住群体未务工成因

性别	原因	比例（%）
男	未找到合适工作	83.9%
	养病	9.8%
	照顾家庭	6.1%
女	未找到合适工作	23.5%
	养病	4.6%
	照顾家庭	71.8%

数据来源：根据作者调查整理而得。

[①] 华经情报网 .2010-2019 年中国劳动力人数、劳动力参与率、就业率及失业率统计 .[2021-07-02].https://www.huaon.com/channel/industrydata/640995.html.

从表 3-3 的统计可以看出，男性搬迁群体未务工的主要原因属于"未找到合适工作"，这属于"短期失业"，一旦他们找到合适的就业机会，他们就可以马上去就业。而女性搬迁群体未务工的主要原因属于"照顾家庭"，相对而言，因为照顾家庭的时间往往比较长，这就属于"长期失业"。可见，搬迁家庭内部出现了明显的性别分工。

在"男主外女主内"的家庭性别分工下，也就决定了搬迁家庭中不同性别群体的社会交往对象。进入迁入地城镇安置社区后，男性承担着外出务工的责任。但是，由于搬迁对象都是来自"一方水土养不起一方人"的偏远地区，搬迁对象在迁出地农村建构的大量社会关系作用有限，并不能帮助他们在迁入地城镇寻找更合适的非农就业机会，赚钱的压力迫使男性搬迁群体不得不在迁入地社区拓展他们新的社会关系，增加新的交往对象，以便于寻找合适的就业机会。相对而言，搬迁对象中女性群体的责任更多是留在安置社区中照顾家人，尤其主要是照顾进城读书的孩子，此时，女性搬迁群体的角色主要是"陪读妈妈"。由于照顾家人日常生活的要求相对比较低，女性搬迁群体依靠他们既有的能力和搬迁前既有的社会关系就完全能够胜任，所以，搬迁对象中的女性群体就没有强烈的向外拓展交往对象的工具性动力。相关研究也证明，在移民社区，男性以社会交往为主，女性以亲属交往为主，男性的交往范围要比女性范围要广。[1] 熊瑞梅的研究也发现，女性将生活重点放在家庭等私领域，其社会交往网络中亲属人数较多；男性生活主要嵌于工作的公领域，故社会交往网络成员同事朋友较多。[2]

由此，女性搬迁群体的社会交往对象主要局限在亲戚、邻居等身边人。

3. 文化习得分化

学习迁入地的文化是移民实现社会融入的必要步骤，但既有研究已经发现，不同性别的移民在文化习得方面会存在差异。Dion（1999）研究加

---

① 陈经富."三西"移民社区居民社会交往影响因素的实证研究 [D]. 兰州大学,2010.

② 熊瑞梅.影响情感与财物支持连系的因素 [J]. 人文及社会科学研究集刊,1994(6).

拿大的华裔时发现男性更倾向于保持和维护原迁出地文化，而女性更容易适应迁入地主流文化，这种现象可能与女性在迁出地原文化中的地位和机遇与主流文化有很大不同。① 马燕、罗彦莲发现进城农民工的回族女性在现代化进程中所面临的挑战、困境丝毫不亚于男性。相较于男性，女性受教育程度更低，尤其是她们受传统文化教育的途径有很大限制，所以，回族女性在面临社会的发展变化时，所遭受的冲击更大，内心的挣扎更激烈，冲破束缚的阻力也更大。②

调研发现，相对于男性搬迁群体，女性搬迁群体在迁入地的文化习得内容中表现出一些不同。文化习得与就业和社会交往不同，迁入地的文化包括了对内和对外两种类型，如家庭卫生习惯属于对内，而丧葬文化这类则属于对外。

上文分析中已经发现，为了实现家庭功能最大化，搬迁家庭中的不同性别群体在家庭中有不同的分工，女性群体主要负责照顾家庭，所以，女性对与家庭和子女照料相关的文化习得就比较多。而男性搬迁群体要参与到迁入地城镇的市场竞争之中，这就要求他们必须掌握迁入地城镇社区的各种对外的文化，如丧葬文化和价值观念等，从而积极参与到与迁入地城镇的交往之中，作为建立社会关系的一种方式，为自己家庭能够完全融入迁入地社区打下基础。

4. 数字融入不足

数字融入可以简单地划分成数字学习、数字生产生活和数字娱乐。调研发现，与男性相比，女性搬迁群体对迁入地数字能力的掌握更多地集中在数字生活和数字娱乐方面，对数字生产方面则存在不足。

搬迁对象中往往都是维持着明显的"男主外，女主内"的家庭分工。在这个家庭分工之下，男性搬迁群体要想在迁入地城镇通过竞争获得高收

---

① 转引自：吴晓萍，刘辉武等.西南民族地区易地扶贫搬迁移民的社会适应研究[M].北京：人民出版社,2021:227.

② 马燕，罗彦莲.城市化进程中回族女性的文化适应——以宁夏为例[J].回族研究,2016,26(03):20-29.

入的工作机会，就需要掌握更高的数字实用技术，包括通过数字平台的各种信息寻找合适的就业机会，通过数字平台发布的各类信息了解一些相关就业政策等。

相对而言，搬迁对象中的女性在家庭经济方面的压力要小得多，所以，女性搬迁群体对迁入地数字社会的融入就集中在了数字生活和数字娱乐方面，如通过数字平台缴纳水电煤气等各种费用、购买车票、刷抖音快手等服务生活和休闲娱乐。

5. 心理认同较高

既有研究已经发现，不同性别之间对搬迁产生的社会融入会有不同。王丽萍等人调查宁夏易地扶贫搬迁移民的社会适应与心理健康状况时发现，不同性别易地扶贫搬迁移民的心理健康状况存在差异，男性易地扶贫搬迁移民的心理健康状况要好于女性移民的心理健康。[①] 心理适应和心理健康存在着正相关的关系。一般来说，心理适应越好，心理健康水平就越高。[②] 但对西南民族地区易地扶贫搬迁对象的研究发现，女性移民因为性格上促使有更高的情绪智力，所以，她们的心理融入程度要略高于男性移民。[③] 可见，既有研究尽管承认了移民在心理认同上的性别差异，但对于具体的差异内容还是存在不同观念。

调研发现，女性搬迁群体的心理认同往往比男性群体要高。这主要是基于两方面原因：第一，女性对融入迁入地城镇存在一些偏差。主要表现为女性对迁入地城镇经济体系的难度感知较低。迁入地城镇安置社区对于搬迁对象来说是一个矛盾的存在。从生产角度来看，搬迁对象在借助国家搬迁政策进入迁入地城镇之后，短期内自身很难完全具备在城镇获取稳定收入的能力，在经济融入方面会存在困难。从生活角度来看，搬迁对象都

① 王丽萍，曾祥岚．宁夏生态移民社会适应与心理健康现状调查——以杨显村等 10 个移民点为例 [J]．宁夏社会科学，2015(03):60-64.
② 张晖，何凯，罗军等．95 后大学新生心理适应与心理健康的关系：自我接纳的中介作用 [J]．中国健康心理学杂志，2016,24(05):762-766.
③ 吴晓萍，刘辉武等．西南民族地区易地扶贫搬迁移民的社会适应研究 [M].北京：人民出版社，2021:266.

是来自"一方水土养不起一方人"的生活环境非常恶劣的地方。与迁出地相比，作为迁入地的城镇安置社区的生活环境自然非常好，水电路讯、教育、医疗、休闲娱乐等各种公共基础设施配套都非常完善，生活便利度和舒适度都大大提高。由于搬迁对象中存在性别分工，男性主要负责外出就业获取经济收入，往往会感觉迁入地城镇的生活成本较高，所以心理认同感不高。女性搬迁群体因为主要负责家庭中未成年子女的照料等生活方面的事情，而城镇安置社区的生活便利度要远远高于迁出地农村，所以，女性搬迁群体对安置社区的感知更多集中在生活层面，这就会产生迁入地城镇融入比较容易的认知，且迁入地城镇安置社区优越的基础设施和公共服务都能够让女性群体在照顾家庭方面更便捷，这都让女性搬迁群体的认同感会相对高一些。

第二，女性在迁入地城镇生活的稳定度更高。虽然返回迁出地农村的女性要更多一些，但长期稳定住在迁入地城镇安置社区的女性也比男性比例高。根据家庭分工，留在安置社区照顾家庭的主要是女性搬迁群体。男性搬迁群体需要外出务工，尤其是在迁入地城镇本地非农就业机会不足的情况下，男性都需要通过劳务输出的方式长期到东部沿海地区务工，只有在逢年过节、家里有事或换工作等特殊时候才回到安置社区短暂生活一段时间。所以，相对于男性搬迁群体，女性搬迁群体在迁入地城镇安置社区的居住时间更长，熟悉度更高，自然归属感和认同感也会更强一些。

同时，根据我国传统性别文化下婚姻的嫁娶逻辑，来自农村的女性搬迁群体可以通过婚姻实现融入城镇。不仅未婚的女性搬迁群体会希望摆脱自己农村人的身份，即便是一些已婚的女性搬迁群体也可能出现这种情况。调研中发现，少量女性搬迁群体在习惯了迁入地城镇相对优越的生活后，在家中丈夫无法经济上融入迁入地的时候，会出现离家出走或者是与丈夫离婚的情况。无论是年轻女性搬迁对象离家出走还是离婚，她们都能相对容易地在迁入地城镇再婚，从而融入迁入地，这也会造成男性和女性对迁入地城镇的心理认同出现差异。

综上，尽管女性搬迁群体在社会融入的某些方面可能会高于男性搬迁群体，但整体而言，女性搬迁群体在迁入地城镇的社会融入程度还是低于男性。

二、不同年龄段的社会融入差异

调研发现，不同年龄段的搬迁对象，因自身的生计能力、学习能力和家庭角色定位等存在不同，所以，他们在迁入地城镇的社会融入也会有很大不同。

相关研究也发现不同年龄段搬迁对象的社会融入存在不同表现，易地搬迁中的老年移民因健康状况、文化程度、语言能力、生计方式和收入水平等因素，在安置地面临着更多困境与挑战。[①] 还有学者认为农村移民的年纪越大，越不适应于城镇移民。[②]

（一）年龄—城镇入住情况

从搬迁角度看，易地扶贫搬迁以户籍家庭为单位，也就意味着所有年龄段的人群都会出现在安置社区中，但不同年龄段搬迁对象的需求不同，中西部农业型城镇所能够提供的资源本身也有限，这就让不同年龄段的搬迁对象在安置社区中的稳定入住情况出现差异。

将搬迁对象的身体在场作为搬迁对象社会融入的主要表现，在本研究中，将 16—59 岁阶段的劳动力界定为青壮年阶段，0—15 岁阶段界定为儿童阶段，60 岁及以上界定为老年阶段。

———————————

① 郑娜娜 . 空间变革下的生计策略与养老保障——基于易地搬迁老年移民养老方式的考察 [J]. 河海大学学报（哲学社会科学版），2022,24(04):116-124+137.

② 白南生，何宇鹏 . 回乡，还是进城？——中国农民外出劳动力回流研究（英文)[J].Social Sciences in China,2003(04):149-159.

表 3-4：欣欣社区不同年龄段搬迁对象在不同地点居住情况

序号	年龄段	住农村老家（%）	住迁入地安置社区（%）
1	0—15 岁	18.42%	81.58%
2	16—59 岁	8.10%	91.90%
3	60 岁以上	50.04%	49.96%

数据来源：根据作者调查整理而得。

从表 3-4 的统计可以看出，不同年龄段搬迁群体在迁入地城镇安置社区的入住情况差异较大：老人群体在迁入地城镇的社会融入程度最低，超过半数的搬迁老人都难以融入迁入地城镇；儿童群体在迁入地城镇的社会融入其次；相对而言，青壮年群体的社会融入程度最高。但要注意的是，儿童群体作为未成年群体，他们的社会融入实际上是依附于其他群体，而因为青壮年搬迁群体需要经常外出务工，所以，部分儿童群体就只能委托给留在迁出地农村的老人照料，这就增加了留在农村的儿童比例，由此，儿童群体无法作为一个独立群体进行分析。

在儿童搬迁群体难以作为一个相对独立群体进行分析后，表现出最重要的问题就是，与青壮年群体相比，为何老年搬迁群体在迁入地城镇安置社区中的社会融入比例如此之低？

（二）易地搬迁老年群体的社会融入障碍

从统计可以看出，与青壮年群体相比，老年搬迁群体在迁入地城镇的社会融入程度较低。其背后与老年搬迁群体的自身能力与迁入地城镇无法匹配有直接关系。

1. 经济支持困境

与青壮年群体相比，城乡之间存在的诸多差异都对接受能力较弱的易地搬迁老人造成了更严重的负面影响。在经济结构方面，城镇以工商业为基础的产业结构对易地搬迁老人事实上已经形成了就业排斥，导致他们收入降低和消费增加，阻碍其融入。

（1）就业排斥

从农村到城镇，其实也是从农业走向非农产业的过程，这对只有务农生活经历的易地搬迁老人构成挑战。一方面，中西部城镇地区非农就业机会不足。易地扶贫搬迁主要发生在我国经济相对落后的中西部地区。与东部地区的工业县不同，中西部地区农业县的城镇产业规模小，能够容纳的非农就业机会本就有限，且有限的非农就业机会在易地搬迁老人进城之前就已经饱和。

另一方面，易地搬迁老人难以与城镇居民竞争有限的就业机会。第一，易地搬迁老人缺少非农就业能力。易地搬迁老人大半辈子都生活在农村，只有农村务农生产经验。搬迁进城后在从"农业为主"的生计模式向"非农为主"的生计模式转变过程中，易地搬迁老人属于无学历、无技术、无资本的"三无"人员，基于农业生产的知识、技能和观念都让易地搬迁老人在城镇非农就业领域的竞争力比较弱。政府组织的相应劳动力培训只针对 60 岁以下的劳动力群体，易地搬迁老人因年龄限制而无法参与技能培训，就业竞争力也无法提高。第二，易地搬迁老人劳动能力弱。易地搬迁老人身体机能弱，已经不算劳动力。国务院扶贫办建档立卡数据显示，"十三五"期间全国易地扶贫搬迁人口的劳动力比例为 59.9%，其中普通劳动力占比 85.5%，弱劳动力或半劳动力占比 12.4%，技能劳动力仅占比 2.1%。可以肯定的是，易地搬迁老人的技能水平只会更低，由此出现易地搬迁老人的结构性失业。

欣欣社区所在的东山县原有城镇常住人口 5 万多人。作为一个山区农业县，全县工业基础非常薄弱，原有的工商业难以有效吸纳城镇常住人口就业。随着欣欣社区等多个易地搬迁社区的建立，城区人口瞬间增加了 3 万多人，但城区就业机会并没有相应增加，绝大部分易地搬迁的青壮年也只能以劳务输出形式远赴沿海地区务工。身强力壮的青壮年尚且无法在本地找到合适的非农就业机会，更何况是年老体衰的易地搬迁老人。调研发现，因为易地搬迁老人找不到足够的非农就业机会，已有十几个老人在欣欣社区内捡垃圾，可见其就业非常狭窄且高度内卷。

（2）收入降低

易地搬迁老人在搬迁前主要依靠土地收入，同时辅以养老保险、子女供养等收入生活，但进城后，随着土地收入的下降，其比较稳定的收入来源只有 100 多元 / 月的新农保。由于收入太低，难以保障易地搬迁老人在城镇有一个体面的养老生活。相关研究也发现，在进入迁入地城镇之后，年龄越高的移民经济收入可能就越低。[①]

一方面，易地搬迁老人的土地收入下降。在搬迁之前土地是农村老人的主要生活来源，农村老人有很长时间都是以土地为基础自养[②]。搬迁之后的人地分离让老人的土地收入大大降低。第一，易地搬迁老人实际已无法耕种土地。从农村搬到城镇，只有少部分搬迁距离较近的低龄老人仍可以借助一些交通工具回村务农，而大部分易地搬迁老人因为距离太远已经无法务农。第二，易地搬迁老人无法耕种土地但又无法获得补偿。按照搬迁政策，农村土地承包经营权仍属于搬迁户，易地搬迁老人并不是失地农民，自然也就没有失地农民补偿。第三，土地难以流转变现。易地搬迁老人来自"一方水土养不起一方人"的地方，恶劣的自然条件限制了大规模现代农业机器的使用，且易地扶贫搬迁主要是插花式搬迁，少数几户搬迁人口的土地仍然高度细碎化，无法采用机器大规模耕作，自然也就没有市场主体愿意租种。调研发现，即便是在返迁前，欣欣社区易地搬迁老人的土地能够流转的仅占 8.46%，撂荒的占 32.34%，退耕还林的占 4.28%，剩下的少部分是自己种，大部分则是让老家亲戚朋友免费种。一旦搬迁到城镇，易地搬迁老人的土地收入就会大大降低。相关调研也指出，搬迁前 90.8%的老人从事农业生产，而搬迁后 76.1% 的老人已没有稳定的收入来源[③]。

另一方面，易地搬迁老人的其他收入也不足。除了土地收入，易地搬

① 黄海燕, 王永平 . 城镇安置生态移民可持续发展能力评价研究——基于贵州生态移民家庭的调研 [J]. 农业现代化研究 ,2018,39(04):643-653.

② 杨轶华, 王昆 . "以地自我养老"与"代际关系维护"——生命历程视角下农村老年人的养老策略分析 [J]. 吉林大学社会科学学报 ,2021(04):45-54.

③ 张富富 . 民族地区易地扶贫搬迁老年移民社会融入的路径研究——基于贵州省十三个移民地的调查 [J]. 西华大学学报 (哲学社会科学版),2021(02):69-77.

迁老人还能得到养老保险和子女支持的收入，但这些收入也存在问题。第一，易地搬迁老人的养老保险明显偏低。易地搬迁老人虽已进城，但仍只有城乡居民基本养老保险。与城镇老人的城镇职工养老保险相比，易地搬迁老人的新农保收入要低得多。2021 年企业职工基本养老金约为人均 2900 元 / 月，而城乡居民养老金人均仅 179 元 / 月 [①]。第二，子女也难以给予易地搬迁老人足够支持。易地搬迁户中的青壮年劳动力在进城后尽管可以凭借自身劳动力在非农就业市场上获得比农村更高的经济收入，但这些子女从事的大多是低收入的简单体力劳动，且易地搬迁户在城镇生活的刚性开支同样增加。由此，易地搬迁户子女往往自顾不暇，也没有能力支持易地搬迁老人在城镇的生活。

（3）消费增加

从农村自给自足到城镇市场化的生活方式转变，进城农民的消费会大幅度增加。据统计，2021 年我国城镇居民人均消费支出达 30307 元。而 2021 年全国易地扶贫搬迁人口的人均纯收入为 11897 元 [②]，收入与支出的差距很大。易地搬迁老人进城之前，依靠土地在农村生活，尽管直接经济收益不高，但老人的蔬菜、粮食、肉蛋制品等大多可以通过土地解决，家庭日常开销较少，加上养老保险，农村老人不但可以养活自己，甚至还有能力为在城镇务工的子女提供一定支持。而城镇是一个市场社会，尽管有国家提供的安置房，但粮食、蔬菜、肉类等生活必需品都必须自己购买，开销远大于农村。即便易地搬迁老人努力降低开支，仍有大量刚性开支无法避免。如城镇用水需要花钱，以至于易地搬迁老人抱怨"冲个厕所都要 5 分钱"。调研发现，易地搬迁老人家庭的恩格尔系数在进城后已远高于正常城镇家庭和农村家庭。为此，在收入有限的情况下，易地搬迁老人只能严格控制其他方面的开销。如欣欣社区部分易地搬迁老人为了节省家里的水

---

① 中国人大网 . 全国人民代表大会常务委员会专题调研组 关于实施积极应对人口老龄化国家战略、推动老龄事业高质量发展情况的调研报告 [EB/OL] .[2022-09-07].http://www.npc.gov.cn/npc/c30834/202209/06bc4e553c77405d89ff77a6b4323547.shtml.

② 顾仲阳 . 截至今年 6 月底易地搬迁脱贫群众就业规模 459.4 万人 [N]. 人民日报 ,2022-07-11(001).

费，生活用水都到公共厕所接水用，导致社区开支很大。社区无奈之下只得关闭公共厕所。

易地搬迁老人在农村时通过耕种土地而成为家庭中的生产力量，但进入城镇集中安置社区后，其人力资本失灵，无法参与就业，成为家庭中的纯粹消费性力量。这对家庭经济基础本身就非常薄弱的易地搬迁户构成巨大的经济压力。与城镇老人和农村老人相比，易地搬迁老人收入较少，且开支不断增加，生活难以再平衡。这不但使其生活品质下降，还会产生无用感，易地搬迁老人成了城镇中的"相对贫困群体"。

2. 社会交往困境

随着社会交往场域从农村快速切换到城镇，易地搬迁老人社会交往的对象、空间和机会等都发生了重大改变。易地搬迁老人在农村已经形塑了一套固定的社会交往模式，受年龄和思维习惯限制，他们大多已难以"再社会化"。

（1）交往对象变少

随着城乡快速切换，易地搬迁老人的交往对象从农村的熟人变成了城镇的陌生人。在农村相对封闭和稳定的环境中，农村形成了独特的人际交往方式，建立了同质性很强的人际关系[①]。城镇化搬迁改变了易地搬迁老人的社会关系网络，使其原先依托地缘构建的强关系网络遭到不同程度的破坏，随时间增长会慢慢转为弱关系。这自然让易地搬迁老人的日常交往对象变少，交往关系变淡。在城镇集中安置社区这个"新主体陌生人社会"[②]中，固有的思维定式和长期囿于自身封闭的社交圈使得易地搬迁老人之间出现社会交往隔膜。

这种隔膜随着安置社区人口异质性的增强而增强，从而限制了易地搬

---

① 渠鲲飞，左停．协同治理下的空间再造 [J]．中国农村观察，2019(02):134-144.
② 丁波．新主体陌生人社区：民族地区易地扶贫搬迁社区的空间重构 [J]．广西民族研究，2020(01):56-62.

迁老人的社交能力，导致重新建立的关系网络较为薄弱[①]。受政策要求、户型结构、家庭选择等条件限制，此次易地扶贫搬迁采用"零星搬迁，分散安置"的方式，一个村寨只搬迁 1—2 户，这就让易地搬迁老人与农村的传统熟人关系完全脱离。欣欣社区搬迁 2332 户 1 万多人，分别来自 28 个乡镇 312 个行政村 1646 个村民组，平均每个村民组在欣欣社区安置 1.4 户搬迁家庭。在这种极度分散的安置情况下，易地搬迁老人连个能聊天的熟人都找不到，平时多是在家独自看电视，很少有稳定的交流对象，极易产生孤独感。陈经富的研究也发现，移民年龄不同，交往的地域范围也不同。年龄越大，越倾向于近距离交往；年龄越小，越倾向于大范围交往。[②] 胡荣对农村社区和城镇社区的研究发现，年龄与社区居民社会交往呈负相关，年龄越大，社会交往越少。[③]

（2）交往空间压缩

相对于农村的"随意"，城镇社会交往更有边界感。进城后，易地搬迁老人的交往空间从农村的田间地头、房前屋后等几乎任意空间切换到了城镇的广场、活动中心等正式空间。农村在长期基于血缘、地缘、业缘等关系建构下，本身已成为一个生活共同体，甚至可以看成是一个"扩大的家庭"[④]。尤其是在"一方水土养不起一方人"这样自然条件比较恶劣的地方，单家独户很难生存，这就必须加强彼此之间的交往和互助，所以在共同的生产生活过程中，村民之间极其熟悉，可以随时随地开展交往，受时空约束小。而城镇易地安置社区不仅是"陌生人社会"，其房屋设计上也都是全封闭结构，公私空间明确，居民只能在公共广场、活动中心、公共凉亭等正式公共场所交往。城镇社会这种清晰的公私边界极大限制了易地搬迁老

① 宁静，殷浩栋，汪三贵，等.易地扶贫搬迁减少了贫困脆弱性吗?——基于 8 省 16 县易地扶贫搬迁准实验研究的 PSM-DID 分析 [J].中国人口·资源与环境,2018(11):20-28.

② 陈经富."三西"移民社区居民社会交往影响因素的实证研究 [D].兰州大学,2010.

③ 胡荣.影响村民社会交往的因素分析 [J].厦门大学学报(哲学社会科学版),2005(02):122-128.

④ 胡湛，彭希哲，吴玉韶.积极应对人口老龄化的"中国方案"[J].中国社会科学,2022(9):46-66.

人的社交空间[①]。

同时，从农村的散居到城镇的聚居，城镇安置社区中能用于社会交往的空间面积也大大压缩。农村房屋尽管简陋，但农村相对地理空间较大，房屋建筑面积也较大。到 2019 年，农村居民人均住房建筑面积为 48.9 平方米[②]，而易地搬迁到城镇的群众按照保基本的政策原则，能够分配到的人均住房面积为 20—25 平方米，且没有庭院等延伸面积。住房面积的压缩也让易地搬迁老人和子女不得不住在一起，自然也让家庭内部很难再给已经边缘化的老人留下独立交往空间。欣欣社区中的易地搬迁老人普遍表示，"还是农村更热闹"。因为在农村的时候可以经常互相串门，约着一起在家里吃饭喝酒，但搬到城镇安置社区后就很难再约人到家里聚会，自己也不好到别人家去，有限的日常交往只能发生在社区老人活动中心、公共广场等地方。

（3）交往机会受限

进城后，易地搬迁老人的社会交往从农村的无话不说变成了城镇的无话可说。农村作为一个熟人社会，公共舆论发达，交流方式多样，村民之间能够对村庄中家长里短、公共事务等各种事情发表看法，无话不谈。而城镇安置社区则是一个"陌生人社会"，居民来自不同地方，有不同生活经历，彼此之间完全不了解。加上易地搬迁老人很少有就业机会，缺少收入来源，也就很难发展出基于业缘、趣缘的交往机会。因此，易地搬迁老人之间很难有交往基础，涉及双方家庭的事情不方便谈，涉及社区公共事务的事情又因信息不畅而互相不了解，社区公共活动举办少，参加更少。而对于安置社区之外的原城镇居民，易地搬迁老人更是感觉自己是低人一等的"乡下人"，也找不到共同语言，自然交往极少。在欣欣社区，易地搬迁老人彼此之间基本都是"熟悉的陌生人"，面熟但不认识，最多只是见面打

---

① 王婧洋. 小组工作介入易地扶贫搬迁老年人人际关系适应问题研究 [D]. 贵州民族大学,2022.

② 本刊. 努力实现全体人民住有所居——住房和城乡建设部领导在国新办新闻发布会上答记者问 [J]. 城乡建设,2021(17):4-9.

个招呼。调研发现，即便是经常一起打牌、晒太阳的易地搬迁老人，对彼此的健康、家庭情况等都不了解。

在青壮年已大规模外出务工的背景下，社会支持对易地搬迁老人显得更加重要。本身分散安置的方式已经让易地搬迁对象的异质性增加，致使社区认同碎片化①。进一步，由于交往对象、交往空间、交往机会的减少，易地搬迁老人基于农村的传统社会关系和社会空间已经不复存在，和新的安置社区居民没有共同的生产生活经历，也就没有共同记忆和共同身份认同，易地搬迁老人在城镇安置社区中很难开展有效社交，社会支持减少，紧密程度降低，人变得更加孤独、焦虑和无助。正如移民专家塞尼所说："移民使社会人际关系分散，使亲戚之间变得疏远。互帮互助的关系网、相互融洽的小群体、自发组织的服务团体都被拆散了。"②

3. 文化融入困境

在不同的城乡经济结构和发展定位下，城乡之间已形成了有差异性的文化体系。已过花甲之年的易地搬迁老人在快速的城乡切换下，受文化"堕距效应"③影响，短期内很难从以农业经济结构为基础的传统文化体系转换到以工商业经济结构为基础的现代文化体系。④

汪国华、李培林等研究认为移民文化适应存在代际差异：表现在新生代移民从内心深处更能接纳和内化移民身份，而老一代移民更倾向于复制和移植迁出地老家身份，"文化内卷化"倾向更加明显。因此新生代移民文化适应模式主要是融入。⑤这样，年轻的新生代移民能够更积极地融入迁

---

① 李文钢. 后搬迁时代易地扶贫搬迁社区内部碎片化的表现形式与原因分析——以贵州 F 社区为例 [J]. 求实 ,2022(04):69-81.

② 迈克尔 M 塞尼 . 移民、重建、发展 : 世界银行移民政策与经验研究 (二)[M]. 水库移民经济研究中心 , 编译 . 南京 : 河海大学出版社 ,1998:13 .

③ 威廉·奥格本 . 社会变迁——关于文化和先天的本质 [M]. 杭州 : 浙江人民出版社 ,1989: 205.

④ 王寓凡 , 江立华 . 总体性动员与激励性实践 : 易地搬迁人口文化堕距治理的双重逻辑 [J]. 社会科学研究 ,2022(05):123-129.

⑤ 汪国华 . 两代农民工文化适应的逻辑比较与实证研究 [J]. 西北人口 ,2009,30(05): 47-50+55.

入地的文化，整合老家认同与移民认同，而老一代移民老家认同与移民认同更容易产生分离。[①]

（1）语言差异

语言是文化传播的载体，而易地搬迁老人不仅在社区内部日常交流语言上难以互通，能完全适应城镇普通话体系的更是少之又少。易地搬迁老人过去长期生活在边远地区，因长期交通不便造成与外界隔绝，其内部往往形成了相对封闭且独特的文化体系，其语言也大多自成一体。

由于交通不便，教育也难以开展，尤其是老人的受教育水平都非常低，从而进一步加剧了地方的封闭性。彭婧对贵州黔东南的语言调查发现，在搬迁群众中，国家通用语言文字的普及率和水平与年龄、受教育程度、有无外出经历等因素密切相关。[②]如欣欣社区的易地搬迁老人大多是土家族、苗族、侗族等少数民族群众，他们都有自己的民族语言，长期生活在村寨中的经历也让他们只能讲本民族语言或附近村寨的方言。同时，即便汉族易地搬迁老人，在长期的农村生活中，既没有外出务工的生活经历，也没有接受过现代教育，大多也只能讲本村寨的方言。少数能够听懂普通话的易地搬迁老人，也因存在严重的方言口音和不识字等问题而难以与城镇居民沟通。据国务院扶贫办建档立卡数据库数据，全国搬迁贫困人口中，受教育程度在小学及以下的占比40%。对欣欣社区的统计发现，超过80%的易地搬迁老人都是小学以下学历。但易地搬迁老人要长期在城镇生产生活，就必须学会使用普通话，这对既不识字、学习能力也差的易地搬迁老人无疑构成了挑战。为此，欣欣社区不得不按照民族成立了"土家族帮扶队""苗族帮扶队""侗族帮扶队"等多支帮扶队，专门安排同一个民族的社区干部对易地搬迁老人进行进城后的生产生活帮扶和矛盾调解等。

---

① 马燕，罗彦莲.城市化进程中回族女性的文化适应——以宁夏为例[J].回族研究,2016,26(03):20-29.

② 彭婧.易地扶贫搬迁安置社区语言生活研究——基于贵州黔东南的语言调查[J].原生态民族文化学刊,2023,15(02):143-152+156.

（2）规则要求提高

规则是人们在生产生活中需要遵循的法则。但城乡之间因社会基础、经济基础等方面的不同，其社会规则也不同。一般而言，城镇规则要比农村规则更加健全，要求更高，由此让习惯了农村规则的易地搬迁老人表现出诸多的不适应。

一方面，难以适应高的卫生标准。易地搬迁老人长期生活在农村，农村的卫生要求和卫生条件要比城镇低得多，但进城就意味着必须适应城镇更高的卫生标准。农村相对城镇地广人稀，在单家独户的生活居住模式下，环境的消解能力比较强，如将生活污水倒在门口、随地吐痰、扔烟头等在农村都不是太大的问题。但城镇安置社区采用楼房集中居住模式，人口密集，已经不允许随地吐痰、扔烟头等影响他人的行为发生。调研发现，欣欣社区经常发生易地搬迁老人从楼上扔垃圾、泼水、制造噪声等引发邻里纠纷的事情，为此其被贴上了不注意卫生和素质低的标签，这自然也让其难以接受。

另一方面，安全观念不足。相对于农村，城镇的风险因素增多，对居民的安全观念要求提高，但很多易地搬迁老人很难适应这种转变。农村是一个熟人社会，尤其是在相对封闭的边远山区农村，由于受地理环境限制，人员非常稳定，农村人尤其是长期生活在村的老人互相之间的信任程度非常高。但城镇社会是一个流动的"陌生人社会"，城镇集中安置社区中的易地搬迁老人往往习惯于用农村的方式来生活或处理人际关系，这既给生活造成了不便，也出现了被偷被骗等情况。尽管欣欣社区自 2019 年居民入住以来，已有 4 年多时间，但居委会仍保留着每家每户的家门备用钥匙。因为仍不时会有易地搬迁老人出门既不锁门，也不带钥匙，一阵风将门关上后就进不了家门。找专人开锁又会给易地搬迁老人造成经济压力，于是欣欣社区就每家每户留一把备用钥匙，以备不时之需。而类似的事情在欣欣社区非常普遍。

（3）仪式文化简化

仪式是人们生活中的重要内容，由于仪式对象、空间和时间等基础的不同，城乡对待仪式的表现也有所不同。整体上，相对于农村地区仪式的复杂隆重，城镇地区的仪式要简单得多。

一方面，城镇的节庆仪式比较简单。盛大的节庆仪式往往是少数民族的重大活动和文化习惯。欣欣社区中安置了包括土家族、苗族、侗族等在内的 15 个少数民族，除土家族和苗族人数相对较多，其他少数民族只有几十户、十几户甚至几户，但每个民族都有自己的节日活动。且即便是同一民族，不同村组间的仪式也有所不同，尤其是老人，他们已经习惯了在农村过传统节日，而在新的城镇集中安置社区中由于受场地、人员、时间等限制，节庆仪式很难开展，这让易地搬迁老人很不适应。

另一方面，城镇关于婚丧嫁娶等活动的仪式比较简单。丧葬尤其对老人而言具有重要意义，长期在农村地区形成的习惯让易地搬迁老人已经高度认同农村的丧葬文化，并都有"落叶归根"的思想。如欣欣社区所在地区的农村仍然对过世老人采用土葬，且有一整套复杂的丧葬仪式，但城镇地区则是火葬后直接埋入公墓，简单得多，这让易地搬迁老人难以接受。因此，易地搬迁老人即便能够在城镇集中安置社区居住，但一旦他们感觉身体状况不适，他们都会返回农村。

到 2023 年，即便在欣欣安置社区中的搬迁户入住已近 4 年，但从来没有易地搬迁老人在社区中举办过丧葬活动，即便是有极个别老人在社区突然过世，家人也会按照老人遗愿将其送回农村土葬。在城乡诸多差异和易地搬迁老人自身生计能力脆弱的背后，不仅是易地搬迁老人新的"城里人"身份难以获得自己和原城镇居民的认可，更主要的还是随着易地搬迁老人在城乡不同体系中的结构性位置发生变动，他们已难以获得过去在农村受人尊重的身份认同。在传统封闭的山区农业村庄，外来影响小，当地经济、社会、文化等结构非常稳定，老人在长期的生产生活中很容易成为掌握更多地方性知识的社会精英，在封闭稳定的山区村庄中占有重要位置，甚至成了"老人权威"。但进入城镇安置社区后，工商业基础上的现代社会体系区别于传统的农业社会体系，加之易地搬迁老人身体机能弱、文化水平低、学习能力差，其地位迅速从传统村庄的"中心"变成了现代城镇的"边缘"。

这自然也让易地搬迁老人在心理上难以认同。调研发现，很多易地搬迁老人都是原来村庄中传统节日、婚丧嫁娶等仪式活动的组织者、负责人和座上宾，而在进入城镇后，传统仪式活动形式都极大简化，老人没有了以前的身份和地位，内心自然充满失落感。为此，即便政府大力提倡，易地搬迁老人仍不愿将农村户籍转成城镇户籍，出现了"人户分离"。欣欣社区虽然经过多方动员，但改成城镇户籍的居民比例不到5%，其中几乎没有老人。

同样，即便是当前数字技术已经非常简单，且数字技术本身具有替代性。但搬迁老人因为年龄的增大，他们本身学历水平相对较低，相当多的老人搬迁群体甚至学历属于文盲或者半文盲，加上老人本身视力水平的限制，这都会限制老人搬迁群体的数字融入能力。而在迁入地城镇这样一个"陌生人社会"中，易地搬迁老人主要也只能找社区的工作人员帮忙，这也会限制他们的行动能力。

综上，作为迁出地的偏远农村与迁入地的现代城镇存在生产生活方面的诸多差异，与学习能力和学习意愿都比较强的青壮年群体相比，作为迁移对象的易地搬迁老人本身融入能力和融入意愿都比较低。早期陈肖英对南非的中国新移民的研究发现，移民融入移居国的动机越强，越是有长期的、明确的居留目标，越容易适应与融入。[①] 相对于青壮年，老年搬迁对象早已经习惯了迁出地的生活，他们对融入的动力较弱，所以后续的融入也更困难。因此，易地搬迁老人进城后遇到的融入困境是整体性的。

实际上，因为"十三五"期间的易地扶贫搬迁是以户为单位，而不同年龄段群体本身对通过搬迁进城存在不同的看法，为此，甚至出现了一些家庭内部的矛盾（案例3-1）。

案例3-1：在贵州省黔东南州的檐下村，老陈家有5口人，老陈夫妻都已近40岁，其父亲60多岁，有2个儿子，在2018年搬迁的时候，老陈夫妻都想要借助易地搬迁政策搬到县城安置社区，但其父亲担心一旦进城就没办法

---

① 陈肖英.民族聚集区经济与跨国移民社会适应的差异性——南非的中国新移民研究 [J].开放时代,2011(05):41-51.

生活。家庭内部争执不下，即便是乡村多名干部上门做工作也难以做通，最后是老陈直接跪在父亲面前，希望父亲为了 2 个孙子未来的教育考虑，最终父亲勉强同意搬迁。

实际上，老人也知道自己在迁入地城镇安置社区中的融入会比较困难，所以，很多搬迁老人会想办法不搬迁。根据国务院扶贫办建档立卡数据库，我国所有搬迁人口的平均年龄为 37 岁，16 岁以上的搬迁人口有 204 万人，占比 21%；16—60 岁的搬迁人口有 582 万人，占比 61%；60 岁以上的搬迁人口有 171 万人，占比 18%。[①] 但从我国统计局的数据看，我国 2020 年全国第七次人口普查显示我国平均年龄为 38.8 岁，60 岁以上人口比重为 18.7%。从这个数据来看，似乎搬迁人口与全国平均老龄化数据相差不大，但实际上，我国老年人口有明显的城乡差异，农村老年人口比例远远超过城镇，所以，实际上是有大量农村老人没有搬迁到迁入地城镇。

三、不同健康状况的社会融入差异

在此次易地扶贫搬迁中，搬迁对象中存在大量的病残特殊群体。根据国务院扶贫办建档立卡数据库统计，"十三五"期间，在已搬迁的人口中，健康的搬迁人口有 766 万人，占比 80%；患有长期慢性病的有 110 万人，占比 11%；患有大病的有 13 万人，占比 1%；患有残疾的有 54 万人，占比 6%；既患有慢性病又残疾的人有 14 万人，占比 1%；既患有大病又残疾的人有 1 万人，占比 0.1%。[②] 而这些特殊弱势群体已与健康群体的社会融入呈现出差异。

调研发现，身体健康程度越低，搬迁对象融入迁入地城镇的情况越差。

---

① 仇焕广，冷淦潇，刘明月等．中国千万人的易地扶贫搬迁：理论、政策与实践 [M]．北京：经济科学出版社．2021:117.

② 仇焕广，冷淦潇，刘明月等．中国千万人的易地扶贫搬迁：理论、政策与实践 [M]．北京：经济科学出版社．2021:117.

（一）健康状况—城镇入住情况

在贵州欣欣社区的一万余名搬迁对象中，共有 910 人属于患病或残疾群体，其中，465 人属于患病群体，445 人属于各类残疾群体。

由于相当部分搬迁老人会因为自身年龄原因而长年住在迁出地农村，所以，本书主要关注青壮年阶段不同健康程度搬迁群体的稳定入住情况。在 16—59 岁属于青壮年阶段的 7322 人中，共有 582 人属于患病或残疾群体，其中，275 人属于患病群体，307 人属于残疾群体。当然，残疾人和患病群体属于两个不同群体，调查发现，残疾人和患病群体重合度较低，欣欣安置社区的 275 名患病者中仅有 18 人是残疾，占比 6.55%；而 307 名残疾人中同样仅有 18 人患病，占比 5.86%。

表 3-5：欣欣社区残疾人和患病人群统计分析

类别	数量	分类	数量
患病群体	275	有劳动能力	167
		无劳动能力	108
残疾群体	307	有劳动能力	194
		无劳动能力	113

数据来源：根据作者调查整理而得。

从表 3-5 看出，尽管搬迁对象中残疾人和患病群体数量相对较多，但大部分仍然都有劳动能力，这也就意味着这些疾病和残疾状况都相对不太严重。

（1）患病群体入住迁入地安置社区的比例较低

患病群体指的是长期生病或者是生大病的群体。从农村搬迁到城镇安置社区的搬迁对象中，生病以精神类疾病为主，其他有高血压、糖尿病、肾结石等。

由此统计患病群体中有劳动能力和无劳动能力搬迁对象的日常稳定入住情况。

表 3-6：欣欣社区失能患病群体的入住情况

序号	所在地	人数	比例
1	住迁入地社区 [①]	39	36.11%
2	住迁出地农村	66	61.11%
	合计	108	97.22%

数据来源：根据作者调查整理而得。

从表 3-6 看出，对于失去劳动能力的患病搬迁群体，有大约 61.11% 为长期住在迁出地农村老家。可见，失去劳动能力的患病群体比健康群体住在安置社区的比例低的多，大部分都已返回迁出地农村。

表 3-7：欣欣社区有劳动能力患病群体的入住情况

序号	所在地	人数	比例
1	住迁入地社区	124	74.25%
2	住迁出地农村	43	25.75%
	合计	167	100.00%

数据来源：根据作者调查整理而得。

从表 3-7 看出，与易地扶贫搬迁的整体入住情况相比，有劳动能力的患病群体住在迁出地农村的比例较高，毕竟带有一定的养病性质，而住迁入地安置住区的比例也低于群体平均水平，但明显高于失能患病搬迁群体。

此外，调研享受城镇低保是否对失能患病群体构成影响？在 275 名患病搬迁群体中，扣除 4 名在外读书的学生和 1 名离婚不列入统计，得到 103 人因为患病而失去劳动能力，其中 41 人享受城镇低保，62 人不享受城镇低保。

---

① 其中外出就学 3 人，外出就学不算劳动力，没有列入具体统计。

表 3-8：欣欣社区享受城镇低保的失能患病群体入住情况

序号	所在地	人数	比例
1	住迁入地社区	11	26.83%
2	住迁出地农村	30	73.17%
	合计	41	100.00%

数据来源：根据作者调查整理而得。

表 3-9：欣欣社区不享受城镇低保的失能患病群体入住情况

序号	所在地	人数	比例
1	住迁入地社区	26	41.94%
2	住迁出地农村	36	58.06%
	合计	62	100.00%

数据来源：根据作者调查整理而得。

从表 3-8 和表 3-9 看出，城镇低保其实对患病搬迁群体住在什么地方没有必然影响，患病搬迁群体无论是否具有城镇低保，其主要群体都是住在农村。但是，调研发现如果患病群体没有城镇低保收入，那他们外出务工的比例会明显增加，这是由于他们还是必须出去寻找收入来源。

在欣欣安置社区的 45 名在家养病群体中，仅有 9 人选择在迁入地城镇安置社区中养病。可见，尽管相对于迁出地农村，迁入地城镇安置社区拥有相对较好的医疗条件，但大部分的患病搬迁群体在病情稳定后，还是会返回迁出地农村养病。

（2）残疾搬迁群体入住安置社区的比例较低

安置社区中的残疾人大部分都是视力残疾、听力残疾、语言残疾、肢体残疾等，需要家人进行日常照料。

在欣欣安置社区中有残疾人 307 人，其中失去劳动能力的有 113 人，占 36.8%。

表 3-10：欣欣社区失能残疾人的入住情况

序号	所在地	人数	比例
1	住迁入地社区	46[①]	40.71%
2	住迁出地农村	59	52.21%
	合计	113	92.92%

数据来源：根据作者调查整理而得。

从表 3-10 看出，失能残疾人大部分都是住在迁出地农村老家。调研发现，住在农村老家是为了得到家乡亲戚朋友的照顾，而住在安置社区则是为了享受到安置社区比较好的卫生医疗条件。

表 3-11：欣欣社区有劳动能力残疾人的入住情况

序号	所在地	人数	比例
1	住迁入地社区	148[②]	76.29%
2	住迁出地农村	46	23.71%
	合计	194	100.00%

数据来源：根据作者调查整理而得。

通过表 3-11 统计可以发现，与安置社区中同年龄段搬迁群体的入住情况相比，有劳动能力的残疾人稳定住在安置社区的比例明显高于失能残疾人，但低于健康搬迁群体。同时，少部分有劳动能力残疾人仍选择返回迁出地。因为农业的门槛较低，留在农村的残疾人仍然可以从事一些生产活动；而住在安置社区其实也可以从事一些政府提供的公益性岗位，同时享受到安置社区中相对较好的卫生医疗条件和公共服务。

---

① 其中外出就学 8 人，外出就学不算劳动力。
② 没有外出就学，外出就学不算劳动力。

表 3-12: 欣欣社区有城镇低保的失能残疾人入住情况 [①]

序号	所在地	人数	比例
1	住迁入地社区	24	38.71%
2	住迁出地农村	38	61.29%
合计		62	100.00%

数据来源：根据作者调查整理而得。

表 3-13: 欣欣社区无城镇低保的失能残疾人入住情况 [②]

序号	所在地	人数	比例
1	住迁入地社区	10	32.26%
2	住迁出地农村	21	67.74%
合计		31	100.00%

数据来源：根据作者调查整理而得。

从表 3-13 看出，当没有享受城镇低保的时候，大部分的失能残疾人会选择返回到迁出地农村，从事一些简单的农业生产，或者是由亲戚朋友帮助照料。

通过表 3-12 和 3-13 可以发现，城镇低保能够直接影响入住安置社区的情况，在享受城镇低保的失能残疾人中，入住安置社区的比例明显增高，因为城镇低保相对解决了他们部分生活问题，可以享受到城镇良好的卫生医疗条件。

从上面可以分析出：第一，失去劳动能力的患病群体或者残疾人大部分都住在迁出地的农村老家，只有少部分住在安置社区。这说明，安置社区中尽管有更好的医疗条件，但家庭和社会照料显然比医疗条件对失能搬迁对象更加重要，因为日常生活照料的频率要远远高于去医院。第二，有

[①] 原为 113 人，此处统计为 97 名丧失劳动力的残疾人中（扣除 10 名在外读书的人和 6 名离婚离开安置社区的人），有 62 人享受城镇低保，占比 63.92%。

[②] 原为 113 人，此处统计为 97 名丧失劳动力的残疾人中（扣除 10 名在外读书的人和 6 名离婚离开安置社区的人），有 62 人享受城镇低保，占比 63.92%。

劳动能力的残疾人或者患病群体，大部分仍然会参加劳动。当然，他们外出务工的比例比健康群体要低很多。

由此，不得不提出一个问题，明明迁入地城镇安置社区的医疗条件、基础设施和公共服务水平等都要远远好于迁出地农村，为什么身体健康条件差的病残搬迁群体却要返回迁出地农村居住？

（二）易地搬迁病残群体社会融入障碍

身体健康出现问题的搬迁对象大体可以分成两类：因病与因残，而这两类群体带来的影响又可以分成有劳动能力和无劳动能力两类。为此，在本研究中将根据病残所带来的结果，将这个群体分成轻度病残（有劳动能力）和重度病残（无劳动能力）两类。调研发现，病残搬迁群体在迁入地城镇安置社区的社会融入程度明显低于健康群体，其中，没有完全丧失劳动能力的轻度病残群体的社会融入能力高于完全丧失劳动能力的重度病残群体，其背后则是包括经济、社会、文化在内的整体性的融入障碍。

表 3-14：不同健康状况搬迁群体的社会融入差异

	健康群体	轻度病残	重度病残
经济整合	高	中	低
社会适应	高	中	低
文化习得	高	中	低
数字融入	高	中	低
心理认同	高	中	低

表格来源：作者整理。

1.经济整合：健康群体最高，重度病残群体最低

经济整合意味着搬迁群体融入迁入地城镇安置社区的能力。调研发现，与健康搬迁对象相比，病残搬迁群体在迁入地城镇安置社区的经济整合能力更低，其中，轻度病残群体的经济整合能力高于重度病残群体，重度病残群体在迁入地城镇的经济整合能力最低。

经济整合包括了多个方面，其中，病残群体在迁入地城镇的非农就业水平低是其经济整合能力低的主要原因。调研发现，与在农村相比，病残群体在迁入地城镇的就业水平往往更低，为家庭带来的经济收入更少。

（1）病残群体自身劳动力竞争力低

之所以就业水平低与病残搬迁群体自身的劳动力竞争能力较低密切相关。

"十三五"期间的迁入地城镇基本都是农业型城镇，这些地方的非农就业机会较少。但相对于农业生产，非农就业的收入较高，这就吸引了大量农村剩余劳动力进城务工，构成了数量庞大的农民工群体。从整体结构供应看，中西部农业型乡镇因为有大量来自农村的劳动力供应，所以，整体的非农劳动力市场形成了供大于求的结构。此时，劳动力想要获得就业机会，就需要参与劳动力竞争，但来自偏远农村地区的病残搬迁群体的市场竞争力往往比较低。

一方面，病残搬迁群体的社会资本非常弱。与城镇地区的原住民或者靠近城镇的农民相比，搬迁对象来自"一方水土养不起一方人"的农村，这些农村都是位于自然条件恶劣的偏远地区，交通不便。这些地区的村民往往与城镇的联系也相对较少，尤其是作为搬迁主要对象的贫困村民。同时，病残群体因为行动受限，日常能从事的活动更少，活动半径更小，其社会资本更受影响。所以，病残搬迁群体往往在迁入地城镇中的社会资本相对较弱，也就难以通过社会资本找到合适的非农就业机会。

另一方面，病残搬迁群体的身体资本非常弱。在没有社会资本帮忙的情况下，病残搬迁群体自身的知识、文化等水平也都长期受到迁出地公共服务水平的限制，整体水平低。此时，病残搬迁群体只能参与迁入地城镇的低端劳动力市场的竞争，而低端劳动力市场的核心竞争能力就是体力。病残群体自身体力不足，属于弱劳动力，在低端劳动力市场也缺少竞争力。

表 3-15：欣欣社区轻度患病群体务工情况

序号	状态	人数	比例
1	未务工	70	41.9%
2	务工	82	49.1%
3	务农	9	5.3%
4	自主创业	6	3.5%
	合计	167	99.8%

数据来源：根据作者调查整理而得。

表 3-16：欣欣社区轻度残疾群体就业情况

序号	状态	人数	比例
1	未务工	45	23.1%
2	务工	136	70.1%
3	务农	9	4.6%
4	自主创业	4	2.0%
	合计	194	99.8%

数据来源：根据作者调查整理而得。

通过对表 3-15 和表 3-16 可以看出，在欣欣安置社区中，尽管轻度病残群体仍有劳动能力，但他们中"未务工"的比例都远远高于健康搬迁群体。尤其是轻度患病群体，因为需要养病，"未务工"的占比接近一半，而轻度残疾搬迁群体往往因为残疾状态已经稳定，所以，"未务工"的比例要少一些，但仍然占据了接近 1/4。

同时，轻度残疾搬迁群体中"未找到合适工作"的比例则远远高于轻度患病群体。在轻度患病群体"未务工"的 70 人中，有 45 人是"在养病"，占 64.29%；16 人是"照顾家庭"，占 22.86%；9 人是"未找到合适工作"，占 12.86%。而在轻度残疾群体"未务工"的 45 人中，只有 13 人是"在养病"，占 28.89%；然后"照顾家庭"的有 21 人，占 46.67%；"未找到合适工作"的有 11 人，占 24.44%。由于"照顾家庭"属于正常的家庭分工，"在养病"和"未找到合适工作"则都与个体有关。可见，患病搬迁群体绝大部分属于客观的"在养病"，而残疾搬迁群体中则有接近1/4的比例是"未找到合适工作"。与轻度患病群体相比，尽管轻度残疾群体也仍然具有部分劳动力，但外显的身体残疾同样会影响到他们在非农劳动力市场中的竞争。实际上，大部分轻度残疾群体留在家中"照顾家庭"也是因为他们在劳动力市场中难以就业所致。

（2）重病残搬迁群体会影响整个搬迁家庭

相对于轻度病残群体，重度病残搬迁群体不仅自身无法参与迁入地的社会经济竞争，同时，还会影响到整个搬迁家庭在迁入地的经济整合。

重度病残搬迁群体生活难以自理，需要照料，而搬迁家庭只能采用最传统的家庭照料方式，无法购买市场照料服务或其他照料方式：一方面，搬迁家庭的社会保障水平还较低。搬迁家庭来自农村，尽管他们借助国家扶贫政策搬进了城镇，但因为之前没有缴纳城镇社会保险，仅有的城乡居民基本养老保险、残疾人保障等保障水平都较低，不足以在迁入地城镇购买市场化的照料服务；另一方面，搬迁对象自身经济收入也比较低。搬迁家庭尽管已经进城，但短期内自身的生计能力难以提高，没有足够经济条件来购买市场化照料服务。而且在迁入地城镇安置社区这个"陌生人社会"中，搬迁家庭也难以像农村那样委托周围亲朋好友代为照顾家中的老弱病残成员，最后，只能是搬迁家庭自己安排家庭成员进行家庭照料。

对搬迁家庭而言，留在迁入地城镇安置社区中照顾病残家庭成员就意味着失业或收入降低，安置社区中的就业机会和收入与东部沿海地区的就业机会和收入相比仍有较大差距。迁入地城镇安置社区基本位于中西部农业型县城或乡镇，这些地方的制造业基础薄弱，非农就业机会本身就少。在整体劳动力供大于求的情况下，中西部农业型乡镇所能提供的务工就业收入相对沿海地区要低。根据国家统计局《2020年农民工监测调查报告》显示，2020年我国农民工月均收入4072元，其中，外出农民工月均收入4549元，本地农民工月均收入3606元。东部地区就业的农民工月均收入4351元，中部地区就业的农民工月均收入3866元，西部地区就业的农民工月均收入 3808 元 [①]。可见，从提高家庭收入角度出发，最好的方式还是到东部沿海地区务工。

同时，搬迁对象的家庭收入高度依赖外出务工的工资性收入。一方面，易地扶贫搬迁安置社区搬迁对象的收入水平仍然较低，2019 年，按常住地分，全国城镇居民人均可支配收入 42359 元 [②]，而搬迁到城镇安置社区中搬迁对象的年均经济收入只有 12624 元，尽管已经脱贫，但距达到真正的城镇居民收入仍有非常大的差距。另一方面，搬迁对象的家庭收入结构非常单一，务工的工资性收入占比接近 90% [③]，几乎是搬迁户的唯一收入来源（表 3-17）。

表 3-17：全国城镇居民和城镇易地搬迁居民的收入结构对比

内容	全国城镇居民收入结构（"%"）	城镇易地搬迁居民收入结构（"%"）
工资净收入	60.4%	89.2%
经营净收入	11.4%	0.6%
财产净收入	10.4%	0.5%
转移净收入	17.9%	9.8%

数据来源：根据作者调查整理而得。

所以，搬迁家庭劳动力参与务工，获取工资性收入对提高搬迁户收入非常重要。但单家独户的家庭化照料使得大量搬迁户劳动力无法外出务工。统计发现，大约 10%—15% 的搬迁户劳动力（主要是女性）为了照顾家庭中的老弱病残成员而不得不留在安置社区，致使安置社区中女性因为需要照顾家庭而就业率明显偏低。

---

① 中华人民共和国中央人民政府 .2020 年农民工监测调查报告［EB/OL］.［2023-07-02］. http://www.gov.cn/xinwen/2021-04/30/content_5604232.htm.

② 国家统计局 . 中国统计年鉴 -2020［EB/OL］.［2023-07-03］.http://www.stats.gov.cn/tjsj/ndsj/2020/indexch.htm.

③ 贵州省易地扶贫搬迁安置社区的收入数据来自：贵州师范大学 . 贵州省"十三五"时期易地扶贫搬迁评估基地报告 [J]. 内部资料 ,2019(12). 后续的实地调查也发现，这个收入数据距离当前搬迁户的收入数据相差不大。

（3）迁出地农村的拉力

尽管迁入地城镇存在诸多排斥病残搬迁群体的因素，迁出地农村对病残搬迁群体在经济上的拉力也产生了重大影响。一方面，与城镇的非农就业相比，迁出地农村的农业生产尽管经济效益比较低，但参与门槛同样也低，来自农村的搬迁对象都有土地，病残群体尽管属于弱劳动力，但在部分农业机械和其他村民的帮助下，仍然可以从事一些简单的农业生产经营活动；另一方面，与城镇的市场经济相比，农村仍然是一个半自给自足的农业经济社会。因此，病残搬迁群体在农村生活的成本会远远低于迁入地城镇。

综上，可以看出，在迁入地城镇，无论是与城镇的原住民还是健康搬迁群体相比，病残搬迁群体的竞争力都比较低，这也造成病残搬迁群体在迁入地城镇中的失业率非常高。当然，这种失业很多是通过"照顾家庭"这种隐性方式呈现。而一旦无法在迁入地城镇获得非农就业机会，且在迁入地城镇的消费比农村高得多的情况下，病残搬迁群体不但成为搬迁家庭中的纯粹消费性力量，还会给搬迁家庭带来较大的开销，这都造成了病残搬迁家庭在迁入地城镇安置社区的经济整合程度较低。

2.社会适应：健康群体最高，重度病残群体最低

社会适应是搬迁群体融入迁入地社会网络的过程，在此过程中，包括了搬迁对象在迁入地城镇既有的社会关系，也包括在迁入地城镇再造新的社会关系。

调研发现，整体上，病残搬迁群体在迁入地的社会适应情况较差，其中，重度病残群体的社会适应情况最差。

第一，与健康群体相比，病残搬迁群体的社会适应力较低。一方面，病残搬迁群体所承担的家庭经济责任较低。进入迁入地城镇安置社区之后，搬迁家庭的收入结构变成了以工资性收入为主，这就要求家庭中的劳动力尽可能多地参与到劳动力市场中。健康搬迁群体因为承担着搬迁家庭的经济责任，为了能够在城镇非农就业市场中更有竞争力，其就需要不断扩展

自己的社会支持网络，这尽管给健康搬迁群体造成了压力，但也在客观上促进了他们在迁入地的社会适应。相对于健康搬迁群体，病残搬迁群体因自身属于弱劳动力，在城镇劳动力市场参与劳动程度较低，所承担的家庭经济责任也较小，使得他们在迁入地城镇拓展自己社会关系的动力也较低。

另一方面，病残搬迁群体自身与健康群体交往存在一定的自卑心理。与健康群体相比，病残群体作为一个特殊群体，他们在迁入地城镇再造社会支持网络会受到其身体状况的影响。对病残搬迁群体而言，他们的身体状况要低于健康群体，通常认为自己处于相对弱势地位，因此，在与身体健康的群体交往过程中会产生自卑心理。相对而言，他们会更愿意和同样为病残群体的"同类群体"交往，但病残群体毕竟属于社会中的少数，这自然就会限制他们扩大社会交往网络。

第二，与健康群体相比，病残搬迁群体的社会适应能力较低。相对于健康群体较高的参与迁入地的劳动生产过程，病残群体因自身劳动力竞争弱，参与迁入地非农劳动力市场程度自然也弱，这就造成了病残群体几乎没有途径去建构新的社会关系。迁入地城镇安置社区作为一个"陌生人社会"，搬迁群体想要在迁入地社区中建构新的社会关系，就需要通过一些特殊途径。不同于农村，迁入地城镇社区中的生产生活互助都比较少，搬迁对象之间也几乎没有血缘关系。且由于搬迁对象自身经济条件相对较差，也没办法发展出需要花钱的兴趣爱好。为此，搬迁对象之间拓展社会关系的主要渠道就是业缘，即在交流就业相关信息方面建立关系。但病残搬迁群体作为弱劳动力，很难参与迁入地城镇的非农就业，所以，病残群体自然也很难有渠道拓展新的社会关系。

此时，迁出地农村提供的拉力同样会减弱病残搬迁群体社会适应的动力。与迁入地城镇社区不同，农村是一个"熟人社会"，且很多村民之间都有血缘关系，这就让村民之间的互助非常容易，相互交流也非常顺畅。病残群体在需要帮助的时候，能够得到的帮助往往可以比作为"陌生人社会"的迁入地城镇要多，这对病残搬迁群体构成了拉力。

3.文化习得：健康群体最高，重度病残群体最低

文化习得是指要学习迁入地城镇的语言、婚丧节日仪式、卫生习惯、人情交往、价值观念、休闲娱乐等。

调研发现，相对于健康搬迁群体，病残搬迁群体在迁入地城镇文化习得过程中遇到的困难和问题更多，融入程度更低，尤其是重度病残群体文化习得水平最低。

之所以出现这些困境，与病残搬迁群体自身的生产生活方式密切相关。

第一，病残搬迁群体并不承担家庭的主要经济责任，文化习得的压力和需求相对不强。在迁入地城镇这样一个以工商业为主的社会中，病残群体因自身竞争力弱，能够获得的就业机会少，这种健康状况导致病残搬迁群体承担的家庭压力相对较小。因此，病残搬迁群体主动学习迁入地城镇各种文化习惯的需求就降低。而同时，病残搬迁群体就业机会少，自身经济能力比其他群体更弱，这就使得他们能够参与的休闲娱乐等活动种类非常少。

案例3-2：在贵州省欣欣安置社区，鉴于病残搬迁群体难以找到合适的就业机会，大部分务工的轻度病残搬迁群体都只能在安置社区中从事政府提供的公益性岗位，根据工作内容不同，每个月有800—1500元不等的收入。这类工作主要是通过政府购买服务的方式解决部分弱势搬迁群体的生活困难，基本不需要竞争，且工作相对简单，从事这些工作的病残搬迁群体也基本可以做到足不出社区。

第二，病残搬迁群体的生活范围相对较小，文化习得的机会较少。身体上的病残不仅会限制病残搬迁群体的就业选择，其实同样也会限制他们的日常生活活动范围。对于无劳动能力的重度病残群体，他们很多人的日常生活都难以自理，生活范围自然也就被限制在了房屋周围。即便是有一定劳动能力的轻度病残群体，由于在迁入地城镇难以找到合适的就业机会，同时，迁入地城镇内部本身也有相对完善的教育、医疗、市场等公共服务设施，这都让病残群体没有太大远距离外出的需要。而当病残群体的日常活动范围主要限制在迁入地城镇安置社区，他们日常接触的都是已经非常

熟悉的人和事，文化习得的机会自然会受到限制。

第三，迁入地城镇安置社区的自身特征也会影响病残群体的文化习得。迁入地城镇的安置社区作为一个政府统归统建的政策型社区，其居民几乎都是来自贫困农村地区的搬迁户。这些搬迁对象尽管不是来自同一个村庄，但很多是来自同一个区域，属于同一个文化体系，这就让这些搬迁对象在一个几乎封闭的城镇安置社区中能够一定程度上维持他们的文化。病残群体的主要活动范围就是在社区内部，自然还是会受到迁出地农村文化的影响。如在贵州的一些大型安置社区中，都单独建立了办红白事的场地，当搬迁对象需要办红白事的时候，他们还是会像在农村时一样，自己做饭，甚至在城镇安置社区中吃长桌宴。

4. 数字融入：健康群体最高，重度病残群体最低

病残搬迁群体的数字融入意味着在迁入地城镇的生产、生活和休闲娱乐等方面的融入。

调研发现，相对于健康群体，病残搬迁群体的数字融入程度较低，重度病残群体的数字融入程度则更低。

一方面，病残搬迁群体的家庭责任较小，数字融入的动力相对不高。健康群体的数字融入程度相对最高，与健康群体在搬迁家庭中承担的角色密切相关。健康群体要承担搬迁家庭的经济责任，就需要熟练应用各种相关的技术和设备，在当前城镇已经高度数字化的背景下，健康群体自然要学会数字应用。轻度病残群体尽管也需要承担家庭的部分经济责任，但鉴于身体状况，他们整体上的责任较轻，所以对掌握数字技术的压力要比健康群体小。重度病残群体因为自身活动受限，其已经无法承担家庭的责任，本身也是家庭中的纯粹消费性力量，甚至于他们已不具备使用数字设备的能力，所以他们的数字融入能力往往最低。同时，由于病残搬迁家庭往往相对更加贫困，鉴于家庭资源有限，一些重度病残搬迁群体也缺少基本的数字设备。

另一方面，病残群体自身文化水平较低，同样会限制他们数字融入程

度。搬迁对象都是来自"一方水土养不起一方人"的偏远农村地区，这些地区的教育、交通等条件往往都比较落后，搬迁对象要接受教育，经常要走很远的山路。和健康群体相比，病残群体往往受限于自身健康条件，所接受的教育程度往往更低。调研也发现，病残搬迁群体中的文盲比例明显超过了健康搬迁群体。这也导致病残搬迁群体在进入迁入地城镇安置社区之后完成数字融入的难度较大。

5.心理认同：健康群体最高，重度病残群体最低

调研发现，相对于健康群体，病残搬迁群体的心理认同往往比较低，重度病残搬迁群体的心理认同更低。

一方面，病残搬迁群体在迁入地城镇安置社区中很多是纯粹消费性群体，个人价值感弱。尽管健康搬迁群体在进城之后也会遇到一些社会融入方面的困难，但他们仍然具有在迁入地城镇生活的能力，并且迁入地城镇的生活条件确实远远好于迁出地农村。如果有条件，健康搬迁群体还是会想要留下来，所以其对迁入地安置社区的心理认同相对最高。而病残群体则因为自身劳动力弱，很难在迁入地城镇找到合适的就业机会，自己成了家庭中纯粹的消费性群体，这极大地降低了他们的价值感和意义感。

另一方面，病残搬迁群体往往也很难享受到迁入地城镇优越的基础设施。客观来说，迁入地城镇的水电路讯等基础设施和教育、医疗等公共服务都要远远好于迁出地农村。但相对于健康的搬迁群体，病残群体受限于自身健康状况，活动范围受到非常大的限制，这就造成他们难以享受到迁入地城镇优越的生活环境。这自然也影响到病残群体对迁入地城镇的心理认同。

同时，来自迁出地农村的拉力也影响病残搬迁群体对迁入地城镇的心理认同。对于病残搬迁群体来说，尽管迁出地农村的公共基础设施和公共服务等要低于迁入地城镇，但却与他们更加适配：一方面，农村的生活成本低。农村借助土地从事一些简单的农业生产，可以实现生活上的半自给自足，相对于城镇的完全市场化，所有生活必需品都需要购买，这对作

为纯粹家庭消费性力量的重度病残群体的适配性更高；另一方面，农村社会的强社会支持。农村本身是一个以血缘和地缘关系构建起来的"熟人社会"，在这个"熟人社会"中，人们非常熟悉，由此也可以彼此帮助。对于重病和重残这类社会弱势群体，他们大多在日常生活中都需要其他人的照顾，而在城镇这样一个"陌生人社会"中很难获得其他人的照顾，但在农村这样一个"熟人社会"中，村庄中的任何一个人都可以给予一定的帮助，这就大大降低了重病和重残群体在农村生活的难度和风险，提高了这些弱势群体在农村生活的舒适性。由此，病残搬迁群体显然会在心理上和未来归宿上更加认同迁出地农村。

四、不同致贫原因的社会融入差异

"十三五"期间，我国在全国范围内完成易地扶贫搬迁一共1628万人，其中建档立卡贫困户有986万。在这986万贫困户中，尽管我国划定的贫困线标准是人均年收入2300元，但鉴于农村地区半自给自足的社会性质，很多收入难以精准计算，最终各地又创造性地提出了很多划定贫困户的方式。如贵州提出的"四看法"：一看房，二看粮，三看家中有没有读书郎，四看家中劳动力强不强。最终，易地扶贫搬迁就形成了一套相对比较复杂的认证体系，在这一复杂的认证体系下，致贫原因也包括了多种类型，如：因学致贫、因病致贫、缺劳动力致贫、缺技术致贫、缺资金致贫等。

（一）致贫原因—社会融入差异现象

当贫困被看成是结果，针对贫困的成因就有很多，在此主要将缺技术（资金）致贫、因学致贫、因病致贫、因残致贫和缺劳动力致贫这几种比较常见的致贫原因拿出来分析。缺技术（资金）致贫，指的是家庭成员缺少技术或者缺少资金而导致的贫困，如有一些农村家庭经营户因为经营失败而陷入贫困。因学致贫，指的是家庭中有多个正在读书的学生所导致的贫困。因病致贫，指的是家庭成员生病而导致的家庭贫困。因残致贫，指的是家庭成员因为残疾而导致的贫困。缺劳动力致贫，指的是家庭中缺少足够劳动力而导致的贫困，如一个家庭有多个老人孩子，但青壮年太少或没有青壮年劳动力。

既有研究中，刘伟等对移民的贫困分成三种类型：选择性贫困、暂时性贫困和持久性贫困，认为不同移民方式对不同类型贫困会产生不同影响。[①] 调研同样发现，不同致贫原因更多的只是表面现象，其实可以将不同的致贫原因分成两类：暂时性贫困和持久性贫困。这两种不同的贫困类型会带来不同的迁入地社会融入效果。

表 3-18：暂时性贫困与持久性贫困的社会融入差异

	暂时性贫困	持久性贫困
经济整合	高	低
社会适应	高	低
文化习得	高	低
数字融入	高	低
心理认同	高	低

数据来源：根据作者调查整理而得。

1. 经济整合：暂时性贫困高于持久性贫困

在不同的致贫原因下，尽管贫困都是共同的结果，但不同的致贫原因意味着家庭的长期生计能力不同。

相对而言，暂时性贫困的经济整合能力比较强。缺技术（资金）致贫的搬迁户尽管也是贫困户，但有些生计能力相对比较强。如有一些农村家庭从事农业养殖，结果失败而陷入贫困。此时从结果来看，该农户确实是贫困户，但从另一个层面，该农户能够发展一定规模的农业养殖，本身就意味着有一定的经营能力。而且要从事农业经营，就必然要与城镇的市场进行对接，由此其对迁入地城镇社会自然比较熟悉，所以暂时性贫困的搬

---

① 李聪，柳玮，冯伟林等. 移民搬迁对农户生计策略的影响——基于陕南安康地区的调查 [J]. 中国农村观察，2013(06):31-44+93.

迁户在易地搬迁后，其融入迁入地城镇的能力也比较强（案例 3-3）。

案例 3-3：在贵州省枫丹安置社区，搬迁户老张 40 多岁，2019 年搬迁到枫丹安置社区。其成为贫困户是因病致贫，老张本身是一个很有能力的人，过去在农村就是自己开一个小超市，在村里也会承包一些小工程来做。但在 2014 年左右，老张的妻子得了重病，为了给妻子治病，老张带着妻子跑遍了全国多个地方，为此也让家庭陷入了贫困。但在 2018 年左右，经过多年治疗，老张妻子的疾病已经痊愈，于是在老张全家搬迁到安置社区后，老张就通过过去的社会关系从银行借了 200 多万，在安置社区开了一个大型商超，同时又开起了菜鸟驿站等业务，家庭年收入可以达到三四十万元。

相对而言，持久性贫困的致贫成因下，基本表现都是家庭中劳动力的长期缺乏，即便是在农村，家庭中缺少足够的劳动力也会面临收入不足的问题。这类家庭即便是借助国家政策进入城镇，因为无法参与城镇的劳动力市场竞争，也难以在迁入地城镇完成经济整合。

案例 3-4：贵州省红枫安置社区，搬迁户老赵夫妻都已经有 60 多岁，名义上搬迁了 4 口人，但因为儿子之前出车祸过世，儿媳妇早已离家出走，只留下 1 个读小学的孙子。该家庭属于缺少劳动力致贫。为了孩子的教育，2 个老人带着孙子居住在安置社区，但因为 3 个人都无法在安置社区就业，就只能依靠兜底性的养老保险和城镇低保生活，生活相对比较拮据。

2.社会适应：暂时性贫困高于持久性贫困

对于暂时性贫困的搬迁家庭来说，这类家庭的贫困只是一个阶段性问题，但是在评定贫困户的时候他们刚好处于贫困状态。因此，这类家庭之前很可能并不贫困，这个阶段过去之后也会自动脱贫。这类家庭很多在陷入贫困之前有过长期的城镇务工经历，甚至在城镇中有一定的社会关系网络，如一些因病致贫的贫困户，在家庭成员患病之前也曾有过长期在城镇务工的经历和社会关系。同时，暂时性贫困的搬迁对象也知道自己家庭的贫困是一个阶段性问题，因此他们也有比较强的适应迁入地城镇的动力。在此背景下，暂时性贫困的贫困户往往社会适应程度高。

持久性贫困的搬迁对象则不同，这类搬迁对象很多过去就是贫困户，未来很长时间内也将是贫困户。如因重残致贫的搬迁户，这类家庭的家庭成员过去无法到城镇务工，未来很长的时间内也无法进城务工。这类搬迁户无论是对迁入地城镇的适应动力和适应能力都不足：一方面，这类家庭成员过去基本都生活在农村，没有能力进城，本身在城镇也缺少社会关系网络，所以不了解城镇的社会交往规则；另一方面，这类搬迁户在未来很长时间内很可能也因劳动力缺乏而无法参与城镇劳动力市场，在此背景下，自然也没有动力建构更多的城镇社会关系。这就造成持久性贫困的搬迁家庭在迁入地城镇的社会适应程度相对较低。

3. 文化习得：暂时性贫困高于持久性贫困

学习迁入地城镇的文化是融入城镇安置社区的必要途径。但整体来看，暂时性贫困家庭的文化习得明显高于持久性贫困的家庭。

一方面，从文化习得的能力来看，暂时性贫困的搬迁户更高。暂时性贫困的搬迁户因致贫原因很多是家庭正常周期，在度过了使其陷入贫困的阶段后，家庭生计能力就会得到快速提高，因此具有较高的城镇文化习得能力。相对而言，持久性贫困的搬迁户大多是长期缺少劳动力的家庭，这类家庭一般都是家庭中只有老弱病残这样的特殊家庭，文化学习能力自然相对较弱。

另一方面，从文化习得的动力来看，暂时性贫困的搬迁户也更高。暂时性贫困的搬迁户对未来都有比较高的预期，所以为了实现未来的高预期，这类搬迁户都会有比较强的对迁入地城镇的文化学习意愿。持久性贫困的搬迁户则因为对未来的不确定性，让他们对迁入地城镇的文化学习动力往往相对较弱。

4. 数字融入：暂时性贫困高于持久性贫困

一方面，暂时性贫困搬迁户的数字融入动力比较强。暂时性贫困的搬迁户与持久性贫困的搬迁户相比，对迁入地城镇的熟悉程度和未来预期都更强。暂时性贫困大多本身的生计能力相对较强，且有比较强的融入迁入地城镇的动力，所以会主动学习和掌握各种数字技术。如对于缺资金致贫的贫困户，他们想要发展，想要从银行等金融机构获得贷款，就需要掌握一些金融数字平台的操作技术。而持久性贫困群体的需求更多是生存层面，对数字技术的要求就相对较低。

另一方面，暂时性贫困搬迁户的数字融入能力比较强。相对于持久性贫困群体，暂时性贫困群体的生计能力并没有受到根本性破坏，其潜在发展能力仍比较强。如对于因学致贫的搬迁户，尽管在家中子女读书过程中，家庭会因为负担较重而陷入贫困，但家庭子女并不是失去劳动能力，而是在通过学习进一步提高整个家庭的生计能力，随着掌握知识的增加，因学致贫家庭包括数字融入能力在内的整体能力都会得到快速提高。

5. 心理认同：暂时性贫困高于持久性贫困

对暂时性贫困的搬迁群体来说，他们本身就有对城镇生活的追求。比如缺技术致贫的搬迁户，他们在创业的过程中，如果创业成功，本身就会成为富裕户，进而实现进城，当前只是创业失败而造成贫困。所以，当能够借助国家扶贫政策进城的时候，暂时性贫困户对迁入地城镇的心理认同也会更高。

持久性贫困群体的致贫原因大多是依靠自身力量在很长时间内都难以克服的，甚至对于一些家庭人口少的持久性贫困搬迁户来说，对未来生活不敢有太高的预期。在迁入地城镇生活短期内出现一些困难的时候，持久性贫困的搬迁户对迁入地城镇的心理认同自然就会比较低。相对而言，就业门槛更低、生活成本更低的迁出地农村在一个相当长的时间内反而更适合持久性贫困群体。

（二）致贫原因—社会融入差异成因

致贫原因的背后是搬迁户家庭生计能力的变化。家庭作为我国社会的基本组成单元，本身也有自己的发展周期。尤其是对于绝大部分农村家庭，其收入主要来源是务农的经营性收入和务工的工资性收入。在农村家庭劳动力质量相差不大的情况下，农村家庭收入主要是依靠劳动力数量的多少，当劳动力数量少的时候，家庭经济就会相对贫困，当家庭劳动力数量多的时候，家庭经济就会好转。

暂时性贫困很多只是家庭发展过程中的周期性贫困，家庭的潜在发展能力仍然非常强。如当家庭处于成长期，此时农村家庭中通常有2—3个子女，且子女都在读书阶段，不算劳动力，不能为家庭提供收入，但需要家庭不断支出，此时家庭劳动力数量就会明显不足，农村家庭就会成为因学致贫的贫困户。但这种家庭更多是暂时性贫困，因为当正在读书的子女一旦从学校毕业进入工作，就可以马上转变身份，从家庭的消费性力量变成生产性力量，此时，随着家庭劳动力的增加和质量的提高，家庭的经济情况就会马上好转，贫困家庭也可以马上脱贫。在暂时性贫困中，贫困家庭脱贫的时间也可能非常短。如因病致贫的家庭，家庭成员在生病的时候会给家庭带来巨大开销，但后续无论是病人康复还是病人过世，家庭都可能会在很短的时间内恢复发展能力。所以对这类暂时性贫困的贫困户来说，他们本身的潜在发展能力和发展动力都比较强，也就有比较强的能力和动力融入迁入地城镇。

易地扶贫搬迁的贫困认定是以2013年的家庭经济情况为基准，所以，当时无论是暂时性贫困还是持久性贫困的贫困户都会被纳入易地扶贫搬迁的范畴中。但在2015—2020年实施搬迁的过程中，有些暂时性贫困的搬迁户已经度过了家庭贫困周期，家庭收入得到快速提高，他们甚至成为社区发展的精英，所以，暂时性贫困的搬迁户在迁入地城镇社区的融入相对较好（案例3-5）。

案例3-5：在贵州省向阳安置社区，其公安助管老张在2020年就已经在安置社区开了一个大超市，同时在火车站开了一个快递点，家庭总资产超过100多万元。该人实际上之前就是当地的经济能人，但前几年妻子得了重病，为了给妻子治病，其不得不变卖了家中的资产，且为了带着妻子治病和照顾妻子，那几年他都没有工作，所以整个家庭收入非常低，也成为贫困户，在2018年实现了易地扶贫搬迁。但到2018年，其妻子的病已经完全康复，从过去的需要人照顾变成了可以独立工作，从家庭负担变成了家庭劳动力，其本人也充分利用以前积累的社会人际关系，在搬迁之后从银行贷款在安置社区开办了超市、快递点等业务，实现了家庭收入的快速增加。

持久性贫困的搬迁户则不同，持久性贫困的家庭意味着家庭中的劳动力长期得不到补充。如有重残人员的贫困家庭，不但重残人员不能参与劳动，还会拖累家庭中的其他成员无法有效参与劳动，造成家庭中生产性力量的减少，纯粹消费性力量的增多。最关键的是，重残人员可能存活时间很长，而在这个很长的时间内，这些家庭都难以摆脱贫困。在此背景下，持久性贫困的家庭在进入作为市场社会的迁入地城镇安置社区后，失去了农村半自给自足和"熟人社会"的社会环境，其家庭生活的开支甚至可能超过家庭收入，影响到他们的生活质量。所以，持久性贫困的搬迁户融入迁入地城镇的能力和动力都比较低，同样表现为对迁入地城镇安置社区的社会融入程度较低。

五、不同家庭人口的社会融入差异

"十三五"期间，我国在 22 个省（市、区）共搬迁人口达到 1628 万，这已经达到一个欧洲中等国家的人口体量。与水库移民等整村搬迁方式不同，"十三五"期间的易地扶贫搬迁主要采用"零星搬迁"的方式，原则上是以户籍户为单位。这样，不同人口规模的搬迁户都出现在了迁入地城镇的易地搬迁安置社区中。

（一）人口—城镇入住情况

在以户籍户为单位的搬迁过程中，大部分搬迁家庭的人口规模都在 4—6 人左右。根据"十三五"期间我国的易地扶贫搬迁规定，每个易地扶贫搬迁人口在迁入地城镇的安置面积不高于 25 平方米，由此，1 人户家庭就因面积太小而在建设上难以有效规划，加上 1 人户家庭基本都是五保户家庭，所以，各地对 1 人户实施搬迁的很少，1 人户自己也对搬迁缺少动力。

同时，超过 7 人户的家庭大多是多个儿子的联合家庭，数量也比较少。所以，城镇安置搬迁户的最小家庭规模就是 2 人户，3—6 户相对较多。

在贵州省欣欣安置社区共有搬迁对象 2336 户一万余人，平均每户有 4.7 人。

表 3-19：欣欣社区不同家庭人口占比

序号	家庭人数	数量	比例
1	2 人户	46	1.97%
2	3 人户	64	2.74%
3	4 人户	1100	47.09%
4	5 人户	555	23.76%
5	6 人户	459	19.65%
6	7 人户	33	1.41%
7	8 人户	65	2.78%
8	9 人户	10	0.43%
9	10 人户	4	0.17%
合计		2336	100%

数据来源：根据作者调查整理而得。

从表 3-19 可以看出，绝大部分搬迁家庭的人口数量都在 4—6 人之间，一般的 3 人户和 4 人户家庭就是"父母＋子女"的核心家庭结构，一般的 6 人户家庭则是"父母＋夫妻＋子女"的三代同堂家庭结构。这类家庭大多是因为家中有两个子女正在读书，很多属于"因学致贫"，所以，会主动通过易地扶贫搬迁进入城镇。

表 3-20：不同家庭人口数稳定入住情况

	两头住	全家外出	稳定入住
2 人户	25.58%	55.81%	18.60%
3 人户	33.87%	35.48%	30.65%

4 人户	5.65%	68.10%	26.25%
5 人户	9.85%	58.71%	31.44%
6 人户	7.66%	49.19%	43.16%
7 人户	32.26%	19.35%	48.39%
8 人户	9.20%	52.30%	38.40%
9 人户	0.00%	50.00%	50.00%
10 人户	0.00%	50.00%	50.00%

数据来源：根据作者调查整理而得。

通过表 3-20 可以看出，整体上，家庭人数越多，在迁入地城镇安置社区稳定入住的比例越高[①]。调研发现，现实中搬迁户的家庭成员几乎都是分开的，大多是青壮年外出务工，老人和小孩留在迁入地安置社区或者返回迁出地农村。

（二）人口—社会融入差异现象

从表 3-20 可以看出，不同家庭人口规模的搬迁户稳定入住情况存在差异。在迁入地城镇的稳定入住与搬迁户的社会融入有密切关系。由于具体的家庭人口数量相差较大，而在家庭人口数量的背后则是家庭功能与定位的不同。在此，依据家庭融入动力的不同，将 2 人户的家庭界定为"维持型家庭"，将 3 人户以上的家庭界定为"发展型家庭"。

2 人户的"维持型家庭"基本没有未成年的子女，这决定了该类型家庭以维持为主。之所以将 2 人户家庭看成是"维持型家庭"，是因为城镇易地搬迁安置社区中的 2 人户家庭基本都是 2 代人结构，且基本都会有 1 个有一定劳动能力。如果家庭中 2 个人都有劳动能力，则基本不可能成为贫困户；如果家庭中 2 个人都没有劳动能力，则本人也不敢搬到消费更高的

---

① 7 人户以上的家庭基本都是未分户的联合家庭结构，且数量太少，在此就不列入分析。同时，在统计中，只要有一个家庭成员稳定住在安置社区就算稳定入住，所以，家庭人数多的家庭中总有人稳定住在安置社区，这就导致家庭人数多的搬迁户稳定入住情况高。

城镇，地方政府出于后续就业考虑，也不敢动员完全没有劳动能力的2人户搬迁。所以，2人户基本结构是"父（母）＋子"的结构，通常都是一个年老的父亲（或母亲）和一个30岁以上的儿子组成的家庭，此时这个儿子无论是疾病、残疾还是懒惰等原因，加上年龄问题，已经很难结婚，所以这样的家庭实际上也是一个"准五保家庭"，尽管搬迁的时候还有2个家庭成员，但是随着后面年老的父亲（或母亲）过世，剩下单身的儿子也就成了五保户。可见，这类家庭本身已经没有未来发展的空间，当下也只是在维持，所以称为"维持型家庭"。

3人户以上的家庭中基本都有未成年子女，这决定了这些家庭以发展为主要目标。3人户以上的家庭都统称为"发展型家庭"，是因为这些家庭中无论家庭结构是两代家庭还是三代家庭，家庭中必然都有年幼的孩子，家庭重心都是在照顾孩子，这些搬迁家庭愿意进城的重要原因也是为了孩子能够接受更好的教育，对这些家庭来说，因为有子女，所以家庭有未来发展的机会，称为"发展型家庭"。

表 3-21：不同家庭人口搬迁户的社会融入差异

	维持型家庭	发展型家庭	
	2人户	3人户	4人户及以上
经济整合	低	中	高
社会适应	低	中	高
文化习得	低	中	高
数字融入	低	中	高
心理认同	低	中	高

数据来源：根据作者调查整理而得。

案例 3-6：广西八桂安置社区位于河池市，是一个已经搬迁5年的县城安置社区。统计发现，社区中家庭搬迁人数越多，整体稳定入住率越高：2人户家庭的稳定入住率为50%左右，3人户家庭稳定入住率约在67%左右，4—5人户家庭稳定入住率在70%以上。

1. 经济整合："发展型家庭"高于"维持型家庭"

迁入地城镇是一个以现代工商业为主的市场社会，家庭中的劳动力数量和质量往往直接意味着搬迁家庭在迁入地城镇实现经济整合程度的高低。

即便是3人户以上家庭类型的"发展型家庭"，家中都至少有一名青壮年劳动力和一名未成年的子女。在此类家庭结构下，一方面，青壮年劳动力本身就有能力在城镇劳动力市场中找到就业机会，融入城镇非农就业市场；另一方面，因为家中还有未成年子女，作为青壮年阶段的父母为了给子女提供一个更好的生活和学习条件，也有动力更好地融入迁入地城镇的经济体系。已有研究发现，人均收入与家庭规模之间存在着反向变动关系，即人口数量越多的家庭中，人均收入水平通常更低，无论是人均可支配收入还是分项收入都具有这一特征[①]。其中，在收入增长构成中，工资性收入的贡献份额也随着家庭规模扩大而上升，经营净收入和转移净收入对于收入增长的贡献份额随着家庭规模扩大而总体呈下降趋势[②]。此时，家庭人口多的搬迁户在迁入地收入较低，但家庭开销则比较大，这也进一步迫使家庭人口多的搬迁户不得不努力改变自己，以融入迁入地的经济体系，从而提高自己的收入。

对2人户类型的"维持型家庭"来说，一方面，这类家庭往往没有能力融入现代城镇工商业经济体系。2人户家庭中通常都是"年老的父亲（或母亲）＋有问题的儿子"组成的特殊家庭，在现代城镇工商业体系中，老人已经不能作为劳动力，而家庭中虽然会有处于青壮年年龄段的儿子，但既然是贫困家庭，就意味着这个家庭中处于青壮年阶段的儿子本身因病因残或者因懒等问题而劳动能力很弱，这些原因都让"维持型家庭"本身就很难在非农就业机会稀缺的中西部城镇竞争到非农就业机会。另一方面，"维持型家庭"融入迁入地城镇经济体系的意愿也不大。在"年老的父亲

---

① 国家发展和改革委员会就业收入分配和消费司，北京师范大学中国收入分配研究院.中国居民收入分配报告（2020）[M].北京：社科文献出版社,2020:142.
② 国家发展和改革委员会就业收入分配和消费司，北京师范大学中国收入分配研究院.中国居民收入分配报告（2020）[M].北京：社科文献出版社,2020:144.

（或母亲）＋有问题的儿子"组成的"维持型家庭"结构体系下，"维持型家庭"本身的就业能力比较低，这类家庭也顺理成章地成为低保重点照顾的家庭，既然已经有低保兜底，加上也没有未成年子女作为动力，"维持型家庭"的生活一般就比较消极，融入迁入地城镇经济体系的动力也相对比较低。

2. 社会适应："发展型家庭"高于"维持型家庭"

"发展型家庭"有未成年子女，即便是父母对自身未来是否能够融入迁入地城镇持怀疑态度，或者即便是自身更喜欢迁出地农村的生产生活环境，但他们都会考虑到家中未成年子女的需求。在我国城镇生产生活条件仍然明显高于农村的情况下，所有的搬迁户都希望自己的子女未来能够留在迁入地城镇，为此，"发展型家庭"的青壮年父母为了给子女未来能够留在迁入地城镇打下基础，都会努力建立社会关系网络，以提高自身竞争力。

"维持型家庭"在迁入地城镇安置社区的经济基础主要是城镇低保，这就决定了"维持型家庭"的成员可以在不与迁入地城镇其他成员建立社会关系的情况下也能够维持基本生存。同时，"维持型家庭"本身也没有可以寄予期待的子女，他们自然也就没有动力出去主动拓展各类社会关系。最后，"维持型家庭"是一类没有发展的特殊家庭，这类家庭的家庭成员自身生存能力和竞争能力都相对比较弱，在竞争性比较激烈的城镇社会中属于边缘性地位，这也让这类家庭并不容易在迁入地城镇拓展社会支持网络。

3. 文化习得："发展型家庭"高于"维持型家庭"

"发展型家庭"有未成年子女，所以有明确的发展动力。要在迁入地城镇中实现发展，融入迁入地城镇文化成为必要路径，为此"发展型家庭"的成员会相对积极主动地学习迁入地城镇的文化习惯。而除了家庭发展的直接经济原因，"发展型家庭"的未成年子女大多处于读书阶段，学校的教育也是以现代城镇的工商业文化为主，未来也以成为市民为目标，所以，"发展型家庭"的成年人从与子女沟通和为子女未来发展的角度考虑，也都会主动融入迁入地城镇的文化体系。

"维持型家庭"在"年老的父亲（或母亲）＋有问题的儿子"的家庭结构下，家中老人在新的迁入地城镇进行文化习得的能力已经很低，加上家庭缺少发展的动力和处于城镇社会中边缘性角色的位置，也都会让"维持型家庭"融入迁入地城镇文化的意愿降低。

当然，在此并不是说"维持型家庭"完全不会学习和适应迁入地城镇的文化习惯，而是说，对"维持型家庭"而言，在没有融入动力和能力的情况下，"维持型家庭"在作为迁入地的城镇，只是被动地学习一些日常生活必要的文化习惯，在学习范围和程度上会低于"发展型家庭"。

4. 数字融入："发展型家庭"高于"维持型家庭"

相对于迁入地城镇的社会适应和文化习得，数字融入的难度要稍大一些，但在数字化程度不断提高的现代城镇社会，数字融入已经成为市民必须具备的一个基本能力。

"发展型家庭"的最终目标是融入迁入地城镇，成为真正的市民，即便是这个目标并不能在已经是成年人的父代实现，那父代也希望自己的子代能够实现这个目标。在此目标引导下，尽管数字融入的难度会相对高一些，但"发展型家庭"中的青壮年群体也还是会积极主动学习，尤其是通过各类数字平台开展数字沟通，获取各类数字信息，以提高自己的职业竞争力，为搬迁家庭能完全融入城镇打下基础。

"维持型家庭"因为自身发展能力弱，加上没有后代，所以这类家庭并不以在迁入地城镇的完全融入为目标，而是以当下生活的舒适为目标。在此目标引导下，本就自身生计能力不强的"维持型家庭"成员也没有太大的动力实现数字融入。加上本身生产生活范围小，也没有太多的数字应用需求，日常更多也只是掌握一些简单的数字娱乐技术，所以数字融入的程度相对较低。

5. 心理认同："发展型家庭"高于"维持型家庭"

在当前城乡生产生活环境仍然存在巨大差异，且城镇发展明显优越于农村的背景下。"发展型家庭"的未来目标自然是留在迁入地城镇，即便是没有国家的易地扶贫搬迁政策，"发展型家庭"也会通过传统的"渐进式城镇化"方式慢慢实现进城。所以，在借助国家政策快速进城后，"发展型家庭"自然是希望能够通过融入而留下，其心理认同程度也就相对较高。

"维持型家庭"尽管也想追求更好的生活环境，但本身并不具有太强的发展动力。而迁入地城镇尽管拥有比迁出地农村更好的生活条件，但生活成本同样也高，同时"陌生人社会"的基础也让搬迁户需要付出一些成本才能融入。在传统的城乡差异下，要融入迁入地城镇往往需要付出较高成本，这对于本身生计能力较弱的"维持型家庭"来说也会构成一些挑战，从而影响到"维持型家庭"对迁入地城镇的心理认同。

综上，家庭人口的背后是家庭发展能力和家庭发展动力，在迁入地城镇与迁出地农村的生产生活体系存在巨大差异的情况下，搬迁家庭的发展能力和发展动力会直接影响后续的社会融入。一方面，家庭的融入能力不同。"发展型家庭"尽管也属于贫困家庭，但由于"发展型家庭"中有未成年子女，所以，"发展型家庭"的贫困多属于周期性的"暂时性贫困"，家庭的整体发展能力并没有实质性减弱，其家庭的发展潜力还在，对于融入迁入地城镇往往有较强能力。另一方面，家庭的融入动力不同。"维持型家庭"大多没有后代，家庭成员对自身生活的预期非常短，这就造成"维持型家庭"通过自身努力以融入城镇的内生动力不足，融入迁入地城镇的程度较低。"发展型家庭"有未成年子女，父母需要为子女的未来发展考虑，家庭融入迁入地城镇的动力会比较强。

六、贫困户与非贫困户的社会融入差异

"十三五"期间，在我国易地搬迁的1628万人中，建档立卡贫困户有986万，还有600多万是非贫困户，属于同步搬迁人口。

同步搬迁人口同样也主要是来自"一方水土养不起一方人"的自然条件恶劣的地方，但同步搬迁人口的家庭经济条件要比建档立卡贫困户的条件好一些，已经超过了建档立卡贫困户的评定标准。但也并不是所有生活

在自然条件恶劣地方的群众都可以作为同步搬迁人口享受到易地搬迁政策的照顾，也有限定标准[1]。

整体上，同步搬迁人口享受到的易地扶贫搬迁政策和贫困户相差不大，也是按照人口数量在迁入地城镇分配住房数量，也一起住在迁入地城镇安置社区，但在具体优惠政策上会有些差异，如按照政策，贫困户进入安置社区后需要每人缴纳 2000 元，而非贫困户则要缴纳 1 万元，同时针对贫困户的各种教育、医疗和就业等优惠政策，非贫困户也不能享受。

（一）贫困—城镇入住情况

调研发现，尽管来自农村的非贫困户也是贫困边缘户，但贫困户和非贫困户在迁入地城镇安置社区的稳定入住情况还是出现了明显差异。

在贵州省欣欣安置社区中，共有易地搬迁人口 1 万余人，包括建档立卡贫困户和同步搬迁的非贫困户。据统计，非贫困人口主要包括整体非贫、零星非贫和同步非贫三类，有 614 户 2999 人，贫困人口约 1728 户 8238 人。

表 3-22：不同家庭经济基础的城镇稳定入住[2] 差异

	稳定入住比例（人）	稳定入住比例（户）
建档立卡贫困户	16.4%	28.7%
非贫困户	21.3%	34.4%

数据来源：根据作者调查整理而得。

通过表 3-22 的统计可以发现，按照稳定入住的人的数量进行统计，非贫困的搬迁对象长期在安置社区稳定入住的比例为 21.3%，比贫困搬迁对象的 16.4% 高了 4.9%。按照稳定入住户的情况进行统计，非贫困的搬迁户长期在安置社区稳定入住的比例为 34.4%，比贫困搬迁户的 28.7% 高了

---

[1] 贵州的标准是家中不能有体制内有编制的工作人员，不能有经营性车辆，不能有商品房，不能有营业执照等。

[2] 此处的稳定入住指的是基本每天都入住的情况，并没有计算两头跑和间歇性居住等情况。

5.7%。

可见，无论是何种统计口径，非贫困户在迁入地安置社区的稳定入住情况都明显高于贫困户。调查也发现，在统计数据的背后，非贫困户的社会融入情况也明显好于贫困户。

（二）贫困—社会融入差异现象

根据家庭经济基础的不同，将易地搬迁户分成贫困户和非贫困户两类，这种分类尽管看起来比较简单，但整体上也能区分出不同家庭经济基础背景下在迁入地城镇安置社区的社会融入差异。

调研发现，家庭经济基础更好的非贫困户要比贫困户在迁入地城镇的社会融入程度高。

表 3-23：不同家庭经济基础的社会融入差异

	非贫困户	建档立卡贫困户
经济整合	高	低
社会适应	高	低
文化习得	高	低
数字融入	高	低
心理认同	高	低

数据来源：根据作者调查整理而得。

1. 经济整合：非贫困户高于贫困户

迁入地城镇是一个以现代工商业为主的经济体系，这与以农业生产为主的农村生产体系有巨大差异。

非贫困户相对于贫困户，表面上看起来是家庭经济基础的不同，其背后则是深层次的家庭经济结构和经济适应能力的不同。

我国农村实行的是集体土地所有制，村集体成员根据家庭人口数量获得相应规模的土地使用权，这样，每个农村家庭获得的土地数量和质量基本差不多。即便随着后面家庭人口数量的变化，家庭土地数量出现一定差异，但整体上变化也不会太大。加上我国中西部农村地区都是以主粮生产为主，所以，同一个村庄中的农民依靠土地获得的经营性收入整体差不多。

而现在，即便是来自同一个村庄的搬迁户也分成了贫困户和非贫困户，在村内农业的经营性收入基本差不多的情况下，主要是家庭开销和家庭收入来源的不同。尽管也存在相当部分贫困户是因为家庭中因病、因残等特殊原因致贫，但不可回避的是，更多情况下还存在贫困户的收入来源单一问题。

具体而言，相对于贫困户，非贫困户的家庭收入能够更高，实际是已经从纯务农收入转变成了"半工半耕"的家庭收入结构，尽管非贫困户家庭中务农部分收入与村庄中的贫困户相差不大，但务工部分收入往往远高于村庄中的贫困户。也正是依靠务工收入，非贫困户才不会成为贫困户。在我国中西部地区，农民要务工基本只能到城镇地区，成为"农民工"。

所以，相对于贫困户，非贫困户实际上在搬迁之前就已经开始到城镇务工，在长期务工过程中，非贫困户早已部分融入城镇的经济体系，而在借助国家扶贫政策进入迁入地城镇安置社区以后，非贫困户可以更高程度地融入城镇经济体系。

2. 社会适应：非贫困户高于贫困户

相对于只是长期在农村从事农业生产的贫困户，非贫困户大多很早就有了进城务工经历。

而非贫困户的这段"农民工"经历不仅让他们的家庭收入得到提高，同时，也让他们提前部分适应了城镇社会。在长期的城镇务工过程中建立了城镇的社会关系网络，熟悉了城镇的生活模式和社会规则等。所以，非贫困户在迁入地城镇安置社区的社会适应程度相对更高。

3. 文化习得：非贫困户高于贫困户

正是非贫困户比贫困户更长的城镇生产生活经历，让非贫困户更早和更深入地接触并学习了城镇的文化习惯。即便是非贫困户过去在城镇务工过程中，并没有确定未来要留在城镇，但只要他们有了一个较长时间段在城镇的工作与生活经历，他们就一定会在潜移默化中习得很多的城镇文化。比如对现代城镇婚丧习惯、卫生习惯、人情交往、价值观念等文化的学习。

所以，当非贫困户借助国家政策进入城镇的时候，他们往往能够更深度地习得城镇文化。

4. 数字融入：非贫困户高于贫困户

在当前我国城镇已经率先进入数字社会的背景下，融入城镇的数字生活已经成为城镇居民生产生活必不可少的一项技能。

非贫困户有长时间在城镇作为"农民工"生产生活的经历，尤其是，来自自然条件恶劣地区的非贫困户，他们进城务工，面对交通不便的家乡，每天往返显然不可能，这就要求他们必须长期住在城镇，从而更深度地融入城镇。在此背景下，他们自然也必须掌握各种数字技术。

相对来说，贫困户因为缺少这段"农民工"的城镇生产生活经历，所以，在包括数字融入等方面都相对较低。

5. 心理认同：非贫困户高于贫困户

心理认同更多是一种对未来归属的预期。客观来看，我国当前的中西部城乡之间还存在较大差异，农村的生产生活条件都远不如城镇，从整个家庭的未来发展角度看，自然是留在城镇更有利于个人和家庭的未来发展。

但对搬迁户来说，他们除了要考虑城乡之间的生产生活条件，还需要考虑自身的能力是否能够达到城镇的要求，是否能够凭借自己的能力在迁入地城镇拥有一个相对体面的生活。

相对于贫困户，非贫困户的整体家庭发展能力显然更强，否则非贫困户也早已成为了贫困户。所以，非贫困户对迁入地城镇的心理认同显然也会更高。

七、不同学历群体的社会融入差异

根据国务院扶贫办建档立卡数据库统计，"十三五"过程中，从文化程度来看，全国已搬迁人口中，文盲半文盲有 89 万人，占比 9%；小学毕业的有 294 万人，占比 31%；初中毕业的占比 25%；高中及以上毕业的有 332 万人，占比 35%。[①] 根据对西南易地扶贫搬迁群体的研究发现，搬迁对象的教育程度普遍非常低，小学及以下的占 64.8%。[②] 可见，整体上搬迁对象的教育程度非常低，这自然与搬迁对象所生活地区的公共服务比较欠缺有关，从某种程度上，这也是造成易地搬迁户长期贫困的一个重要原因。

不同学历指的是不同的受教育年限，往往意味着不同的个人年龄和不同的个人生计能力。而在城镇以非农产业为主的背景下，不同年龄和不同的个人生计能力自然代表着不同的社会融入情况。

既有研究已发现，学历的背后是人力资本，人力资本是社会融入的重要影响因素。20 世纪 80 年代罗默等强调了"专业化人力资本的作用"，认为教育可以增加个体的人力资本。[③] 因为职业层次及在此岗位所创造的效益取决于受教育程度，因此，本人收入状况的高低与受教育程度成正比。[④] 根据人力资本理论，教育可以提升人力资本，从而提升个体职业流动的竞争力，并相应地产生个体的收入效应。[⑤] 早期国外研究也发现，受教育程度越高的人，越能较快地适应迁入地的社会生活。[⑥] 彭雪芳对美国苗族的研究认为现代教育是苗族移民在美国克服困难赢得生存和发展的重要途

① 仇焕广，冷淦潇，刘明月等．中国千万人的易地扶贫搬迁：理论、政策与实践 [M]．北京：经济科学出版社．2021:117.
② 吴晓萍，刘辉武等．西南民族地区易地扶贫搬迁移民的社会适应研究 [M]．北京：人民出版社，2021:85.
③ 李丹丹．教育程度提高了农民工的幸福感吗——来自 2015 年中国企业—员工匹配调查的证据 [J]．经济理论与经济管理，2017(01):39-54.
④ 王回澜．女性受教育程度的社会经济回馈——对青岛女性受教育程度与社会经济关系的分析 [J]．甘肃社会科学，2007(02):185-188.
⑤ 王回澜．女性受教育程度的社会经济回馈——对青岛女性受教育程度与社会经济关系的分析 [J]．甘肃社会科学，2007(02):185-188.
⑥ 阎蓓．新时期中国人口迁移 [M]．长沙：湖南教育出版社，1999:22.

径。[1] 国内学者也大多认为，朱力对农民工的研究发现，人力资本是一个重要变量，人力资本越强国内移民越容易适应城市生活；另外移民融入城市的动机越强，居住的时间越长，社会交往越广泛，移民越容易适应与融入所在城市。[2]

对西南地区易地搬迁对象的研究也已经验证，学历高的搬迁对象从事非农职业的比例更高，且教育程度与未来提高收入成正比。[3]

（一）学历—城镇入住情况

统计发现，高学历搬迁对象的社会融入要明显高于低学历。

贵州省欣欣安置社区有搬迁对象 1 万多人，其中包括了从文盲到大专及以上的不同学历程度。

表 3-24：欣欣社区不同学历的居住情况

	外出务工	住安置社区[4]	返农村老家
文盲	15.22%	17.55%	67.24%
小学	47.78%	15.49%	36.74%
初中	72.78%	15.42%	11.80%
高中	77.51%	14.31%	8.18%
大专及以上	81.84%	15.38%	2.78%

数据来源：根据作者调查整理而得。

通过表 3-24 可以明显看出：学历越高，外出务工的比例越高，而学历越低，返回农村老家的比例越高。且这种趋势的变动非常明显。

尽管从表 3-24 中似乎不能直接看出学历对搬迁对象住在迁入地安置社区的影响，那是因为外出务工的统计没有直接体现出来。实际上，外出务

① 彭雪芳.美国苗族移民的社会适应与文化传承 [J]. 世界民族 ,2017(02):57-66.

② 朱力 . 论农民工阶层的城市适应 [J]. 江海学刊 ,2002(06):82-88.

③ 吴晓萍，刘辉武等著 . 西南民族地区易地扶贫搬迁移民的社会适应研究 [M]. 北京 : 人民出版社 ,2021:110-111.

④ 此处的住安置社区指的是稳定入住，实际上，外出务工的搬迁对象也是住在安置社区。

工的搬迁对象通常也是居住在迁入地安置社区，由此就可以看出，学历越高，居住在安置社区的比例自然越高。

（二）学历—社会融入差异现象

因为学历的具体分类很多，在此简单地将搬迁对象中的文盲、小学、初中三个阶段的学历界定为低学历群体，而将高中以上的界定为高学历群体。整体而言，搬迁对象的学历都比较低。根据仇焕广等对广西、湖南、福建等地区搬迁对象的调研发现，搬迁对象中受教育程度以初中及以下为主，占比达到 94.83%。[①]

调研发现，高学历群体在迁入地城镇安置社区的社会融入明显高于低学历群体。

表 3-25：不同家庭人口搬迁户的社会融入差异

	低学历群体			高学历群体	
	文盲	小学	初中	高中	大专及以上
经济整合	较低	低	较低	较高	高
社会适应	低	低	低	较高	高
文化习得	低	低	低	较高	高
数字融入	低	低	低	较高	高
心理认同	低	低	低	较高	高

数据来源：根据作者调查整理而得。

1. 经济整合：高学历群体高于低学历群体

一方面，高学历意味着自身的生计能力强。高学历搬迁群体在与低学历搬迁群体竞争的过程中，高学历群体的竞争力更高。已有研究发现，受

[①] 仇焕广, 陈菲菲, 刘湘晖等. 易地扶贫搬迁研究：产业、就业与社区融入 [M]. 北京：经济科学出版社 .2022:32.

教育水平在农业向非农职业转换中可能成为"农民实现职业转换的壁垒"。[①]因为不同职业对受教育水平的要求不同,所以不同受教育水平往往意味着对职业的选择不同。通常,受教育水平不高,就业竞争力就低,[②] 职业转移难度也较大。[③] 综合素质高的农民工容易获得就业机会,取得相对稳定的职业和收入,容易融入城镇市民社会。[④]

另一方面,尽管搬迁户集中的中西部县城地区的非农就业机会非常有限,但高学历搬迁群体在完成搬迁后,不仅可以竞争市场中的就业机会,同时还可以竞争体制内的就业机会,这就能够增加高学历搬迁群体的经济整合机会。

实际上,搬迁户中的高学历群体在迁入地城镇的就业机会几乎和城镇原住民的就业竞争力一样。

根据国务院扶贫办建档立卡数据库统计,对搬迁户而言,从家庭收入情况来看,全国已搬迁的贫困人口户均年纯收入为 37712 元,人均年纯收入为 10312 元;人均年工资性收入为 7032 元,占人均纯收入的 69%;人均经营性收入为 1783 元,占人均纯收入的 17%;人均财产性收入为 230 元,占人均纯收入的 2%;人均转移性纯收入为 1875 元,占人均年纯收入的 18%。[⑤] 可见,工资性收入已经成为搬迁户的最主要收入来源。

根据国务院扶贫办建档立卡数据库统计,截至 2020 年年底,我国易地扶贫搬迁户中,平均每户有 3.66 人。[⑥] 因为这些搬迁户大部分都是建档立

① 王昊.劳动力迁移与职业流动 [J].李强等主编.城镇化与国内移民:理论与研究议题 [M].北京:社会科学文献出版社,2015.转引自:吴晓萍,刘辉武等.西南民族地区易地扶贫搬迁移民的社会适应研究 [M].北京:人民出版社,2021:98.

② 王乃新,何笑笑.农民工城市化影响因素及解决措施研究 [J].科技创新导报,2010(35):241.

③ 王回澜.女性受教育程度的社会经济回馈——对青岛女性受教育程度与社会经济关系的分析 [J].甘肃社会科学,2007(02):185-188.

④ 肖云,林子琪.农民工城市化影响因素及公共政策 [J].重庆大学学报 (自然科学版),2006(04):142-146.

⑤ 仇焕广,冷淦潇,刘明月等.中国千万人的易地扶贫搬迁:理论、政策与实践 [M].北京:经济科学出版社.2021:118.

⑥ 仇焕广,冷淦潇,刘明月等.中国千万人的易地扶贫搬迁:理论、政策与实践 [M].北京:经济科学出版社.2021:117.

卡贫困户，意味着家庭中至少有 1 名非劳动力，其他劳动力的经济能力也比较弱。在进入城镇安置社区之后，家庭劳动力比较少的情况下，劳动力的质量会对搬迁对象是否能够在城镇安置社区稳定入住起到重要作用。

调研已经发现，搬迁户的家庭总收入中占比最高的是工资性收入，平均占比为 57.4%，其中县城安置搬迁户的工资性收入占比最高，为 60.5%。[①] 可见，搬迁之后，搬迁户的经济收入结构已经从搬迁前的经营性收入变成了搬迁后的工资性收入，而学历对工资性收入则有直接影响。

2. 社会适应、文化习得与数字融入：高学历群体高于低学历群体

相对于经济整合，社会适应、文化习得与数字融入有很多相似之处，所以，在此就放在一起解释。

既有研究实际上也验证了搬迁对象中高学历群体的社会融入高于低学历群体。张雪筠利用天津调查数据，通过计算相关系数和卡方检验，分析了影响农民工城市社会交往的主要因素，发现教育程度越高的农民工，城市生活适应能力与融入能力更强，其社会交往范围越广。[②] 毕文芬基于 2014 年中国家庭追踪调查数据，运用描述统计与线性回归模型分析得出，个人受教育年限越多，维持关系的技巧与礼仪素养越强，家庭邻里关系越友好。[③] 胡荣在研究农村社会交往时发现，文化程度较高者的亲属交往和社会交往范围都较高。边燕杰的研究发现，文化程度越高，社会交往范围越广。[④]

调研发现，高学历群体的整体社会融入程度更高，有多方面原因。

第一，高学历本身意味着学习能力强。高学历搬迁对象学习时间长，其文化知识水平更高，对迁入地城镇的新知识、新习俗、新技术等接受能

① 仇焕广,陈菲菲,刘湘晖等.易地扶贫搬迁研究：产业、就业与社区融入 [M].北京：经济科学出版社.2022:52.

② 张雪筠.农民工城市社会交往影响因素探析 [J].社会工作下半月（理论）,2007(08):42-44.

③ 毕文芬,初奇鸿,潘孝富.城市化居住空间下教育对邻里关系的影响机制：基于两性比较 [J].西北人口,2018,39(02):65-73.

④ 边燕杰.中国城市家庭的社会网络资本 [J].清华社会学评论,2000(2).

力更强，自学能力也更强。

第二，高学历往往意味着年轻。因为历史等原因，学历和年龄呈负相关关系。而年龄越大的搬迁对象对新环境的学习能力和接受能力自然较弱，加上老年人进入安置社区后没有土地，也找不到工作，且本身只有城乡居民基本养老保险，收入较低，学历较低的老年人对安置社区的不适应感会比其他年龄段的人强，所以年龄越大，学历越低的搬迁户越是愿意居住在农村。由此，年轻的高学历搬迁群体的社会融入意愿和学习意愿都会明显高于年老的低学历群体。

第三，高学历意味着外出的经验更多。教育资源的供给属于公共服务的一种。国家在提供教育资源的过程中，教育资源的等级越高，其服务供给半径也就越大。比如，小学教育是每个行政村都有，初中教育则一般是集中在乡镇地区，高中教育则集中到了县城地区，大专及以上教育则只有地级市级别才能够提供。在此情况下，就意味着，受到的教育水平越高，则适应的环境也越多。因此，高学历的搬迁对象本身在之前接受教育过程中已经有了长期的城镇生活经历，其融入能力自然也就更高。

3.心理认同：高学历群体高于低学历群体

高学历群体本身对迁入地城镇的适应能力强，对自己在迁入地城镇的未来预期更高，其心理认同自然也会更高。

研究已经发现，学历较高的搬迁群体更愿意进入城镇。调研发现，县城安置的搬迁劳动力文化程度相对较高，高中及以上教育水平的占比达到17.9%，农村安置的搬迁劳动力文盲比例则达到11.5%。[①]

八、不同民族群体的社会融入差异

根据国务院扶贫办建档立卡数据库统计，"十三五"易地扶贫搬迁少数

---

① 仇焕广，冷淦潇，刘明月．中国千万人的易地扶贫搬迁：理论、政策与实践 [M]．北京：经济科学出版社 [M].2021:120.

民族 347 万，占比 36%。[①] 可见，相对于在全国总人口的比例，少数民族在此次易地扶贫搬迁中的比例很高。

而汉族和少数民族也可能会表现出不同的社会融入情况。

（一）文献综述

相关研究也发现，在文化适应中，尤其是一些有自身文化信仰的少数民族的社会适应会受到影响。Bourhis 和 Dayan（2004）发现不同的群体信仰文化之间的差异性对文化有影响，不同群体的信仰差异越大，其文化适应压力就越大。[②] 余吉玲通过对内蒙古的移民发现，在民族地区生态移民过程中，环境的改变会引起人们在生产方式、生活习俗、宗教信仰、价值观等方面的改变，从而发生文化变迁。例如在新的迁入地社区，蒙古包等文化元素就失去了存在的意义，引起搬迁群众的部分难以适应。王娟、王宝红对西藏三岩地区调研发现，易地搬迁群众语言能力不足以适应与融入城镇化生活的问题客观存在。[③]

既有研究尽管是针对全国不同区域，不同民族，不同类型移民的社会融入研究，但整体上，既有研究大多认为移民搬迁中少数民族的社会融入程度要低于汉族。

（二）民族—城镇入住情况

在贵州省的欣欣安置社区，共有搬迁对象一万余人，其中有民族统计的为 10988 人，涉及包括汉族在内的 16 个民族，但绝大部分民族的人数都非常少，只有 10 多人左右，无法进行统计学上的分析，只有汉族、蒙古族、苗族、土家族和仡佬族这几个民族的人数相对较多，可以进行统计上

---

① 仇焕广，冷淦潇，刘明月等.中国千万人的易地扶贫搬迁：理论、政策与实践 [M].北京：经济科学出版社 [M].2021:117.

② Bourhis,R.Y.&Dayan,J.Acculturation Orientations Towards Israeli Arabs and Jewish Immigrants in Israel,International of Psychology,2004,Vol.39,No.3,pp.118-131.转引自：吴晓萍，刘辉武等著.西南民族地区易地扶贫搬迁移民的社会适应研究 [M].北京：人民出版社，2021:228.

③ 王娟，王宝红.民族地区易地搬迁群体的语言服务研究——基于西藏"三岩"搬迁工程的案例 [J].西藏民族大学学报（哲学社会科学版），2023,44(06):57-63+156.

的分析。

表 3-26：欣欣社区不同民族的稳定入住情况

序号	民族	搬迁人数	稳定入住数量	占比
1	汉族	5496	990	18.0%
2	土家族	3128	549	17.5%
3	苗族	2129	347	16.2%
4	仡佬族	121	30	20.7%
5	蒙古族	77	15	19.4%

数据来源：根据作者调查整理而得。

从表 3-26 统计可以发现，汉族在迁入地城镇安置社区的稳定入住情况排中等，在搬迁数量较多的 5 个民族中排第 3，在迁入地安置社区稳定入住的比例上并没有表现出特殊。而其他少数民族也没有表现出在安置社区稳定入住特别高或者特别低的情况。

可见，不同民族之间在迁入地城镇安置社区稳定入住方面差异并不太大。

（三）民族—社会融入差异不明显成因

在此须要说明的是，一方面，从搬迁对象的主观感受来看，汉族搬迁对象在迁入地城镇的感受要明显好于少数民族。调研中发现，尤其是在搬迁初期，少数民族搬迁对象对迁入地城镇安置社区的适应程度往往比较低。另一方面，从在迁入地城镇安置社区的实际稳定入住统计来看，笔者统计了包括四川、贵州、广西、云南在内的十多个不同规模的城镇集中安置社区，但都没有表现出明显的民族差异。

而造成这种现象的原因也是多方面：

第一，不同少数民族之间的社会融入情况往往差异很大。迁入地城镇大都是以汉族文化为主的地区，但不同的少数民族对迁入地城镇文化的接受程度往往不同。对西南地区搬迁对象的研究已经发现，在西南地区，语言对于汉族搬迁对象来说不构成问题，但对于少数民族可能就存在一定问题，尤其是说汉语流利程度较低的瑶族和彝族。① 如贵州地区的少数民族接触汉族文化比较多，实际上其在文化上已经和汉族没有太多区别。在贵州省欣欣安置社区调研发现，即便是来自民族乡的少数民族（表 3-27），也与是否在安置社区稳定入住没有直接关系，如来自苗族自治乡的搬迁对象反而稳定入住安置社区的比例非常高。可见，贵州的少数民族文化本身已经不构成对搬迁对象进城的重要影响。

表 3-27：欣欣社区中少数民族自治乡搬迁群众稳定入住社区比例

民族	分类	搬迁人数	稳定入住数量	占比
土家族	全部	3128	549	17.5%
	民族乡	753	126	16.7%
苗族	全部	2129	347	16.2%
	民族乡	493	98	19.8%

数据来源：根据作者调查整理而得。

同时，青年人中出现了大量的不同民族间的联姻模式，这种联姻模式进一步影响了搬迁对象在迁入地城镇的融入。尤其是在西南的苗族中，苗族与汉族通婚的比例非常高，在贵州省欣欣安置社区的 493 名来自民族乡的苗族搬迁对象中，只有 4 对同时是苗族夫妻，占比 1.62%，其他的基本都是苗族和其他民族通婚。在 753 名来自土家族民族乡的搬迁对象中，有46 对土家族夫妻，也仅占比 6.11%。可见，民族之间的文化影响在青年人的婚姻中已经极小。

第二，入住和主观感受并不一定完全一致。对搬迁对象来说，他们在迁入地城镇安置社区稳定入住不一定意味着他们能真正融入迁入地。因为，搬迁对象很多时候在迁入地的稳定入住是功能性的，主要是为了享受迁入地良好的公共服务，如照顾子女在迁入地城镇接受良好的教育或者医疗，

---

① 吴晓萍，刘辉武等 . 西南民族地区易地扶贫搬迁移民的社会适应研究 [M]. 北京：人民出版社 ,2021:199.

像在这类功能性目标下，即便是少数民族的搬迁对象在文化上并不一定认同迁入地，他们也会坚持住下来。

第三，由于是自愿搬迁，所以作为理性人的搬迁对象本身对搬迁并没有抵触。"十三五"期间的易地扶贫搬迁本身就是自愿搬迁，即便是整寨搬迁，采用的也是自愿搬迁模式，在这种情况下，那些在文化上感觉非常难以融入迁入地城镇外部文化的少数民族自然不会同意搬迁，这就让安置社区中的少数民族其实与其他民族融合上不会有太大差异。

第四，搬迁安置社区中不存在民族方面的歧视，不同民族之间都完全能够互相尊重对方的服饰穿着等。因此，搬到安置社区中的各民族之间没有出现彼此排斥的情况，安置社区中基于民族成分的"推力"非常小，所以，搬迁到安置社区中的搬迁对象即便在开始的时候会出现短暂的不适应，但仍然可以很快适应安置社区这个新的环境。

总之，因为迁入地城镇安置社区的汉化程度往往比较高，所以对于一些本来汉化程度比较高的少数民族来说，他们的整体社会融入程度也会比较高，甚至与汉族已经没有太大差异。但对一些汉化程度比较低的少数民族来说，因为他们受到的民族文化影响较大，所以，后续的社会融入自然也就困难一些。

第四章：迁入地视角下的社会融入差异

迁入地指的是易地扶贫搬迁对象安置社区所在的地方。我国在过去的移民搬迁中，曾长期使用"异地搬迁"这一表述，而在此次"十三五"期间，我国创新性地提出了"易地搬迁"的表述。从"异地"到"易地"表述的改变，其背后隐含了此次易地扶贫搬迁不同于此前的水库移民等搬迁，此次易地扶贫搬迁主要是为了解决"一方水土养不起一方人"所造成的长期"空间贫困陷阱"问题。所以，"易地"意味着将生活在自然条件恶劣地方的贫困户或贫困边缘户搬迁到自然条件更容易生产生活的地方，而不仅仅是换个物理空间。

在"十三五"期间，我国22个省（市、区）农村搬迁人口数超过了1600万。面对如此庞大的搬迁规模，各地区根据自己当地的地理特征，因地制宜地选择迁入地，因此也就出现了多种不同类型的迁入地。在此主要针对不同迁入地区位和不同迁入地规模展开分析①。

一、不同安置区位的社会融入差异

"十三五"期间易地扶贫搬迁的人数多，形成的集中安置社区数量和种类也多。迁入地是搬迁人口迁入和未来长期生产生活的地方，对易地搬迁

---

① 还有根据迁入地的就业配套情况，可以分成近工业园安置区、近景区安置区、近农业区安置区等。但因为中西部地区无论是工业园、景区还是农业产业园，本身规模比较小，能够吸纳的非农就业都非常少，所以在此不单独分析。

人口的生存和发展有重要意义。对于已经习惯了迁出地农村生产生活环境的易地搬迁对象来说，迁入地距离迁出地的空间距离、资源配套等都对其社会融入产生着重要影响。基于藏羌彝走廊 12239 户易地扶贫搬迁家庭微观数据，发现劳动力流动能够显著降低易地搬迁人口发生多维贫困与多维贫困脆弱性的概率。[①]

根据迁入地安置社区所在的区位划分，可以分成农村安置、乡镇安置、县城安置、市域安置[②]、省会安置，不同的区位往往意味着不同的社会融入情况。

区位是迁入地的空间地理位置，直接影响着空间距离、周边资源类型以及资源密集程度等。

调研发现，迁入地区位不同，往往会产生不同的社会融入效果。而社会融入包含着各个方面的融入，所以，不同迁入地的区位对社会融入的影响也是全面的（表 4-1）。因此，有必要对不同迁入地区位搬迁对象的社会融入进行具体分析。

表 4-1：不同迁入地区位的社会融入差异

	农村	乡镇	县城	市域	省会
经济整合	低	较低	中	较高	高
社会适应	高	较高	中	较低	低
文化习得	高	较高	中	较低	低
数字融入	高	较高	中	较低	低
心理认同	高	较高	中	较低	低

表格来源：根据作者调查整理而得。

---

① 廖桂蓉,盛伟,周灵灵.劳动力流动对民族地区易地搬迁人口多维贫困脆弱性的影响——来自藏羌彝走廊 12239 户易地扶贫搬迁家庭的微观证据 [J].民族学刊,2023,14(07):74-90+161.

② 此处的市域安置指的是一般的地级市安置,不包括省会所在城市。

（一）农村安置的经济整合低，其他融入高

相关调研已发现，不同迁入地区位的劳动力就业率存在差异，县城安置的搬迁劳动力就业率为 87.6%，乡镇安置的搬迁劳动力就业率为 90.4%，乡村安置的搬迁劳动力就业率为 89.2%。[①] 当然，上述统计的就业率本身包括了务农在内的灵活就业情况。

农村安置指的是迁入地位于农村的易地搬迁安置社区。在现实中，农村安置一般有几个特点：第一，大部分都是同一个行政村的村内安置，少部分会安置到周边其他行政村。与水库移民安置不同，此次迁入地是农村的易地安置，基本都是无土安置，迁入地不会给搬迁户提供新的土地使用权。毕竟，易地搬迁农户在迁出地的土地使用权仍属于他们，因而不能同时为搬迁户提供两块土地。第二，基本都是中心村安置或公路边安置。此次易地扶贫搬迁主要是将生活在地理空间位置差的村民搬迁到地理空间位置好一点的地方，所以，村内安置一般都是将村庄边缘地带的村民搬迁到中心村或者是公路边等位置好的地方。第三，安置的规模一般都比较小。村庄的规模本身就比较小，再加上迁入地还有原住民，这就决定了村庄安置的规模都不大，通常只有几十人到一两百人左右。第四，安置模式多采用独栋方式。调研中发现，只有贵州省因为土地数量实在太少，在村内安置中多采用楼房安置的方式，而在广西、四川、云南等其他易地搬迁大省，村内安置则大多都是采用独栋房屋的建设模式。

从社会融入的效果来看，农村安置的主要特点是经济融入低，但社会适应、文化习得、数字融入和心理认同等融入程度都非常高。

之所以出现这种情况，是因为村内安置在空间上的移动距离非常近，并没有超过同一个行政村。所谓的变化更多是从行政村内的一个自然村搬到另一个自然村。因为空间距离变化小，搬迁户的生产生活体系几乎没有任何变化。加上大部分地区的村内安置都是采用平房安置的方式，并且搬迁户的房屋结构也基本没变化，所以，农村安置整体存在的社会融入问题

① 仇焕广,冷淦潇,刘明月等.中国千万人的易地扶贫搬迁：理论、政策与实践[M].北京：经济科学出版社.2021:121.

非常少。

但即便如此，农村安置的经济适应仍面临不小的问题。实际上，即便没有易地扶贫搬迁，当前以主粮生产作为几乎唯一生产方式的农村也已经没有办法吸纳自身所有的青壮年劳动力，我国农村绝大部分青壮年劳动力只能选择以农民工的形式进城务工。所以，即便是农村安置，如果生产方式没变，农业生产将继续排斥村庄中的剩余青壮年劳动力，这就会造成村内安置的经济适应差。

案例 4-1：诚依村安置社区位于贵州省西北部，距离所在市区 15 公里左右，属于一个相对靠近市区的中心村安置点。诚依村安置社区是 2016 年的易地扶贫搬迁项目，共安置有 31 户 105 人，采用了集中安置的方式，将 31 户搬迁群众都集中安置在了一起，采用双层楼房设计样式。诚依村安置社区按照人均 25 平方米的标准分配房屋，所有搬迁对象都是贫困户。在人员构成方面，汉族占 96.6%，其他 4 人为白族。在搬迁人员来源方面，除了一户来自诚依村旁边的长梅村，其他全部都是来自诚依村其他几个村民组，其中接近半数来自宜山组，所以，这几乎属于村内搬迁。在健康状况方面，诚依村安置社区的 31 户搬迁户都属于智残人群，属于贫困户中的贫困户。

诚依村安置社区位于村庄内部，搬迁对象也基本都是本村人，所以搬迁并没有造成村庄的负担，包括学校、卫生室、水电路讯等公共基础服务设施都是利用既有的设施，并没有增加新负担。在对搬迁对象的管理方面，因为搬迁群众数量不多，所以，是由迁入地的村民小组长和包组村干部负责这些搬迁群众的日常管理。可见，从政府角度来看，农村安置是最节省成本的方式。

诚依村安置社区搬迁户的生计来源主要有 5 个部分：第一，自己就业；第二，入股到村庄中的合作社，主要是蔬菜合作社，每年可以有三四千元不等的分红；第三，入股到盛丰公司，这是当地的一个国有公司，因为国家的政策性资金补助，每年能够有 7% 的收益；第四，搬迁贫困户已全部纳入城镇低保，每月可以领到城镇低保补贴；第五，退耕还林补贴，搬迁户的土地大多已经纳入了国家储备林，一亩地有 400 元 / 年，国家一次性补偿 5 年的资金，这些国储林共流转 30 年，每五年后逐年递增 8%。其中最主要的生计来源还是搬迁户自己寻找就业。

在诚依村搬迁人口中有劳动力 61 人（不包括学生），目前可统计的在就业人数为 58 人[①]，为此对 58 人进行了就业区域的统计。

表 4-2：诚依村安置社区劳动力就业情况

序号	就业区域	就业人数	就业比例
1	县内	29	50.0%
2	县外省内	7	12.0%
3	省外	22	37.9%
合计		58	99.9%

数据来源：根据作者调查整理而得。

通过表 4-2 可以看出，诚依村安置社区的搬迁对象县内就业 29 人，占比 50.0%。其中劳动力人口中务农的有 12 人，占劳动力的 20.69%，这些劳动力基本都住在农村家里。其余的大部分劳动力都是进入城镇从事非农就业，以获取更高的工资性收入。

在诚依村安置社区的 31 户搬迁户中常年在外务工的有 5 户，这 5 户平时都不在家里，小孩和大人一起外出务工；剩下的 26 户家里都有老人，一般都是老人带着孩子留守农村，青壮年进城务工。搬迁老人留在村里，尽管农村中的土地不足以为搬迁户提供一个有质量的生活，但至少可以给搬迁老人找点事情做，而一些孩子因为父母需要外出务工，所以也只能留在村里由老人照顾。

在具体的社会融入方面，因为诚依村安置社区的搬迁户大多只是从一个自然村搬迁到另一个自然村，还是熟悉的村庄，熟悉的文化，熟悉的村内社会关系，所以，搬迁户自己并没有感觉日常生产生活有大的变化，几乎不存在社会融入方面的问题。

---

① 有 3 名 20 多岁的年轻女性在家里未就业。

（二）乡镇安置的经济整合低，其他融入较高

乡镇安置指的是迁入地在乡镇空间范围内的易地扶贫搬迁安置社区。与安置在其他区位的安置社区相同的是，安置在乡镇上的易地扶贫搬迁安置社区本身也会受到乡镇空间的诸多影响。存在一些特点：第一，乡镇安置主要是采用同乡镇安置的模式，极少数采用异乡镇安置。为了减少搬迁对象的后期社会融入问题，绝大部分乡镇安置社区都只安置本乡镇范围内的易地扶贫搬迁对象；第二，安置规模比村庄安置大。通常，乡镇所在区位要比一般的农村好，空间也大一些，所以安置规模通常大一些，一般会达到几百人乃至上千人的规模；第三，安置房屋类型既有楼房安置，也有平房安置。乡镇是一个介于农村和县城之间的过渡形态，通常情况下，乡镇所在地区也被称为集镇，是由一个区域性的中心村变大而成。因此，乡镇安置社区在建设样式上既有农村的平房样式，也有一定城镇楼房的样式。"十三五"期间的易地扶贫搬迁安置社区都是采用政府统一建设的方式，为此，一些小的乡镇安置社区、景区附近的安置社区或者是相对独立的乡镇安置社区会采用平房的住房结构，而一些非常靠近乡镇中心区的安置社区则会采用和中心区同样的楼房样式。但即便是乡镇采用楼房的建筑样式，由于乡镇规模偏小，乡镇的易地扶贫搬迁安置社区也一般都是采用低矮楼房，几乎没有七层以上需要安装电梯的高层楼房。

从搬迁后的社会融入效果来看，乡镇安置社区处于一个农村安置和城镇安置的中间状态。

第一，经济整合方面，乡镇安置社区和农村安置社区差别不大，融入效果都不佳。这是因为，"十三五"期间的易地扶贫搬迁主要发生在中西部地区，尤其是西部地区，但我国中西部地区的乡镇基本都是农业型乡镇，这些乡镇没有成规模的工商业产业，没有工业园区，少有的一点商业也是围绕本地农业生产开展，能够吸纳的非农就业非常少。这就造成中西部地区的农业型乡镇几乎无法吸纳搬迁群众的本地非农就业，所以，乡镇安置社区中的搬迁群众要么只能返回迁出地农村务农，要么外出务工，其就业类型、就业收入、就业区域等和农村安置几乎没有很大的区别。

但与县域的城镇安置社区相比，乡镇安置社区的整体生活成本不会太高。一方面，即便是居住在乡镇楼房的搬迁户，由于中西部乡镇的农业特质，所以基本收不到物业费，这样搬迁户的生活成本也不会明显提高，对搬迁户日常生活影响不大。另一方面，在农业生产方面，尽管乡镇安置社区无法为搬迁户提供土地，但因为农业型乡镇的农业属性，农业型乡镇周边的土地并不稀少，所以，乡镇安置社区的搬迁户事实上都会在安置区附近有块菜地 ①，这块菜地既可能是地方政府统一安排，也可能是搬迁户自己想办法开垦或从周边群众那里租。这样，搬迁户在乡镇的生活成本会极大降低（案例 4-2）。

案例 4-2：在贵州省的柳山安置社区，地方政府为了解决搬迁对象在城镇消费高的问题，在安置社区周边征了接近 50 亩土地，为搬迁对象建了"小菜园""小养房""小果园"等"六园六小"的农业生产配套设施，解决了部分搬迁对象在城镇买菜太贵的问题，一定程度上降低了搬迁对象在迁入地的生活开销。

第二，社会适应和文化习得方面，迁入地在乡镇的搬迁群众并不会有大的改变，因为乡镇与周边农村在生活方式、社交模式、文化习惯等方面几乎没有区别。乡镇和市县的城镇地区不同，中西部地区的农业型乡镇本身就是以农业为主导，服务周边的农业型村庄。从性质来看，中西部地区的农业型乡镇本身是周边多个村庄的经济、文化和行政中心。乡镇也被称为集镇，是一个区域周边多个农村赶场的地方，属于同一个市场圈，周边多个村庄本身就会经常利用赶场、办事、休闲娱乐等机会经常到乡镇，周边村庄的村民本身已经对乡镇的空间和社会非常熟悉。在以乡镇为中心的市场圈的影响下，也会形成以乡镇为中心的共同通婚圈和朋友圈等。所以，乡镇和周边农村已经构成了一个事实上的社会文化共同体。这样，迁入到乡镇的搬迁群众本身不会感到乡镇和他们在农村的生活方式、社交模式、文化习惯等有太大区别，自然也就不会产生大的社会适应问题。即便是安

① 有的乡镇集中安置区周边土地相对较多，还会帮助搬迁户建立一些猪圈之类的小型养殖厂。

置在楼房的乡镇集中安置社区，也因为楼房的数量少，楼层低等给搬迁群众造成的影响和适应难度都较小。

第三，心理认同方面，安置在乡镇的搬迁群众会与安置在农村的群众表现出一定差别，主要表现在户籍所在地方面。从实际的居住感受来看，因为乡镇一般距离搬迁对象迁出地农村相对比较近，而搬迁对象之前也经常到乡镇中来，所以本身对乡镇并不陌生。对于未来归宿，乡镇安置社区的搬迁对象大多也不介意继续生活在乡镇，毕竟乡镇既有比迁出地农村更好的水电路讯等基础设施，也距离迁出地农村不远，还可以继续从事一些农业生产活动。但在户籍层面，农村安置不需要迁移户籍，但乡镇安置则需要迁移户籍。同时，乡镇安置模式下，搬迁户的户籍就有可能需要从农业户籍转成非农业户籍，这就构成了搬迁户身份上的变化。这给搬迁户造成了一定的担忧，因为乡镇安置社区搬迁户的生产模式基本延续了农村的生产模式，他们也仍然需要农业生产来维持生活，但如果让他们将户籍从农村迁移到乡镇，并且还要将农业户籍转成非农业户籍，这就使得搬迁户担心他们在农村的"三块地"和相关权益可能会失去，所以，几乎没有乡镇安置社区的搬迁户会愿意主动将自己的户籍迁移到乡镇[①]。

在数字融入方面，中西部农业型乡镇其实是一个以农业生产为主的大"半熟人社会"，在这样一个地方，对数字生活的需求相对并不大。在数字学习层面，乡镇也是一个以农业为主要生产方式的地方，对数字学习方面的需求并不高；在数字生活层面，在乡镇缴纳水电费等都可以直接线下面对面完成，即便是要网上完成，也可以很简单地找到熟人帮忙进行网上操作；在数字休闲娱乐方面，乡镇本身的传统聊天、赶场等休闲娱乐方式就有很多，加上当前包括抖音、快手等在内的短视频休闲娱乐方式非常简单，因此很少对搬迁户构成融入门槛。

所以，除了经济整合，乡镇安置社区中搬迁对象的整体社会融入情况相对比较好。

---

① 并不是没有，因为有少部分地方的地方政府会集中将部分搬迁户的户籍统一从迁出地划转到迁入地，但这并非搬迁户的主动意愿。

案例 4-3：石界乡安置社区位于贵州省西北部，距县城 140 多公里，平均海拔 2200 米。石界乡位于西南三省交界处，地理位置相对偏僻，自然条件不太好。石界乡的乡镇易地扶贫搬迁项目共分成了两期：第一期是 2016 年的项目，搬迁 233 户；第二期是 2017 年的项目，搬迁 99 户。两期一共搬迁 1562 人。搬迁群众都是来自石界乡所在的 14 个行政村，这些村民都安置在石界乡的乡镇安置社区。

表 4-3：石界乡安置社区劳动力就业情况

序号	就业区域	就业人数	就业比例
1	县内	241	39.2%
2	县外省内	12	2.0%
3	省外	362	58.9%
合计		615	100.1%

数据来源：根据作者调查整理而得。

通过表 4-3 可以看出，石界乡安置社区的劳动力留在本县内务工的比例比较低，这自然也与其属于国家贫困地区相关，其所在县城本身工业基础设施非常差，在 2020 年左右才建立了两个工业园区，但这两个工业园区也难以引进非农产业，能够吸纳的非农就业非常少，所以当地的劳动力本身还是以依靠外出务工为主。

石界乡安置社区有劳动力 717 人，其中从事种养业的有 148 人，占比 20.64%，而这些种养业基本都是在自己的迁出地农村老家，并且对劳动力从事种养业的统计并不包括 60 岁以上的老人，因为按照统计数据，60 岁以上的老人已经不属于劳动力。

相对于社会融入，石界乡安置社区的经济整合情况非常低，一方面，有劳动能力的青壮年群体都已经到沿海地区务工；另一方面，搬迁老人宁愿留在迁出地农村也不愿意到乡镇安置社区，这就导致乡镇安置社区中真正稳定居住的搬迁群众数量非常少。

可见，一个地区劳动力的经济融入其实与当地的经济结构存在密切关系，如果像石界乡这种区域工商业经济非常落后的地区，当地非农就业机会非常少，搬迁群众既无法在当地乡镇找到非农就业机会，也无法在县域找到非农就业机会，最终只能选择到东部沿海地区务工。

（三）县城安置的整体社会融入程度居中

县城安置可以看作是一种包含范围最广的易地扶贫搬迁方式，因为即便是市域安置和省会城市安置，也可以看成是县城安置的一种。但在此处，为了更好地区分不同迁入地区位对易地搬迁后续社会融入所造成的影响，这里仅把县城安置界定为在独立的县级城区的易地扶贫搬迁安置社区。

县城安置具有几个特点：第一，规模大。"十三五"期间的易地扶贫搬迁整体规模大，而在"以县为主"的政策要求下，各属地县级政府为了更好地彻底解决易地搬迁群众的贫困问题，大量采用了县城集中安置的方式。而且相对于农村和乡镇，县城的城区规模大，人口多，承载力也比较高，所以，县城集中安置社区的规模往往比较大，很多都是几千人乃至上万人。如全国安置规模最大的易地扶贫搬迁跨县安置社区建设在云南省昭通市靖安县，此外，贵州省毕节市威宁县的多个易地扶贫搬迁安置社区规模也都达到了两万人左右。第二，安置以楼房为主。县城的易地扶贫搬迁集中安置社区通常规模比较大，而且要符合县城的整体规划风格，加上地方政府出于节约建设用地指标的种种考虑，迁入地在县城的易地搬迁集中安置社区基本都是采用楼房样式。区别在于有相当多的县城易地扶贫搬迁安置社区住房采用的是配备电梯的高层楼房，剩下的则是没有配备电梯的矮层楼房。第三，以本地县城安置为主，跨县安置为补充。相对于村内安置和乡镇安置主要是以本地安置为主的情况，县城安置则出现了相当数量的跨县安置，因为不同县城的资源禀赋条件不同，有一些中西部农业型县城的搬迁任务较多，但自身县城的条件又容纳不了那么多的搬迁群众，所以会将部分群众搬迁到周边其他县城 [①]。

县城在事实上属于城镇范畴，其与搬迁户所长期生产生活的农村有很大不同，在我国长期形成的城乡二元体制影响下，来自农村的搬迁户在进城之后会遇到诸多社会融入问题，所以整体上，县城易地扶贫搬迁集中安置社区中搬迁户的社会融入处于不同区位中的中等情况。

第一，经济整合处于中等水平。马伟华研究发现，相对于农村，城镇给移民提供了大量就业机会，移民所在集镇附近的集市对易地扶贫搬迁移民经济生活的影响也非常大。[②] 雷洪等对三峡农村移民的研究结果也发现，安置在城镇的移民生产劳动适应性高于安置在农村的移民。[③] 在就业形态上，县城可以提供工商业就业机会。尽管我国中西部县城也都是农业型县城，但县城毕竟不同于乡镇，县城作为一个较大区域的经济中心，往往都有一定的经济能力。县城一般都有自己的工业园区，都有一定的工商业，尽管规模并不一定大，但也能够吸纳一定的搬迁户，这就在一定程度上解决了搬迁户的就业问题。在任何一个易地扶贫搬迁安置社区都会有超过 1/3 的搬迁户在县内完成就业，尽管很多就业形式可能是不太稳定的灵活就业，但也可以满足部分搬迁户的生活需求。从这个角度来看，县城安置社区的经济整合能够吸纳掉部分搬迁户，要比村内安置和乡镇安置好。

但同时，县城集中安置也会带来搬迁户家庭消费支出的快速增加。村内安置因为有土地，带有半自给自足的性质；乡镇安置因为距离农村不远，加上也会有菜地，没有物业费，搬迁户的家庭支出也能控制；而县城则是一个完全的市场社会，县城人口密集，加上搬迁户基本都是楼房安置，这就导致搬迁户基本都是无土安置，这样，搬迁户除了能够从农村老家带些粮食，其他的水果蔬菜、肉蛋奶等生活品都只能从县城市场购买，加上家庭日常的水电开支，这自然会增加家庭开销。在家庭开支部分，还须要考

① 县内安置和跨县安置本身也会带来不同的社会融入效果，本部分为了便于论述，将只说明县内安置的情况，跨县安置将在后面专门讨论。

② 马伟华. 生态移民与文化调试：西北回族地区吊庄移民的社会文化适应研究 [M]. 北京：民族出版社 ,2011:78.

③ 雷洪 , 孙龙 . 三峡农村移民生产劳动的适应性 [J]. 人口研究 ,2000(06):51-57.

虑的一个是物业费，因为县城安置户基本都是居住在集中安置小区中的楼房，这就要求搬迁户缴纳物业费，尽管出于维护稳定的角度考虑，绝大部分县城集中安置社区的物业费当前都是由地方政府兜底，但最终这笔费用还是需要由搬迁户支出，这自然也会成为搬迁户家庭支出的一部分。

第二，社会适应处于中等水平。县城不同于乡镇，其在空间距离上已经远离搬迁户所长期居住的农村，加上县城所具有的行政、教育、休闲娱乐等功能，乡镇也能够部分替代，这就使得很多居住比较偏远，交通不便的搬迁户过去很少到县城，因此这部分搬迁户本身对县城比较陌生。加之县城人口规模大，流动人口多，属于一个"陌生人社会"，这自然就造成县城的生活方式、社交模式、社区活动参与等与搬迁户之前熟悉的农村模式不同。由此，搬迁户的社会适应就会出现一定问题。

在生活方式上，搬迁户需要适应县城中现代化的方式，从而适应水平低于村内安置和乡镇安置。县城集中安置社区采用楼房集中的居住方式，这就须要接受使用天然气、冲水厕所、电热器等一系列现代生活方式，搬迁户过去在农村烧柴火等传统生活方式就须要发生改变。迁入地城镇生活方式尽管与迁出地农村不同，但实际上所受困扰比较大的主要还是搬迁户中的老人群体。对于绝大部分中青年群体而言，由于近些年家电下乡的推行，农村也用上了电饭锅、电磁炉等电器设备，加上很多中青年之前也都有过长期外出务工的经历，所以在适应城镇生活方式方面相对老年人要好很多。

在社交模式上，县城作为一个"陌生人社会"，其本身不同于农村"熟人社会"的社交模式，搬迁户适应水平也就低于村内安置和乡镇安置。首先，"社交规模"不同。在农村这样一个"熟人社会"中，村民彼此都非常熟悉，社交规模非常大，尤其是对于生活在偏远地区的搬迁户而言，他们过去因为生活空间的自然条件太差，需要生产生活互助的地方非常多，所以社交圈通常比较大，如办酒参加的亲戚朋友规模可能达到上千人。但城镇不同，城镇是个市场社会，居民所需要的东西都直接通过市场购买，对日常生产生活互助的需求就小得多。这也造成很多搬迁户，尤其是搬迁户中的老人感觉进城后找不到人聊天。其次，"社交层次"也不同。在农村这样一个"熟人社会"中，村民之间彼此知根知底，聊天可以彼此谈及对方家庭内部的事情，村内安置和乡镇安置都基本可以达到这类水平。但县城安置不同，县城安置已经完全脱离了搬迁户过去的"熟人社会"空间，在县城这样一个新的空间中，彼此之间的了解程度不高，社交深度自然也就受到影响。所以，尤其是搬迁户中很多日常活动范围受限的老人，他们经常因在县城集中安置社区中无人可以聊天而感到孤独。当然，也并不是说县城集中安置就切断了搬迁户的社交，调研发现，经过改革开放四十多年来的城镇化进程，有相当多的农民已经凭借自己的能力提前一步进入县城，所以当易地搬迁户借助国家扶贫政策进城的时候，他们仍然可以通过他们在县城的亲戚朋友网络得到一定的社交支持。

在社区活动参与方面，搬迁户在县城集中安置社区的活动参与程度要低于村内安置、市域安置和省会安置，但高于乡镇安置。社区活动既包括选举、投票等政治活动，也包括了讲座、义诊等生活类活动。从数量来看，县城集中安置社区因为集中的搬迁户数量多，所以自身举办的各种生活类社区活动也比较多，各类活动场地也比较健全。而在面对选举这种政治类活动时，县城集中安置社区搬迁户目前的主动参与度并不高，县城易地扶贫搬迁安置社区本身是建立在县城这样一个"陌生人社会"，并且此次易地扶贫搬迁主要针对贫困户或者是贫困边缘户，这就导致搬迁安置主要都是零星搬迁，一个县城集中安置社区的搬迁户都是来自整个县城所有乡镇的搬迁户，这些搬迁户进入县城集中安置社区后也是陌生人状态，整个安置社区也是一个"陌生人社区"。因此，在县城安置社区这样一个"陌生人社区"中，搬迁户短期内对政治上的参选对象并不熟悉，也难以和其他人进行讨论，自然也难以真正参与其中。

第三，文化习得处于中等水平。县城集中安置社区中的文化习得整体要低于村内安置和乡镇安置。从文化习得角度看，空间距离越远，则与迁出地文化圈的关系越疏离，融入起来的难度自然是越高，也比村内安置、乡镇安置的易地扶贫搬迁移民文化适应程度要低。桑才让研究指出，乡镇所在地的易地扶贫搬迁移民和当地居民的关系相对密切，文化适应程度也相对高一些，而移入城市和城镇的易地搬迁移民与当地居民的文化差异较大，文化适应状况也较差。[①] 对西南民族地区易地搬迁群众的研究也发现，县城安置的移民文化适应低于村寨安置的移民。[②]

即便是中西部的农业型县城，因为规模较大，已经属于真正意义上的城镇，在县城这样一个"陌生人社会"中，县城的文化更侧重于现代的工商业文化体系，已经不同于传统的农业文化体系。县城集中安置社区与县城共享同一套文化体系，所以其本身已经与搬迁户所熟悉的农业文化体系存在非常大的差异。如在卫生习惯方面，来自农村的搬迁户往往已经习惯了随地吐痰、随手丢垃圾等习惯，但一旦进入县城集中安置社区，这些卫生习惯就会被认为不合适；在丧葬习惯方面，来自农村的搬迁户早已经习惯了农村的流水席、土葬等方式，但县城则都是采用火葬的简单化处理；在节庆文化活动方面，县城的节庆文化活动规模和举办方式又往往与农村存在明显不同。这些差异尤其是让那些已长期适应农村文化习惯的搬迁户感觉不太适应。

第四，心理认同处于中等水平。县城集中安置社区搬迁户的心理认同明显低于村内安置和乡镇安置。应该说，无论是县城城区还是县城集中安置社区，其所配备的水电路讯、教育、医疗等公共配套设施和公共服务都要明显高于农村和乡镇，但对搬迁户来说，他们最担心的则是未来他们是否能够真正稳定生存下去的问题。搬迁户尽管借助国家政策支持实现了进城，但他们自身却并没有真正具备在迁入地城镇稳定生存下去的能力，搬迁户进城后大多只能从事一些简单的体力劳动工作，这类工作的收入相对较低，而且对年龄要求比较高，而随着搬迁户年龄的增加，他们在城镇能够从事的就业机会也越来越少，加上他们的工作本身一般也没有退休金之类的保障，所以即便是搬迁户真的想要留在县城，他们对此也往往充满疑

---

① 桑才让.对三江源生态移民文化适应性问题的调查与思考[J].攀登,2011,30(06):15-20.
② 吴晓萍,刘辉武等.西南民族地区易地扶贫搬迁移民的社会适应研究[M].北京:人民出版社,2021:242.

虑。在此背景下，县城安置社区搬迁户往往更认同迁出地农村，尤其是中老年搬迁户。所以，县城安置社区的搬迁户基本也都会保留他们在农村的户籍和"三块地①"，即便是因为空间距离太远，搬迁户自己不能返回农村务农，他们通常也会将家中的耕地流转给留在农村的亲戚朋友种，为的就是防止土地撂荒，时刻准备着自己要是万一返回农村还可以继续务农。

第五，数字融入处于中等水平。数字融入指的是在数字化应用方面能够融入迁入地，因此，村内安置主要是指搬迁户融入村内的数字应用，而镇内安置则是指搬迁户融入乡镇内的数字应用。尽管村庄内和乡镇内的数字应用场景相对都不多，但进入县城之后，县城作为一个不同于农村的现代市场社会，其数字应用场景要比农村和乡镇多得多，因此迁入地为县城的搬迁户的数字融入要整体低于村内安置和乡镇安置。具体来看，在数字媒介方面，当前智能手机作为最主要的数字媒介，即便是搬迁户基本也已经能够做到人人都有，只是部分年龄太大的搬迁户因生理原因或者不认字等问题而没有配备。在数字学习方面，县城本身存在很多需要通过数字化渠道学习的地方，但搬迁户大多学历偏低，从事简单体力劳动对继续学习的动力也不足，所以搬迁户整体上对数字学习接受度较低。在数字生活方面，包括通过数字化的方式缴纳水电费、购买车票、订外卖等，这些方式对于搬迁户中的青壮年来说并不构成太大的问题，但对于搬迁户中的老年人而言则成为问题，所以搬迁户中的老年人经常会寻求社区工作人员的帮助。且在县城集中安置社区这个"陌生人社会"中，关于社区公共事务方面的大量信息只能通过微信群通知，关于国家和社会大事方面的信息主要通过手机新闻传播，关于迁出地村庄中的事情也只能通过电话沟通的方式获取，这就出现了部分搬迁户因无法灵活使用数字平台而陷入"信息茧房"的困境。在数字休闲娱乐方面，青少年大多是打游戏，而中老年则主要是刷短视频，这方面因为这些数字休闲娱乐平台本身不断降低门槛，所以即便是整体学历不高的搬迁户也能够轻易参与。

---

① "三块地"指的是农村的宅基地、耕地和林地。

案例 4-4：晨光馨区和希望家园同属于贵州省的一个县城安置社区管理，主要是 2016 年的搬迁项目，2017 年基本完成入住。

希望家园有搬迁群众 1080 户 6056 人，希望家园包括两期项目：第一期是 2016 年的项目，包括了 700 户搬迁户（贫困户占 80% 左右）；第二期则包括了 384 户，是 2017 年的项目（贫困户占 70% 左右）。晨光馨区有搬迁群众 677 户 3808 人。民族情况：希望家园中汉族比例超过 85%，其他就是包括彝族、回族、布依族等在内的十多个少数民族；晨光馨区汉族占 79.2%，其他就是包括彝族、苗族、仡佬族等在内的十多个少数民族。整体来看，当地搬迁群众还是以汉族居多。

表 4-4：希望家园安置社区劳动力就业情况

序号	就业区域	就业人数	就业比例
1	县内	1033	38.5%
2	县外省内	209	7.8%
3	省外	1442	53.7%
合计		2684	

数据来源：根据作者调查整理而得。

希望家园共有劳动力 2894 人，有效统计就业有 2684 人。从统计看出，超过半数的希望家园劳动力都是选择省外劳务输出的方式务工。

表 4-5：晨光馨区安置社区劳动力就业情况

序号	就业区域	就业人数	就业比例
1	县内	645	37.0%
2	县外省内	99	5.7%
3	省外	765	43.9%
4	未就业	233	13.4%
合计		1742	

数据来源：根据作者调查整理而得。

晨光馨区共有劳动力1742人，占搬迁总人数的45.75%。劳动力中有1509人已经就业，未就业人群占233人。

应该看出，当地无论是县城还是乡镇因为工商业基础较低，但同时搬迁对象又相对较多，所以，无论是晨光馨区还是希望家园，安置社区在本县就业的数量都不多，大量的搬迁对象都只能外出务工。

表 4-6：晨光馨区 645 名县内就业人员行业分类

序号	行业	数量	比例
1	种养殖	119	18.45%
2	制造业	80	12.40%
3	建筑业	137	21.24%
4	服务业	226	35.04%
5	其他	83	12.87%
合计		645	100.00%

数据来源：根据作者调查整理而得。

从表 4-6 看出，在晨光馨区县内就业人员中，还有 18.45% 的搬迁对象在从事农业生产，并且这些搬迁对象是在他们的迁出地农村老家从事农业生产。可见，对一部分搬迁对象而言，因为迁入地县城没有足够非农就业机会，他们其实仍然无法在短期内脱离农业。而在这 119 个从事农业生产的搬迁对象中，有 103 人是 2016 年的搬迁项目，其他基本都是 2017 和 2018 年的搬迁项目，也就是说，即便是搬迁对象从农村搬进县城已经有 5 年之久，但仍然有接近 20% 的搬迁对象继续从事农业生产，而这些搬迁对象既然要从事农业生产，那他们日常自然就主要生活在迁出地农村老家地区，这不可避免地会影响到搬迁对象的融入。

表 4-7：晨光馨区 119 名从事农业人员的年龄分布

序号	年龄段（岁）	数量	比例
1	20 以下	3	2.52%

2	20-29	11	9.24%
3	30-39	22	18.49%
4	40-49	26	21.85%
5	50-60	57	47.90%
合计		119	100.00%

数据来源：根据作者调查整理而得。

从表4-7看出，返回农村务农的主要是年龄偏大的搬迁对象，可见，年龄越大，在县城的经济融入难度越高。因此，至少从经济角度来看，对于有劳动能力的年纪较大的搬迁对象来说，他们为了获得就业机会，往往只能返回迁出地农村务农。

从表4-7中119人的性别来看，65名男性，54名女性，双方性别比例基本持平。因此，搬迁对象返回迁出地农村务农并没有明显的性别差异。

（四）市域安置的经济整合程度提高，其他融入降低

市域安置指的是迁入地在地级市范围内的易地扶贫搬迁安置社区。与县城集中安置不同的是，市域安置的所在地是地级市，从严格意义来看，市域安置的所在地一般都是"区"。如贵州省毕节市威宁县自身有县城安置社区，而在毕节市七星关区也建立了庞大的市域易地扶贫搬迁安置社区。

尽管从县城开始，包括县城、市域和省会城市，这些区位都属于城镇地区，具有一定的共性特征，但因为在配套设施等方面存在差异，在此还是将这三个部分独立出来分析。市域易地扶贫搬迁集中安置社区也存在一定的特点：第一，规模比较大。易地扶贫搬迁过程中，易地扶贫搬迁安置社区的人数和规模往往都要与当地城区既有的规模，也就是承载力适配，而地级市的城区规模和承载力自然是高于县城，所以很多市域范围内的易地搬迁安置社区规模都比较大。如毕节市的白林街道就是市域安置社区，有搬迁人口近三万人，可见规模之大。第二，跨县安置人口增多。当各县无法完全容纳自身的易地搬迁人口时，地级市作为更高的层面，加上自身

出于扩大规模的考虑，市域易地搬迁集中安置社区就会考虑接纳部分跨县搬迁人口。如铜仁市就承接了映山县超过一万名跨县安置搬迁户。第三，以中高层的电梯安置楼房为主。市域安置的范围是在地级市的空间内，地级市的土地价格往往高于县城，而每个搬迁户的配套经费有限，所以市域范围内的地方政府在规划的时候，为了减少用地，大多也会增加安置房的高度，因此市域集中安置社区以中高层的电梯房为主。

市域集中安置其实是县城安置的扩大版，在我国长期的城乡二元体制影响下，其给搬迁户带来的社会融入难度整体上也自然更大一些。

第一，经济整合处于较高水平。市域的现代工商业体系比县城要发达，其提供非农就业机会的方式主要有两种：一是市域范围内自身相对发达的现代工商业体系能够吸纳部分搬迁户就业；二是从县城易地搬迁集中安置社区开始，这些城镇集中安置社区的规模都比较大，这就能够产生规模效应，吸引一些劳动力密集型产业到此建立扶贫车间。如服装厂、电子装配厂、文具组装厂等。从吸纳就业的角度考虑，市域范围内的大型易地扶贫搬迁安置社区反而能在一定程度上解决部分搬迁户的本地就业问题[①]。

但从务农角度考虑，无论是县城安置还是市域安置，都距离迁出地农村空间距离太远，所以住在安置社区难以兼顾务农。为此，大部分想要务农的搬迁户只有采用阶段性或者长期性住在迁出地农村的方式来进行应对。

在家庭开支层面，市域集中安置社区的家庭消费开支基本与县城一样，水电、蔬菜水果、肉蛋奶等都是家庭生活的基本开支。

所以，市域安置社区的经济整合程度相比县城集中安置社区要略微高一些。

第二，社会适应、文化习得和心理认同、数字融入都处于较低水平。市域安置社区作为现代城镇体系的一部分，其本身"陌生人社会"的基础决定了市域社会的运行方式与搬迁户过去长期生活的农村有非常大的差异，这些差异的基本表现与县城安置社区有很大的类似之处，但因为市域社会

---

① 鉴于中西部地区本身工商业不发达，大部分搬迁户还是要到东部沿海地区务工才行。

比县城社会更加"陌生人化",所以搬迁户在市域安置社区中这些方面的融入更低。

比如,在数字融入方面,市域社会尽管提供的工商业就业机会多一些,但往往也会面临更多的竞争,也就需要更多的学习,其中相当数量的学习需要通过数字化的平台和方式来完成,这其实对搬迁户的要求更高,所以搬迁户在市域安置社区的数字融入会比县城低一些。

案例 4-5:白林街道安置社区位于贵州省毕节市区,由于来自周边各乡镇的搬迁对象大量集中到市区,所以成立了专门安置搬迁对象的白林街道。白林街道一共搬迁了 2.9 万人,分成了和美社区、幸福社区和阳光社区,白林街道 60 多名工作人员也主要都是下沉到这 3 个社区负责包楼栋工作。

白林街道安置社区是 2017 年的项目,2018 年完成搬迁入住。白林街道搬迁的 2.9 万人中一共有劳动力 12685 人,在此主要是对这些劳动力进行统计。

表 4-8:贵州毕节白林街道安置社区劳动力就业情况

序号	就业区域	就业人数	就业比例
1	县内	4792	37.7%
2	县外省内	1194	9.4%
3	省外	5714	45.0%
4	未就业	985	7.7%
合计		12685	99.8%

数据来源:根据作者调查整理而得。

通过 4-8 可以发现,位于地级市市区的白林街道的搬迁对象属于县内就业的比例并没有明显增加[1]。究其原因,与毕节市的非农就业吸纳能力和大量的搬迁群众有关。显然,对于非农就业承载力有限的毕节市而言,短期内大量搬迁人口涌入城镇,这已经超出了当地的就业承载能力。

---

[1] 当然,如果剔除未就业的劳动力,则白林街道在县内就业的比例要略高于本地普通县乡。

（五）省会城市的经济整合程度高，其他融入低

省会城市安置指的是迁入地在省会城市的集中安置社区。"十三五"期间我国有22个省（市、区）存在易地扶贫搬迁任务，所以迁入地在省会的易地扶贫搬迁安置社区也不少。

省会城市安置社区存在几个特点：一是规模相对较小。虽然此次易地扶贫搬迁过程中，我国同样在省会城市建立了一批易地搬迁安置社区，但省会城市却与其他城市不同，因为省会城市中并没有贫困县。"十三五"期间的易地扶贫搬迁是以贫困人口为主，所以省会城市的安置社区往往并没有太多的人口需要搬迁，这就使得即便是省会城市的工商业体系更好，容纳力更强，但安置社区的规模也往往比很多县城或者市域的规模小，一般也只有几千人左右，几乎没有达到万人的规模。二是贫困人口比例相对较低。无论是贵阳、昆明、南宁，还是成都、西安，这些省会城市都没有贫困县，贫困人口总数较少，这就造成省会城市集中安置社区中的贫困人口往往也比较少。三是配套设施相对较好。省会城市的经济基础往往都比较好，加上本身没有贫困县，其扶贫任务相对较轻，而且省会城市的易地扶贫搬迁社区往往还要承担"盆景"的功能，所以其基础设施等配套建设往往更好。如贵州省贵阳市南溪易地搬迁安置社区就建在地铁站旁边，交通非常便利。四是几乎全部都是高层电梯住宅。省会城市人口密集，而且房价几乎都是全省最高，可谓是"寸土寸金"，所以尽管省会城市会建设易地搬迁社区，但考虑到当地的土地价格和搬迁户的安置资金，省会城市必须节约利用土地，从而几乎都是高层电梯安置房。

在搬迁户的社会融入方面，一方面，省会城市的经济基础往往比较好，非农产业的承载力相对较高，能够较好地吸纳部分搬迁户在本地就业，相对经济收入也比较高，这就让迁入地在省会城市的搬迁户拥有更好的经济整合条件。但另一方面，省会城市作为一个省份中工商业经济发展程度最高的地方，其与搬迁户过去长期生活的迁出地农村自然有非常大的差异，包括市场竞争性也会比较高，这都给搬迁户的社会适应、文化习得和心理认同、数字融入造成了相对更高的门槛，让长期习惯了农村生产生活的搬

迁户出现一定的社会融入困难。

案例4-6：贵州省红枫安置社区位于省会贵阳，距离贵阳市区比较近，红枫安置社区共有搬迁群众381户1600人，其中男性占52.3%，女性占47.6%[①]。在民族成分方面，搬迁群众中汉族占73.8%，其他则是布依族、仡佬族等少数民族。因为贵阳不属于贫困地区，所以贵阳建档立卡贫困户的比例相对比较低，在贵阳红枫安置社区中的建档立卡贫困户占比为10.8%，可见绝大部分搬迁群众都不属于贫困户。

贵阳红枫安置社区中有劳动能力的搬迁对象有723人，占比45.19%；县内就业354人，占劳动力的48.96%。这些县内就业的显然就会住在安置社区内，其中从事农业的为50人，占比14.1%；从事灵活就业的有170人，占比48%，其中也有相当多都是在迁出地农村老家从事农业生产。

表4-9：贵阳红枫安置社区劳动力就业情况

序号	就业区域	就业人数	就业比例
1	县内	354	48.4%
2	县外省内	218	29.8%
3	省外	116	15.8%
4	未就业	44	6.0%
合计		732	100%

数据来源：根据作者调查整理而得。

通过贵阳红枫安置社区劳动力的就业情况来看：第一，相对于其他区位的县外省内的就业比例，省会城市的县外省内就业比例相对非常高。显然，因为安置社区距离省会主城区非常近，所以大量搬迁群众可以非常方便的在贵阳找到就业机会。第二，县内就业比例相对较高，已经接近一半。相对于其他区位安置社区中县内就业只有40%左右的比例，贵阳红枫安置社区的比例显然要高一些。第三，县内就业中从事农业的比例相对较低。统计发现，

---

① 调研的易地扶贫搬迁安置社区中都呈现出男性比例高于女性的现象。

贵阳红枫安置社区中只有64人从事种养殖业，其中有60人是在县内从事种养殖业，占县内就业的16.9%。应该说，这个比例比较低。相对而言，贵阳红枫安置社区的大部分搬迁群众都是从事服务业和建筑业。

之所以出现这种情况，与两方面因素有关：一方面，贵阳所能够提供的非农就业机会相对比较多。贵阳是贵州省的省会，工商业比较发达，能够提供的非农就业机会显然比较多。而且安置社区所在地属于贵阳工业相对集中的地方，所以能够提供的非农就业方式多。另一方面，搬迁群众所需要的非农就业机会整体数量比较少。贵阳市并不属于贫困地区，所以整村搬迁群众数量比较少，即便是整个贵阳也只有1.2万搬迁群众，与贵阳既有城镇人口基数相比都比较少，与其他移民大县相比自然是少得多，由此贵阳在为这些搬迁群众提供就业机会的时候就要从容得多。

基于对西南民族地区易地扶贫搬迁群众的研究发现，村寨安置的心理融入水平较高，而乡镇和县城安置的心理融入水平则逐次降低。[①]

综上，不同区位会带来不同的社会融入情况，而在不同区位所带来的不同社会融入差异背后，则是我国长期存在的城乡差异所致。在不同区位所带来的不同社会融入影响中，整体上社会融入比较困难的是在城镇的集中安置社区，之所以城镇相对难融入，本质上还是因为搬迁户都是来自自然条件非常艰苦的农村地区，尽管这些搬迁户借助国家政策从农村快速搬迁到了城镇，但面对城镇完全不同于农村的生产生活体系，搬迁户要做到快速融入必然会很困难。如城镇产业以现代工商业为主，人口密集，市场发达，所以城镇社会是一个"陌生人社会"，这就要求城镇居民必须按照工商业的生产方式，按照"陌生人社会"的规则行事。这与农村的农业产业基础，半自给自足的生活方式，熟人社会的基础完全不同，所以在城镇社会中，越是现代化程度高的城镇（如省会城市），搬迁户的文化习得、社会适应等则越困难。

但有一个不同的地方在于，经济整合给搬迁户带来的影响与社会融入

[①] 吴晓萍，刘辉武等.西南民族地区易地扶贫搬迁移民的社会适应研究 [M].北京：人民出版社，2021:259.

的其他方面有着显然的差异。这是因为在我国从一个"乡村社会"向"城镇社会"变迁过程中，农村目前仍然有接近 40% 的全国常住人口，但农业在机械化的影响下，已经大量排斥劳动力，加上农业生产本身直接的经济效益非常低，所以青壮年农民也不愿从事农业生产。在此背景下，依靠农村农业早已经无法吸纳农村劳动力，反而是城镇地区利用现代工商业体系可以吸纳部分农业剩余劳动力，这就使得迁入地城镇反而能相对较好地与搬迁户中的劳动力实现经济整合[①]。

二、不同安置规模的社会融入差异

在"十三五"期间，面对搬迁 1628 万的巨量人口规模，我国建设了约 3.5 万个集中安置区，这些集中安置区规模各异，按照迁移的人口规模，基本可以分成特大型安置社区（>1 万人）、大型安置社区（2000—1 万人）、中小型安置社区（100—2000 人）、微型安置社区（<100 人）。

调研发现，规模意味着会产生政治、经济和社会等不同层面的规模效应，不同规模的安置社区往往会带来不同的社会融入表现。

表 4-10：不同规模安置社区的社会融入差异

	特大型安置社区（>1 万人）	大型安置社区（2000—1 万人）	中小型安置社区（100—2000 人）	微型安置社区[②]（<100 人）
经济整合	高	较高	较低	低
社会适应	高	较高	较低	低
文化习得	高	较高	较低	低
数字融入	高	较高	较低	低
心理认同	高	较高	较低	低

表格来源：根据作者调查整理而得。

---

① 搬迁户中的老人并不是统计范围内的劳动力，在此暂不讨论。
② 微型安置社区既可能是村内安置，也可能是城镇安置，在此为了方便，只讨论城镇安置。

（一）特大型城镇安置社区：高

到 2020 年初，我国已建成易地扶贫搬迁集中安置社区 3.9 万个，其中万人以上特大型安置社区近 50 个[①]。

特大型安置社区是指安置社区的规模超过 1 万人。能够达到如此大的规模，意味着存在几个特点：第一，特大型安置社区位于县城或者市域范围内，农村或者乡镇都难有如此大的安置能力；第二，特大型安置社区都是楼房安置模式，平房或者独栋的安置模式无法安置如此大规模的搬迁户；第三，几乎都是无土安置，在如此庞大的安置规模下，迁入地几乎不可能找到足够面积的土地给搬迁户；第四，配套设施非常健全。按照每个搬迁户 6 万元左右的配套搬迁经费计算，搬迁人口多，就意味着安置社区能够分配到的配套建设资金多。同样，安置人口多，通常也意味着会成为本地区的"景观"，所以儿童活动室、老人活动室、妇女之家、篮球场、扶贫车间、菜市场、超市等各种生产生活配套设施和相关公共服务都会比较齐全。

第一，经济整合程度相对高。特大型安置社区对搬迁户的经济整合程度往往都要高于其他几种规模的安置社区，因为特大型安置社区聚集的人口多，能够产生经济上的规模效应，其能够带来的就业渠道相对更多。对特大型安置社区而言，除了常规的迁入地城镇通过当地工商业产业吸纳部分搬迁户外，特大型安置社区自身的规模优势也非常明显。一方面，能够吸引大量劳动力密集型产业到安置社区办厂。随着近年来我国产业升级的开展，东部沿海地区的大量劳动密集型产业已经很难继续在东部沿海地区以低成本招到足够的劳动力，而城镇地区的特大型易地搬迁安置社区就为这些企业提供了新的机会。特大型搬迁安置社区附近没有足够的就业机会，同时很多搬迁户为了照顾孩子读书，会在家中留下一个劳动力进行"陪读"，这些"陪读"的劳动力本身有工作能力，而且因为从事劳动密集型产业属于照顾孩子之外的顺带而为，所以也能够接受低价格。这种"陪读经济"就给了劳动密集型产业发展的机会，但这种产业也只能在大型安置社区和

---

① "十三五"易地扶贫搬迁建设任务基本完成 [N]. 人民日报 ,2020-03-07(001).

超大型安置社区才能稳定存在，毕竟，只有特大型安置社区和大型安置社区才有稳定的低价劳动力供应。这也会让一些简单制造业企业到搬迁安置社区投资建厂，如服装厂、藤椅厂、电子厂等。另一方面，特大型安置社区和大型安置社区也方便通过劳务输出的方式集中介绍青壮年劳动力外出务工。即便是外出务工，中西部地区农民外出务工常规都是通过亲戚朋友介绍，这种方式有好处，但也有不足，那就是会受到亲戚朋友所掌握信息的限制。而为了帮助搬迁户就业，各安置社区所在的地方政府都会努力帮助搬迁户介绍工作，其中就包括介绍劳动力到东部沿海务工，这其中很多都是地方政府之间的互相合作，工作内容和就业环境等相对有保障，但出于组织成本考虑，这些劳务输出的稳定工作点一般也都设置在特大型安置社区。而且因为特大型安置社区都是在县城或者市域范围内，所以在就业收入上一般也会比乡镇要高。

案例4-7：在贵州省的城南安置社区，有易地搬迁群众一万多人，由于搬迁群众多，社区内部就可以自行运转。于是，安置社区中就将安置楼的一楼用作商业门面，这些门面优先低价给搬迁群众创业使用，实现了部分搬迁群众在家门口就业。

在开销方面，特大型安置社区因为位于县城或市域，本身位于城镇社会，距离迁出地农村太远，加上无土安置的情况下，搬迁户的吃穿用等日常生活开支大多只能在城镇市场解决，这必然会增大搬迁户的家庭开支。在搬迁户自身没有足够收入能力，但在城镇生活的刚性开支不断增大的情况下，部分搬迁户也会出现生活上的一些困难。

第二，社会适应程度相对高。特大型安置社区中搬迁户的社会适应程度往往也比较高。这主要是基于规模大所带来的三方面原因：

其一，特大型安置社区规模非常大，安置人口非常多，意味着来自同一个地方的搬迁户数量多。尽管此次易地扶贫搬迁整体上采用的是"零星搬迁"为主的方式，但安置社区的规模大，就意味着来自同一个自然村、行政村或者是同一个乡镇的搬迁户数量相对比较多，这部分搬迁户实际上在迁入安置社区之前多多少少就已经认识，属于"老朋友"，迁入安置社区后可以更方便地开展社会交往。因此，安置社区的规模大，往往也就意味着搬迁户能够保存既有社会网络概率相对大一些。

其二，特大型安置社区规模大，安置人口多，意味着结交"新朋友"的机会更多。搬迁户从农村迁入城镇，他们原本在农村建立的社会关系网络因为空间上的扩大而面临解体，在此背景下，搬迁户就需要在迁入地重建他们的社会网络。但作为迁入地的城镇集中安置社区已经在整体上属于"陌生人社会"，搬迁户之间的社会联系大多只能在"同类群体"中构建，而安置社区的规模越大，就意味着寻找到志同道合的同类群体概率越大，建立新关系网的概率也越大（案例4-8）。

案例4-8：在贵州省南溪安置社区，有易地搬迁人口近万人，搬迁户王姐，四十多岁，其家庭中只有她和女儿，因为她自身有重病，无法从事重体力劳动，而过去她女儿读书，收入低，开销大，所以家里成了贫困户。在2018年从农村搬迁到城镇之后，女儿已经毕业并外出工作，王姐一个人住在安置社区，开始也无人交流，但后来慢慢寻找到一帮同为重病群体的同伴，组成了"病友群"，他们经常互相串门，互相关心病情，从而建立了新的社会支持网络。

其三，特大型安置社区因为安置人口多，其配备的帮扶干部也会以迁出地为主，为搬迁户提供社会支持。特大型安置社区规模大，都是建立在县城或者市域范围内，其搬迁对象大多都是本县域范围内来自各个乡镇的人。尽管搬迁户大多都是来自同一个县域，但在进入安置社区之后，搬迁户会根据不同的乡镇进行重组，因为大部分安置社区在安置过程中都是以乡镇为单位分配安置房，一栋安置楼居住的大多都是来自同一个乡镇的搬迁户。同时，搬迁户进入城镇安置社区之后，在情感上往往会对来自同一个乡镇的帮扶干部更加认可，认为来自同一个乡镇的干部才是真正的"自己人"，也会更愿意对来自同一个乡镇的干部吐露情感。在此背景下，鉴于特大型安置社区中的安置对象比较多，所以地方政府在建设大型安置社区的过程中，通常会从迁出地乡镇安排一些干部来安置社区帮忙做工作，这些来自迁出地乡镇的干部一方面可以帮助搬迁户与迁出地沟通，完成一些工作。另一方面也可以借助自己"同乡人"的身份获取搬迁户的信任，同乡干部在语言上与搬迁户更为接近，同时同乡干部也更熟悉搬迁户所在村庄和地区的情况，和搬迁户之间能够更容易找到共同语言，从而为搬迁户提供情感支持（案例4-9）。

案例4-9：在贵州省花海安置社区，搬迁户都是来自所在县城下属的8个乡镇，为了让这些搬迁户安心入住，安置社区所在的水县让每个乡镇都安排一个本地干部长住安置社区，定期上门走访来自本乡镇的搬迁户。而搬迁户看到自己家乡口音的干部经常走访自己，也会感觉更加安心。

同时，特大型安置社区搬迁人口多，基础设施相对比较健全，所以这些安置社区的各类社区公共活动也会比较多。这里的社区活动包括三部分：

其一，政府相关部门组织的各类活动多。政府部门会在各种国家节假日开展一些活动，如三八妇女节，妇联组织会开展一些妇女类活动。政府部门在开展这些活动的时候需要考虑社会影响和参与人数，为此这些活动大部分都会安排在安置人口较多的特大型易地搬迁安置社区，这样能够参与的人相对较多，活动的影响力自然也比较大。

其二，社会组织、企业等组织的各类活动多。实际上，包括医院、银行、学校等各类社会组织需要定期组织一些"下基层"类的社会活动，如医院组织的"义诊"类活动。这些活动自然也须要考虑交通方便，参与人数较多等因素。因此，这些活动很多也会安排在位于城镇的易地扶贫搬迁特大型安置社区。

其三，社区内部需要组织的活动多。特大型安置社区人数多，其内部民族成分相对复杂，往往都是安置人口越多的搬迁社区，其内部的民族成分越多。而每个民族都有自己的民族节日和民族活动，特大型易地搬迁安置社区中又有一些公共场所，所以在特大型安置社区，少数民族会经常性地举办一些或大或小的民族节日，这也构成了社区公共活动，其他民族也都可以参加。在此背景下，特大型安置社区中就可以组织红歌队、舞蹈队、志愿者队等各种自组织，这些自组织也会根据自己的需求开始各种活动。

由此，随着特大型安置社区中各类社会活动数量的增多，搬迁户参与的机会也会增多。

第三，文化习得程度相对高。特大型安置社区因为规模比较大，所以文化习得程度也会相对高。特大型安置社区中的文化习得包括两方面：

其一，各类社会活动带来的社会学习。搬迁户从农村进入城镇安置社区，本身面临着城乡差异带来的诸多融入门槛。但特大型安置社区因为人口多，各类社会活动都会优先安排到这类社区，所以特大型安置社区中的搬迁户就有了更多机会学习融入迁入地城镇的相关知识。如银行部门会定期到特大型安置社区中宣传识别假币、电信诈骗等相关知识，这些知识的学习都有利于搬迁户融入安置社区。

其二，特大型社区内部对传统文化的保留。特大型安置社区规模大，安置人口多，为了保障搬迁户的稳定，地方政府会修建一些符合搬迁户文化需求的基础设施，用来满足搬迁户的需求。如很多特大型安置社区中都会修建乡愁馆，摆上搬迁户过去在迁出地农村的生产生活用品，或者是修建侗族的风雨楼，修建符合搬迁户民族文化的蜡染场所或红白事场所等，从而在一定程度上保留了搬迁户的文化传统。

案例4-10：在广西壮族自治区平湖安置社区，该社区安置的都是瑶族中的白裤瑶，为解决白裤瑶过去习惯的婚丧嫁娶中摆流水席的文化习惯，平湖安置社区专门修建了一个庞大的文化广场，用于搬迁户在红白事时摆流水席，从而在一定程度上保留了搬迁户的文化习惯。

第四，数字融入程度相对高。与其他规模的易地安置社区相比，特大型安置社区中搬迁户的数字融入也要相对好一些。之所以如此，主要有两方面原因：

其一，特大型安置社区中的学习机会相对更多一些。特大型安置社区中的各种社区、政府或者是社会企业等主体组织的各类社会活动较多，这些社会活动为搬迁户提供了数字学习的机会，有利于提高特大型安置社区中搬迁户的数字融入能力。

其二，特大型安置社区中的社会支持也会相对更多一些。特大型安置社区中安置人员较多，来自同一个迁出地的搬迁户较多，加上各迁出地相应配备的帮扶干部也会比较多，这就让搬迁户在遇到数字融入方面问题的时候能够相对方便地找到其他人帮忙，从而也提高了他们数字融入的能力。

当然，在此说明特大型安置社区的社会融入程度相对较好，只是相对于中小型和微型安置社区而言，并不是说特大型安置社区已经完成了社会融入。实际上，易地搬迁户真正融入迁入地城镇，还有很长的路要走。

第五，心理认同程度相对高。尽管特大型易地扶贫搬迁安置社区都是位于城镇，但整体来看，来自农村的搬迁户心理认同程度相对比较高。当然，此处的心理认同并不是说搬迁户会愿意放弃他们在迁出地农村的"三块地"，会愿意将他们的户籍迁移到安置社区。只是说，相对于其他规模的安置社区，搬迁户对特大型安置社区的心理认可程度会相对高一些。

之所以说搬迁户会相对更加认同特大型易地搬迁安置社区，并不是说搬迁户真正融入了迁入地城镇，而是因为特大型易地搬迁安置社区已经构成了一个"内循环"，所以搬迁户本身并不是"融入城镇社会"，而是"融入安置社区"。特大型安置社区本身规模非常大，人口非常多，加上在国家的高度重视下，给予的各类资源体量也比较大，社区中的各种公共设施配套完善，特大型安置社区内部已经实现了某种"内循环"，很多搬迁户即便不出安置社区也可以有一定的生产生活，这就使得特大型安置社区中的搬迁户很多并不是"社会融入"，而只是"社区融入"。所以特大型安置社区中的搬迁户在安置社区中并不会感觉有太高的融入门槛。

（二）大型城镇安置社区：较高

大型安置社区指的是安置人口规模在 2000 人至 1 万人之间的安置社区。这类安置社区的安置人口也相对较多，所以其配套设施也相对比较健全。但与特大型安置社区相比，大型安置社区的整体配套要略低一些，如特大型安置社区通常会在行政层面建设新的街道，修建新的卫生院、幼儿园、小学和初中，配备新的派出所等。而大型安置社区因为人口规模没有那么大，所以在各类资源配置上会相应地降低等级，如行政层面只是建设新的社区，修建新的幼儿园、小学，中学可能只是扩建，配备的不是卫生院，而是卫生所等。随着易地搬迁安置社区人数的减少，其资源配备自然也相应降低，其社会融入程度也会略低于特大型安置社区。

第一，大型安置社区的经济整合程度较高。大型安置社区因为安置人口较多，所以在配套设施层面基本也都会建设规模比较大的扶贫车间。因为大型安置社区都会配备学校，所以这些大型安置社区都会成为学区房，这也会产生大量"陪读妈妈"。再进一步，这些"陪读妈妈"作为安置社区中的闲散劳动力，在陪伴孩子过程中会有相当多无事干的"垃圾时间"，在大型安置社区规模效应的影响下，大量劳动密集型企业就会到大型搬迁安置社区建厂，这自然就吸纳了部分安置社区中的剩余劳动力，从而实现搬迁户和扶贫车间的"双赢"。

案例 4-11：在广西壮族自治区的多努安置社区，社区安置搬迁人口有 1114 户 5888 人，全都是贫困户。其中白裤瑶占了 94.7%，2017 年完成搬迁。因为是少数民族，且搬迁人口较多，所以，安置社区中组织了刺绣合作社，让在家的妇女做一些民族刺绣，然后集中拿出去售卖，也能一定程度上提高搬迁对象的收入。

案例 4-12：在广西壮族自治区的团结社区，有易地搬迁人口五千多人。因为安置社区中的青壮年群体长期外出务工，很多高龄留守老人在安置社区中存在"吃饭难"的问题。于是，团结社区充分发挥其规模大的优势，在 2022 年创办了"长者食堂"，以只有市场价一半的价格给留守老人供餐，一定程度上解决了留守老人的吃饭问题。

第二，大型安置社区的社会适应程度较高。大型安置社区尽管在配套设施建设层面没有特大型安置社区的规模高，但作为一个大型安置社区，还是会完整配备相关基础设施。同时大型安置社区中来自同一个地方的搬迁户数量也会相对多一些，搬迁户的社会适应也会较好。

案例 4-13：在贵州省的金湖安置社区，这是一个 2019 年建成并投入使用的大型城镇安置社区，有接近八千搬迁群众。地方政府为了让搬迁群众稳定入住，在安置社区中建设了四点半课堂、老年食堂和老年人活动中心，配备了 3 名专业社会工作者、2 名西部志愿者和多名食堂工作人员提供服务，极大解决了搬迁群众"一老一小"的日常照顾问题，实现了搬迁群众的稳定入住。

第三，大型安置社区的文化习得程度较高。大型安置社区同样具备特大型安置社区在文化习得方面的基础，只是配备的规模和标准确实要比特大型安置社区低，所以其文化习得也会略低于特大型安置社区，但整体还是较好。

案例4-14：在广西壮族自治区的河西安置社区，这是一个成立于2018年的县级大型安置社区，安置搬迁人口超过五千人。因为有很多壮族搬迁户，为了让这些壮族群众适应安置社区文化，于是安置社区组建了山歌会，搬迁群众经常一起唱山歌，加深了彼此沟通和联系，提高了搬迁群众对安置社区的归属感。

第四，大型安置社区的数字融入程度较高。大型安置社区在数字学习、数字生活、数字娱乐方面整体和特大型安置社区呈现类似特点，只是在程度上会因为规模效应的缩小而相应地降低。

第五，大型安置社区的心理认同程度较高。大型安置社区尽管在规模上小于特大型安置社区，但其实仍然可以做到社区内部的"内循环"，社区内部仍然可以配套完善的生产生活体系，这就让搬迁户可以通过"融入社区"的方式提高心理认同程度。

（三）中小型城镇安置社区：较低

中小型城镇安置社区指的是规模在100至2000人之间的易地搬迁安置社区。

中小型城镇安置社区存在一些特点：其一，数量多。这个规模的安置社区是我国"十三五"期间安置社区的主体。我国在"十三五"期间一共建立了五千多个城镇安置区，约安置五百多万人，相当于每个城镇安置区安置一千人左右，这正是一个中小型城镇安置社区的规模。由此，中小型城镇安置社区的数量相对最多。其二，有一定的配套设施。为易地搬迁对象提供应有的生产生活配套是易地搬迁的政策要求，也是扶贫的必然之举。

所以当搬迁户的人口达到上千人，地方就必须通过新建幼儿园等方式进行必要的生产生活配套，中小型安置社区尽管规模不太大，但也可以达到上千人，也就需要新建应有的配套设施，至少也是扩建迁入地既有的配套设施。其三，安置类型多样。中小型安置社区作为数量最多的一类安置社区，其本身规模跨度也较大，所以在安置房屋类型上各地也并不相同，既有低矮步梯楼房，也有中高层的电梯楼房；既有独栋房屋，也有普通平房；既有新建社区，也有市场回购来的商品房等。

第一，中小型安置社区的经济整合程度较低。中小型安置社区人口规模在 100 至 2000 人，也就是搬迁户数在 50 至 500 户左右，通常情况下，搬迁家庭中的青壮年群体都会到东部沿海地区务工，剩下的老人、孩子和部分妇女留在安置社区，这样，留在安置社区的"陪读妈妈"群体大概只有几十人到一两百人左右，这个规模尽管也能够吸引到一些劳动密集型产业，如微型家庭作坊式的企业，但所能够吸纳的劳动力非常有限。

第二，中小型安置社区的社会适应能力较低。中小型安置社区因为规模相对比较小，其内部来自同一个自然村的搬迁户数量往往比较少，同时社区内部同一类型的搬迁户数量也不多，这就使得搬迁户在安置社区内部想要建立社会关系变得困难。

第三，中小型安置社区的文化习得较低。中小型安置社区规模相对较小，无论是社区内部组织的各类活动还是外部企业开展的社会活动都相对比较少，这也限制了搬迁户学习迁入地文化。

第四，中小型安置社区的数字融入较低。中小型安置社区位于城镇，也需要按照城镇的方式提高自己的数字技术能力，但中小型安置社区本身规模比较小，所以数字学习渠道相对比较少，而且想要寻找社会支持来解决数字技术应用中的问题，相对大型安置社区而言也不方便。

第五，中小型安置社区的心理认同程度较低。中小型安置社区与大型安置社区相比，在经济整合、社会适应、数字融入、文化习得等方面都存在一些不足，即便是小部分人数较多的中型安置社区可以形成小的社区"内循环"，但内部设施完善程度也比不上大型安置社区，所以其心理认同上会比大型安置社区低一些。

（四）微型城镇安置社区：低

微型安置社区指的是安置规模在一百人以下的易地搬迁安置社区。在现实层面，绝大部分微型安置社区都位于农村，是村内安置社区，但在我国城乡二元体制影响下，村内安置和城镇安置之间的社会融入存在非常大的差异，且因为只有城镇安置社区中才存在比较明显的社会融入问题，所以在此将只研究在城镇的微型安置社区。

微型城镇安置社区的特点包括：其一，周边社区代管。微型安置社区因为规模太小，不能和其他规模安置社区一样建立新的居委会或街道，只能通过周边社区居委会代管的方式来进行治理；其二，所在社区与基础设施配套有一定距离。按照搬迁政策规定，搬迁安置社区必须要有相应的配套，但微型安置社区因为规模太小，不可能单独为微型安置社区建新的配套，一般都是利用既有的配套设施，但既有的配套设施通常都会距离新的安置社区有一定距离。

第一，经济整合程度低。微型安置社区因为安置人口少，规模小，所以其能够配套的资源量就比较少，同时因为安置社区中能够留下的劳动力数量少，劳动密集型产业大多也不愿在微型安置社区建厂。如在一个只有几十个人的微型安置社区，地方政府很难有足够场地建设扶贫车间，而没有扶贫车间，自然也就不能通过提供优惠政策进行招商引资。而且微型安置社区也无法就近配套学校等教育资源，这样在搬迁人口本就不多的安置社区中，很难留下剩余劳动力。在此背景下，既没有廉价劳动力可以提供，也没有便宜的扶贫车间，劳动密集型产业自然也不愿意去，这反过来也就造成搬迁户无法在社区内完成就业。

此外，还存在一个问题，那就是在大型的易地搬迁安置社区中，都会设立很多公益性岗位，这些岗位通过政府购买服务的方式解决了很多搬迁户的就业问题，公益性岗位尽管收入低，但本身工作量不重，主要是从事安置社区的保安和保洁这类工作。但微型安置社区本身规模太小，很难专门为一个微型安置社区配备保安和保洁，这也就导致难以设立较多的公益性岗位，搬迁户也因此丧失了一个就业途径。

第二，社会适应程度低。微型安置社区因为规模小，搬迁户的社会适应程度往往也比较低。

一方面，微型安置社区内部的关系网难以建立。微型安置社区因为安置的人员太少，并且大多也都是来自不同迁出地农村的零星搬迁户，因此迁入微型安置社区的搬迁户原本就互不认识。同时，因为搬迁人数少，搬迁户要在其中找到志同道合，能够聊天的同伴的难度也相应增大。

另一方面，微型安置社区内部的社区活动参与比较少。微型安置社区人数太少，导致配套的基础设施规格难以太高，这就让很多社区活动即便想要在微型安置社区举办也不具备条件。如政府部门要在易地搬迁安置社区举办一个厨师技能培训，要求安置社区必须有足够多的搬迁户愿意进行这方面的学习，同时还要求安置社区必须有足够面积的上课场所，但这两个基本条件在微型安置社区都无法满足。而如果将这些活动放到其他的大型安置社区，微型安置社区的搬迁户每天来回参加这些活动又面临路途远的问题。在此背景下，微型安置社区组织的活动减少，其中的搬迁户能够参加的各类社区活动自然也大大减少。

第三，文化习得程度低。微型安置社区受制于其规模限制，在资源有限的条件下，为了提高资源的利用效率，无论是政府部门还是社会企业都会优先将资源投放到大型或者特大型安置社区，这也就影响了微型安置社区的文化习得。

微型安置社区尽管规模小，但其位于城镇，所以同样要遵守城镇的社会规则。微型安置社区中人数较少，其内部既无法建立包括红白事场所等在内的足够的现代文化设施，又无法开展足够的社区活动为搬迁户提供学习的机会。因此微型安置社区中的搬迁户主要是通过自己和家庭来完成迁入地城镇的文化习得，而搬迁户往往自身既缺少学习的能力，又缺少学习的场所，也就导致微型城镇安置社区中搬迁户的文化习得程度比较低。

第四，数字融入程度低。微型安置社区同样位于市场社会的城镇，迁入地城镇作为一个数字化程度远高于迁出地农村的地方，其自然给搬迁户带来了压力，但微型城镇安置社区缺少数字学习的机会，所以数字融入程度会比较低。

与其他规模的城镇安置社区相比，微型城镇安置社区最主要的问题就是规模太小，且无法提供足够的活动空间，所以各类与数字学习相关的活动很难在微型城镇安置社区开展，这自然影响了搬迁户的数字融入能力。

同时，微型安置社区因为没有以自己为主的社区居委会，只能接受其他社区居委会的管理，这就造成微型安置社区的搬迁户要寻求支持和帮助时需要自己主动找社区居委会，社区居委会很难有足够力量专门上门处理微型安置社区搬迁户的大量琐事。而且，这些社区居委会因为并不是以服务搬迁户为主，所以搬迁户需要的很多专项服务都无法有效提供，如数字学习的需求等。

第五，心理认同程度低。城镇微型安置社区规模小，人口少，所以其也无法形成"内循环"。因此对从农村来的搬迁户而言，微型安置社区规模太小，无法对这些搬迁户形成有效的保护，搬迁户无法借助安置社区的各种保姆式照顾而"融入社区"，必须与安置社区外部的城镇原住民发生联系，只能是一步到位地融入迁入地的城镇社会。但对于借助国家政策才实现进城的搬迁户来说，他们短期内确实很难完全融入迁入地城镇，所以面对缺少缓冲，要直接融入迁入地城镇的微型安置社区，搬迁户的心理认同程度也就比较低。

综上，不同规模的城镇安置社区存在社会融入上的差异，主要是因为规模优势，规模优势会给城镇安置社区带来多方面的影响：

一是规模越大，其所能带动的资源投入越大。尽管"十三五"期间的易地扶贫搬迁属于自愿搬迁，但此次搬迁也是政府动员和组织，政府在其中起到了非常重大的作用。研究也发现，政府有关移民的一些优惠政策对移民的经济适应有促进作用。[①] 如，政府的就业扶持对扶贫移民的生计资

---

① 骆桂花.三江源生态移民安置与后续产业发展的社会调查 [J].青海民族学院学报,2009,35(02):81-86.

本会产生显著影响。[1][2] 这里的资源投入来自两个部分：一部分是搬迁户自身所带来的资源投入，按照"十三五"期间的易地搬迁政策要求，每个搬迁户都带有6万元左右的配套经费，这个经费放在每个搬迁户身上看起来不多，但当达到一定人数规模时，就可以"集中力量办大事"；另一部分是政府的持续投入。"十三五"期间，脱贫攻坚已经成为一个重要的政治任务，易地扶贫搬迁是脱贫攻坚的重要组成部分，而城镇的大型安置社区往往成了各级领导检查的重点地区，为了将这些安置社区打造成宣传的"景观"，各级政府自然也会不断增加大型安置社区的资源投入。研究发现，"移民越是感受到安置点政府的关心，其适应的状况越好。[3]"马德峰对外迁水库移民研究后发现，政府的关心对解决移民的经济困难非常重要。[4] 同时，因为有了规模，迁出地政府也就可以在配备人员提供服务方面具有成本优势。调研发现，很多大的迁入地城镇集中安置社区都会安排专门的迁出地干部上门扶持，"扶上马，再送一程"，对搬迁户来说，来自家乡的干部会让他们在进入迁入地城镇安置社区之后感受到一些熟悉的社会支持，在心理上会感觉更加亲近，沟通成本也更低，其适应起来也会相对容易一些。

二是有了规模，大型安置社区可以实现"内循环"。大型安置社区的规模足够大，安置社区的搬迁户就可以在安置社区内部完成生产生活，从而减少对安置社区外部城镇社会的需要，这样就将"融入社会"变成了"融入社区"，从而降低了搬迁户的融入难度。

三是有了规模，安置社区内部就可能自发性地出现"积极分子"。我国城镇社区层面采用的是"社区自治"制度，尤其是在城镇易地搬迁安置社区，作为一个从无到有新建的城镇安置社区，搬迁户之间非常陌生，此时

① 吴晓萍,刘辉武等.西南民族地区易地扶贫搬迁移民的社会适应研究[M].北京:人民出版社,2021:108.

② 王沛沛.后期扶持对水库移民生计资本的影响[J].生态经济,2015,31(05):170-174.

③ 风笑天."落地生根"?——三峡农村移民的社会适应[J].社会学研究,2004(05):19-27.

④ 马德峰.我国水库外迁移民社区经济适应研究——以大丰市三峡移民安置点为个案[J].广西社会科学,2005(11):164-166.

就需要有"积极分子"出面帮忙开展一些协调活动。而安置社区"积极分子"的出现与安置社区的规模关系非常密切，只有当安置社区人数足够多的时候，内部自发产生"积极分子"的可能性才会更高，而社区积极分子在社区治理方面往往能起到巨大的积极作用。

第五章：迁出地视角下的社会融入差异

"十三五"期间，我国在短短 5 年内完成了 1628 万人的易地扶贫搬迁，这些搬迁户来自全国 22 个省（区、市）约 1400 个县（市、区）。尽管这些搬迁户都来自农村，但他们的迁出地也分为多种不同的类型。简单地看，既可以根据迁出地的生产方式，又可以根据迁出地的地理地形等进行划分，不同的划分模式则会产生不同的社会融入情况。

一、不同迁出地生产方式的社会融入差异

易地搬迁户在迁入城镇安置社区之前，都有长期在迁出地农村生产生活的经历。因此，迁出地农村的经历会深深地影响搬迁户到迁入地城镇之后的社会融入。

风笑天早期对三峡移民的研究也发现，不同搬迁方式对移民的社会适应影响非常明显，但移民搬迁经过一段时间以后，生产劳动方面的差别以及生活习俗上的"细微差别"就会逐渐成为更重要的影响因素。[1]

生产方式的分类有很多种，其中农耕区和牧业区是最主要的分类方式。农耕区指的是迁出地农村是以从事农业生产为主的地区。牧业区则指的是迁出地农村是以从事放牧、养殖等畜牧业为主的地区。

调研发现，从农耕区迁出的搬迁户在迁入地城镇的社会融入要高于牧

---

① 风笑天."落地生根"?——三峡农村移民的社会适应 [J]. 社会学研究 ,2004(05):19-27.

业区。

表 5-1：不同迁出地生产方式的社会融入差异

	农耕区	牧业区
经济整合	高	低
社会适应	高	低
文化习得	高	低
数字融入	高	低
心理认同	高	低

表格来源：根据作者调查整理而得。

（一）经济整合：农耕区高于牧业区

农耕区的搬迁户在搬迁之前，主要从事农业生产。但一方面，农耕区的居民通过进城务工早已部分融入城镇经济体系。农耕区的居民因为耕地面积相对较少，在我国"人均一亩三分，户均不过十亩"的土地规模结构下，农耕区的居民仅仅依靠务农难以满足家庭发展的需要，所以，农耕区的居民需要进城务工，或至少从事一些小规模工商业作为副业。当前，农耕区的居民家庭已经事实上形成了"半工半耕"的经济结构①。在这种结构下，也就意味着大量农耕区的农民尽管户籍在农村，但实际上人长期在城镇务工。即便是生活在自然条件相对恶劣地区的搬迁户其实也有相当多的农民长期到城镇务工，所以身处农耕区的搬迁户本身与城镇接触非常多，甚至农村青壮年在长期的城镇务工中已经实际上融入了城镇经济体系。另一方面，农耕区的搬迁户在搬迁之前也通过频繁的经济往来完成了与城镇经济体系的深度联系。尽管农民凭借土地，可以实现某种程度上的半自给自足，但那主要是日常生存层面，农耕区人口密集，其日常的吃穿住用行等都存在大量的市场行为，甚至也需要通过城镇的集镇解决大量的家庭所

---

① 刘升.家庭结构视角下的"半工半耕"及其功能[J].北京社会科学,2015(03):75-81.

需。而牧业区面积相对较大，人口分布松散，这就使得日常的经济活动并不密集，对城镇经济市场的需求也低于农耕区。因此，农耕区的搬迁户进入城镇安置社区之后，因为对城镇经济市场的接触时间较长，其融入程度自然也相对较高。

牧业区相对地广人稀，畜牧本身的经济价值也比较高，所以，从事畜牧业的搬迁户即便是成为贫困户，家庭中也很难有多余的劳动力安排进城务工。马宝龙、石德生等对三江源生态移民的适应研究发现，移民生计适应困难的原因在于三江源地区移民是来自高寒、高山草场的藏族牧民，他们只能从事单一的、以游牧为主导的草原畜牧业工作，搬迁后他们没有从事二、三产业的劳动技能。[1][2]鲁顺元的调研也发现，一些牧区移民在迁出地的时候往往因为放牧而比较忙，到迁入地之后却出现了无事可做的情况，精神压力大。[3]同时，牧业区面积广阔，一般的牧民家庭距离城镇的空间距离比较远，这都让牧民进城务工的难度增加。由此，当牧业区的牧民通过易地搬迁政策进城之后，他们因为之前相对农耕区较少接触城镇的经济体系，所以融入程度会相对较低。

（二）社会适应：农耕区高于牧业区

农耕区的人口相对密集。农耕区主要是在我国降雨相对充足、地形相对平坦的地方。我国传统农业生产采用的都是小农精耕细作的方式，每个家庭耕作面积都比较少，由此农耕区的人口密集程度高。这种人口的高度密集就带来了人员的社会交往需要。同时，农耕区在空间上往往距离城镇距离非常近，集镇本身也是农耕区居民交流的重要场所，这些场所都锻炼了农耕区搬迁户的社会交往和社会适应能力，让他们在进入迁入地城镇之

---

① 马宝龙. 困境与对策：三江源区藏族生态移民适应性研究——以果洛州扎陵湖乡移民为例 [J]. 甘肃联合大学学报（社会科学版）,2007(03):13-15.

② 石德生. 三江源生态移民的生活状况与社会适应——以格尔木市长江源生态移民点为例 [J]. 西藏研究,2008(04):93-103.

③ 鲁顺元. 三江源区生态移民社会适应问题的调查与思考 [J]. 青海师范大学学报（哲学社会科学版）,2009(05):10-17.

后能够相对较快地适应。

而牧业区主要集中在西北半干旱或一些海拔相对较高的地区，需要较大的牧场用来放牧或养殖，所以牧业区的人口相对分散，这就让牧民不但距城镇的空间距离比较远，也让彼此之间的日常接触相对低于农耕区，且牧区的社会组织形式往往区别于农耕区。更主要的是，相对于农耕区的稳定，牧业区则需要不定期地迁移牧场。而稳定的农耕区可以连接水电路讯等现代基础设施，通过这些现代基础设施，农耕区很早就接触到城镇中的现代生活方式，并通过电视等学习到城镇中的现代文化。但牧业区因为需要经常性流动，加上牧业区移动的范围比较大，都导致他们互相之间的联系较少。且牧业区的基础设施也不如农耕区基础设施那么完善，牧民接触城镇现代生活方式的渠道自然也就比较少，这都让牧民在进入城镇集中安置社区之后，很难在短期内快速习惯城镇的生产生活方式。牧业区搬迁户的社会交往能力低于农耕区，在进入迁入地城镇之后的社会适应也会相对较慢。

（三）文化习得：农耕区高于牧业区

尽管农耕区的城乡之间在文化上也存在较大差异，但一方面，城镇现代工商业文化习惯基本是以农耕区文化为底色发展起来，属于一脉相承，所以文化差异整体上要比牧业区的小。另一方面，农耕区在空间上距离城镇往往更近，日常接触更多，这构成了农耕区搬迁户文化习得的先天优势。

相对而言，牧业区与迁入地城镇的文化差异则明显更大。牧业区人口规模少，集中程度低，且从事畜牧业的搬迁户大多都是少数民族，其形成的婚丧节日仪式、卫生习惯、人情交往、价值观念、休闲娱乐等文化形态也明显区别于农耕区。如杨萍等对三江源移民研究发现，很多移民汉语水平不高，多数移民只懂藏语，给移民的后续社会融入带来了困难。[①] 且来自牧业区的搬迁户本身日常与迁入地城镇的接触比较少，文化习得自然也

---

① 杨萍, 张海峰, 高丽文等. 三江源区生态移民适应问题研究 [J]. 青海环境, 2013,23(02): 73-75+89.

比较慢。

所以，在农耕区的搬迁户搬迁进城镇安置社区之后，其文化习得程度往往更高。

（四）数字融入：农耕区高于牧业区

数字融入的前提是数字社会的数字应用。相对于地广人稀，日常以畜牧为主的牧业区，人口密集的农耕区本身市场行为更加发达，其数字场景的应用也更加多样，所以农耕区搬迁户对数字生活、数字学习和数字娱乐等应用也会高于牧业区。

这也让农耕区的搬迁户在进入迁入地城镇安置社区后的数字融入程度更高。

（五）心理认同：农耕区高于牧业区

相对于牧业区的搬迁户，农耕区的搬迁户因为距离城镇的空间距离更近，加上日常生活中与城镇的接触也更多，所以本身对城镇社会的了解程度更高，由此在心理认同上也就更高。

牧业区的搬迁户往往接触城镇机会较少，而且已经习惯了围绕牧业的生产生活方式也都让来自牧业区的搬迁户在一个相当长的时间中都难以真正适应迁入地城镇，所以其心理认同往往也比较低。索端智对三江源的生态移民调查发现，一些移民离开迁出地草原来到迁入地后由于不适应而出现了心理问题。[①]

总之，搬迁对象的社会融入是一个长期过程，真正融入相对较好的搬迁对象，在搬迁之前就已经广泛地接触了迁入地城镇的生产生活方式。农耕区和牧业区本就拥有差异较大的生产生活体系，相对来说，城镇的工商业体系与两者又都不同。但农耕区在空间上距离城镇更近，早已形成了"半工半耕"的经济结构，也熟悉了城镇的生产生活方式。由此，农耕区的

---

① 索端智.三江源生态移民的城镇化安置及其适应性研究[J].青海民族学院学报,2009,35(02):75-80.

搬迁户对融入迁入地城镇有一定的先天优势。

二、不同迁出地地形的社会融入差异

地理地形结构与人们的生产生活密切相关，不同的地理地形结构往往会带来完全不同的生产生活方式。

"十三五"期间，我国易地扶贫搬迁人口主要是来自"一方水土养不起一方人"的自然条件恶劣的地区，这些地区大部分都位于山区。如2011年12月6日，由国务院新闻办发布的《中国农村扶贫开发纲要（2011—2020年)》第十条明确指出：国家将六盘山区、秦巴山区、武陵山区、乌蒙山区、滇桂黔石漠化区、滇西边境山区、大兴安岭南麓山区、燕山—太行山区、吕梁山区、大别山区、罗霄山区等区域的连片特困地区和已明确实施特殊政策的西藏、四省藏区、新疆南疆四地州作为扶贫攻坚主战场。在作为扶贫主战场的14个集中连片特困地区中，大部分都是山区。可见，山区已成为影响搬迁对象的重要地理形态。

山区地形可划分为山顶、山腰和山脚。调研发现，不同地形部位的搬迁户在进入迁入地城镇之后其社会融入有所差异。

表 5-2：不同迁出地地形的社会融入差异

	山脚	山腰	山顶
经济整合	高	中	低
社会适应	高	中	低
文化习得	高	中	低
数字融入	高	中	低
心理认同	高	中	低

表格来源：根据作者调查整理而得。

（一）经济整合：山脚最高，山顶最低

在山区中，山顶、山腰和山脚不只是空间位置和地形的差异，其背后

更是生产条件和经济模式的不同，这些不同将直接影响到搬迁对象在迁入地城镇的经济整合。

山脚在空间上的特点让其具有明显的经济整合优势。一方面，山脚的农业生产与城镇紧密相连。相对于山顶和山腰，山脚的地形平坦，发展空间大，其可以与周边的平原地区连成片，因此耕地资源较多，水源便利，农业生产相对方便，产出多，对城镇市场的需求更旺盛。同时，我国中西部城镇也以服务周围农业生产为主，本身就带有集镇的性质，这就造成了城镇与山脚村庄的双向需求。另一方面，山脚村庄与城镇的劳动力流动也非常紧密。山脚相对地形平整，距离城镇的距离相对较近，交通相对便利，这都让居住在山脚的搬迁户与城镇市场的交往和接触更多。此时，山脚由于空间上更加接近城镇，其成为附近城镇生产生活体系的一部分。即便是中西部那些已经以现代工商业为主的农业型城镇，城镇本身也不可能完全独立，其也要和周边的农村互相配合。周边农村提供各种农产品等原材料，城镇提供农产品的加工和市场交换等，同时城镇往往还是周边农村的集镇，周边村庄都是以城镇为中心分布，城乡之间的联系比较紧密。所以山脚地带的农村就与同样位于山下的城镇构成了同一个经济体系。并且，山脚交通相对便利，国家基础设施和公共服务的提供成本也会相对比较低，这有助于山脚的搬迁户提高学习能力和整体生计能力。

山顶受地形限制，往往成了一个相对独立的经济体系，从而影响到后续的社会融入。一方面，相对于山脚等位置，山顶部位多是山林地带，地块细碎，土层薄，土地肥力低，且水利设施不便，这都造成山顶生产难度大，农业产量低。相较于山脚等位置可以进行一些商品交换，山顶则因为农业产量较少，仅能勉强实现一定程度的自给自足，对市场的需求相对较低。另一方面，山顶交通不便，与山下城镇的接触比较少，外出务工的机会也比较少。在此背景下，山顶搬迁户所在的村落往往就会成为一个相对封闭和独立的经济体系，这自然限制了山顶搬迁户搬迁后在迁入地城镇的经济整合。

山腰则是一个处于山顶和山脚的中间位置，其在搬迁之前与迁入地城镇的经济联系强于山顶，弱于山脚，所以搬迁后在迁入地城镇的经济整合也是处于中间位置。

（二）社会适应：山脚最高，山顶最低

地形不仅影响当地群众的生产，同样也会对有此生活经历的搬迁户的生活造成影响。

山脚搬迁户对迁入地城镇的社会适应程度比较高。一方面，山脚搬迁户自身对迁入地城镇的社会规则熟悉程度高。城镇因规模较大，都是建立在相对平整的地方。山脚的搬迁户距离城镇较近，加上交通相对方便，所以会更多地出入城镇，在此过程中，山脚居民本身对迁入地城镇的熟悉程度会更高。另一方面，山脚搬迁户在迁入地城镇得到的社会支持更多。随着山脚居民"半工半耕"家庭经济结构的确定，山脚居民借助外出务工，他们的经济收入会比难以参与务工的山腰和山顶居民更高，部分山脚先富裕起来的农民已经通过自己的努力实现了进城，这都可以让山脚的搬迁户在进入迁入地城镇之后能够更快地完成社会适应，并建立在城镇的社会支持网络。

山顶搬迁户对迁入地城镇的社会适应则明显最低。一方面，山顶搬迁户自身对迁入地城镇的社会规则熟悉程度较低。山顶在空间上距离山下的城镇较远，日常与山下城镇的接触较少。另一方面，山顶搬迁户在迁入地城镇可利用的社会资本较少。山顶交通不便，山顶的农民只能以农业生产为主要生活来源，而山顶的农业生产条件往往又因地形影响而较差，这就导致山顶居民自身大多没有能力进城。因此，当山顶的贫困户借助国家政策进城的时候，他们自身适应城镇生活的能力比较低，同时在城镇也没有可以利用的社会关系。

案例5-1：在贵州三都水族自治县，当地居民在历史上形成了比较明显的居住格局：汉族住山脚，水族住山腰，苗族住山顶。在"十三五"易地搬迁期间，按照评定结果，山顶苗族相对最为贫困，相对搬迁数量最多，山腰的水族其次，山脚的汉族则相对贫困户数量最少。但在实际的搬迁过程中，居

住在山顶的贫困户自愿放弃搬迁的数量最多，因为山顶贫困户尽管经济上非常贫困，但他们内部社会已经在长期的历史过程中自成一体，同时也与山下的城镇生产生活方式区别比较大，他们担心进入城镇安置社区之后会不适应，所以很多主动放弃搬迁。

山腰同样是位于山顶和山脚中间位置的部分，这种空间结构和其产生的地形结构都让长期居住在此的搬迁户社会适应能力处于中间水平。

（三）文化习得：山脚最高，山顶最低

山脚搬迁户在进入迁入地城镇后的文化习得程度更高。一方面，山脚搬迁户自身学习能力强。山脚村庄交通便利，国家在提供教育、医疗、文化等公共基础设施方面更充分，这也让山脚农村的教育水平通常高于山顶和山腰等地方。在较高的教育水平影响下，山脚搬迁户的文化学习能力也普遍高于山顶和山腰的搬迁户。另一方面，山脚搬迁户本身对城镇文化的学习机会多。山脚距离同样位于山下的城镇距离近，交通也相对方便，山脚搬迁户日常与城镇的接触多于山顶和山腰的搬迁户。而在这些日常接触中，山脚搬迁户就已经完成了对城镇文化习惯的学习。

而交通条件和自然地理条件相对最差的山顶搬迁户则完全相反，既没有好的教育条件作为自身学习基础，也没有日常频繁接触迁入地城镇文化的外部条件，所以山顶搬迁户对迁入地城镇的文化习得程度自然也低。

（四）数字融入：山脚最高，山顶最低

数字融入来源于当前的数字社会，其背后也是城镇社会中经济和技术条件的快速发展。

山脚村庄距离迁入地城镇社会在地理空间上更近，交通也相对便利，与城镇接触多。一方面，山脚村庄的经济基础相对较好。山脚村庄本身地形比较平整，水利灌溉条件相对会更好，交通便利，这就让山脚村庄的农业生产更好，同时山脚居民可以更方便地进城务工。因此，山脚居民的经济条件相对更好。另一方面，山脚村庄的技术条件也会更好。山脚村庄地

形平整，水电路讯等基础设施的建设更早更全面。故而山脚村庄可以更方便地接触和使用数字技术，为他们进入迁入地城镇社会后的数字融入打下了良好基础。

山顶则相反，山顶村庄受制于其恶劣的自然环境，既缺少数字技术应用的经济基础，也缺少提供数字技术的平台基础，甚至很多山顶搬迁户因为文化水平太低，而缺少学习数字平台的文化基础。如在"十三五"脱贫攻坚之前，仍然还存在部分山顶自然条件恶劣的村庄没办法稳定供电。这都让山顶搬迁户在迁入城镇安置社区后的数字融入程度相对更低。

（五）心理认同：山脚最高，山顶最低

相对于山顶和山腰的搬迁户，山脚的搬迁户因为在日常的生产生活中经常会与城镇社会接触，在频繁的日常接触中对城镇的熟悉和接受程度都更高，所以其心理认同也会更高。

山顶搬迁户对迁入地城镇的心理认同程度往往比较低。一方面，作为搬迁户自身对迁入地城镇的心理认同较低。尽管迁入地城镇的水电路讯等基础设施和教育、医疗等公共服务都远远好于山顶的迁出地农村，但因为山顶搬迁户较少与城镇接触，对城镇社会的生产生活体系融入难度相对较高，出现的不适应也更多，这都造成山顶搬迁户对迁入地城镇的心理认同往往较低。另一方面，迁出地农村对搬迁户的心理认同也会产生影响。调研发现，来自山顶迁出地的搬迁户在融入过程中会受到未搬迁农户的影响。山顶村庄受到地形影响，规模往往较小，自然条件恶劣，农业生产更差，这就让居住在山顶的农民为了生存，就必须发展出强大的社会互助体系，且因为山顶交通尤为不便，山顶农民外出和外部人员进入都不方便，所以居住在山顶的农民在长期的共同生产生活中，已形成了内部强有力的社会互助体系，并且基本能够"内循环"。比如，即便是现在，随着国家的扶贫搬迁，山顶的道路等基础设施已经健全，山下的建筑队可以非常容易地进入山顶村庄，但山顶农民在日常盖房子、红白事过程中仍然喜欢采用村民互助的方式完成。客观地说，这种山顶农民"内循环"的生产生活体系在

交通不便的时期确实起到了巨大的帮助作用，但当山顶搬迁户进入城镇安置社区后，这种山顶村民之间互帮互助的"内循环"反而会影响到搬迁户群体在城镇的融入。因为随着部分山顶村民借助国家政策迁走，造成留下的村民日常生活中互助难以开展，由此会出现未搬迁农户对搬迁户的"污名化"，这也会影响到山顶搬迁户对迁入地城镇的心理认同。

山腰的搬迁户因为处于一个山顶和山脚的中间状态，所以其对迁入地城镇的心理认同往往也处于一个中间状态。

综上，山脚、山腰、山顶这些不同空间意味着不同的地理环境，而不同的地理环境则意味着不同的生计方式和村落社会组织形式。山脚搬迁户在空间上更靠近城镇，在地形上更适合产业发展和人口集聚，在经济上发展条件更好，在水电路讯等公共基础设施和教育、医疗、文化等公共服务方面更健全……在这些结构性条件的保障下，山脚搬迁户在融入迁入地城镇过程中具有了先天优势。而山顶搬迁户受制于地形限制，与外部沟通较少，在经济、教育、文化等方面都比较欠缺。所以，山顶搬迁户往往是"空间贫困陷阱"的主要影响对象，也是易地搬迁扶贫最要紧的对象。同时，山顶搬迁户进入迁入地城镇后，一切都是从零开始，且只能依靠自己有限的力量，所以，其社会融入程度相对山脚和山腰而言最低。

第六章：搬迁安置方式视角下的社会融入差异

易地扶贫搬迁，是脱贫攻坚"五个一批"中的重要一批、"当头炮"和关键一仗。李克强总理曾指出，推进易地扶贫搬迁是最彻底、最有效的脱贫途径。

"十三五"期间，我国易地扶贫搬迁不仅搬迁人数多，同时搬迁涉及的范围广。在"以县为主"的搬迁过程中，出现了众多差异性的搬迁和安置方式，而这些差异可能会对搬迁对象后续的社会融入产生影响。金梅、申云对云南怒江州易地搬迁移民的研究也发现，易地搬迁总体上有利于提升农户生计资本，但同时不同安置方式对农户的生计资本也会产生不同影响。①

一、不同搬迁方式的社会融入差异

"十三五"期间，我国将易地扶贫搬迁作为脱贫攻坚的重要方式之一。在此期间，易地扶贫搬迁主要是以搬迁建档立卡贫困户为主，但这既不意味着只搬迁贫困户，也不意味着要搬迁所有贫困户。

根据搬迁方式的不同，此次易地扶贫搬迁中出现了"零星搬迁"和"整村搬迁"（也被称为"整寨搬迁"）两种方式：一方面，易地扶贫搬迁只是"十三五"期间脱贫攻坚的方式之一，且易地扶贫搬迁是自愿搬迁，所以，

---

① 金梅，申云. 易地扶贫搬迁模式与农户生计资本变动——基于准实验的政策评估 [J]. 广东财经大学学报 ,2017,32(05):70-81.

此次易地扶贫搬迁主要是针对贫困户的"零星搬迁"方式。"零星搬迁"针对的是建档立卡贫困户的搬迁，所以只是将村庄中零散的建档立卡贫困户搬迁到城镇安置社区。

另一方面，为了彻底解决"一方水土养不起一方人"这样的区域性集中贫困问题，此次搬迁中还存在规模不小的"整村搬迁"方式。"整村搬迁"不同于"零星搬迁"，"整村搬迁"是以自然村为单位，各个省份的具体搬迁条件略微有一些差异。其中贵州省的要求是对"50户以下、贫困发生率在50%以上"的自然村寨优先实施整村搬迁。实际上，"整村搬迁"也并非全村人都要搬迁，因为总有部分不符合易地搬迁政策的村民即便是住在实施整村搬迁的村庄，也不能享受易地搬迁政策，如家中有商品房，有经营性车辆、有营业执照、有体制内的工作人员等。

在我国"十三五"时期易地扶贫搬迁对象中，自然村的整村搬迁约565万人，占34.7%；零星搬迁约1063万人，占65.3%。[①]可见，两者占据的比例都非常大。

相对于零星搬迁，整村搬迁对迁出地农村的影响更大，这同时也会影响到搬迁对象在迁入地城镇社区的社会融入。调研发现，整体上，整村搬迁的搬迁户在迁入地城镇社区的社会融入程度要高于零星搬迁的搬迁户。

表 6-1：不同搬迁方式的社会融入差异

	整村搬迁	零星搬迁
经济整合	高	低
社会适应	高	低
文化习得	高	低
数字融入	高	低
心理认同	高	低

表格来源：根据作者调查整理而得。

[①] 国家发展改革委.全国"十三五"易地扶贫搬迁规划［EB/OL］.[2016-09].https://www.gov.cn/xinwen/2016-10/31/5126509/files/86e8eb65acf44596bf21b2747aec6b48.pdf.

（一）经济整合：整村搬迁高于零星搬迁

之所以整村搬迁的社会融入高于零星搬迁，主要是基于两方面原因：一方面，整村搬迁方式下搬迁对象的融入意愿高于零星搬迁。整村搬迁下的搬迁对象在进入迁入地城镇安置社区之后，因为迁出地村庄已经基本没有人了，这就意味着整村搬迁的搬迁户已经没有"返村"的退路。所以，搬迁对象必须想办法融入迁入地的经济。

另一方面，整村搬迁方式下搬迁对象可以依靠的社会力量较多。相对于零星搬迁的"单打独斗"，整村搬迁下的搬迁户在迁入地城镇并不孤独，他们可以通过在迁出地村庄中建构的关系网络一起寻找就业机会，互相介绍工作（案例6-1）。

案例6-1：贵州省欣欣安置社区由于规模大，集中了大量整村搬迁的搬迁户。整村搬迁后，搬迁的一个村民过去曾经当过村干部，有一定的组织能力，在看到进入安置社区后很多村民没有找到合适的就业机会，于是他就利用自己的社会关系，将搬迁的村民组织起来，组建了一支小的工程队，规模为20多人，平时就在安置社区周围承接一些小的建筑工程，解决了很多同村搬迁户的就业问题。

（二）社会适应：整村搬迁高于零星搬迁

相对于零星搬迁方式下的个体进城，整村搬迁实际上是一种规模性的集体进城，尽管搬迁户进城后都需要融入城镇的社会体系，重建基于城镇的社会关系网络。

相对于零星搬迁模式下的搬迁户，他们主要通过自己的努力去重建在城镇的社会关系网络。整村搬迁方式下的搬迁户则是一种集体合作下的扩大社会关系网络。因为整村搬迁的搬迁户在进城后，他们过去在迁出地农村的社会网络并没有被削弱，反而可能因为他们一起进城，使得"抱团取暖"意识加强。由于整村搬迁的搬迁户过去在村庄中就已建立了稳定和长期的关系，在进入迁入地城镇之后，他们可以直接利用这个关系。同时，同一个自然村的搬迁户本身大多都是亲戚朋友，因此，他们在迁入地城镇开拓社会关系网不必像零星搬迁那样单打独斗，而是可以通过互相引荐等方式，这样效率更高，稳定性和针对性往往也更好。

（三）文化习得：整村搬迁高于零星搬迁

对于整村搬迁的搬迁户来说，他们进城本身已经基本没有退路。而作为迁入地城镇社会的安置社区又没有条件继续维持他们过去在迁出地农村的那套农业文化体系，他们就只能完成城镇的文化习得。如有的整村搬迁村寨有自己相对独特的节日活动，但进入城镇安置社区之后，他们既无法在城镇安置社区开展他们独特的文化活动，也不可能返回迁出地村庄开展活动。此时，整村搬迁的搬迁户就只能放弃他们过去在迁出地农村的文化习惯，进而全部融入迁入地城镇的文化习惯。

而零星搬迁的搬迁户因为有迁出地村庄作为"退路"，零星搬迁的搬迁对象的迁出地农村还继续存在，所以过去村庄中既有的文化习惯等都还会得到保留和传承，即便是搬迁到城镇的搬迁户还是会经常返回农村，参与到他们熟悉的迁出地农村文化活动中，从而会影响到他们对迁入地城镇文化习惯的融入（案例6-2）。

案例6-2：贵州省南溪安置社区，搬迁户老杨来自当地一个苗族村庄，老杨过去一直是村庄中各种节日活动的主持人，早已习惯了村庄中的各种文化活动，所以即便是在2018年通过易地扶贫搬迁政策搬迁到城镇安置社区后，还是会在每年村里举办各种节日的时候返回农村，主持村庄中的活动，而对于安置社区中举办的各类社区活动，老杨则表示"没意思"，也"不参加"。

（四）数字融入：整村搬迁高于零星搬迁

整村搬迁方式下搬迁户的数字融入水平要比零星搬迁高。

相对于社会适应和文化习得，迁入地城镇的数字融入难度有时要更大一些，因为数字融入需要使用到一些数字平台，此时既需要智能手机这类数字终端，也需要使用者拥有一定的文化水平。而搬迁户整体的文化水平相对都不高。

整村搬迁方式下的搬迁户在应对迁入地数字融入的时候，不仅可以自己摸索，同时也可以寻找同社区的同村人员帮忙，从而通过互帮互助的方式共同提高融入水平。而零星搬迁的搬迁户因为在安置社区缺少社会支持，在遇到相关问题的时候就只能自己摸索，这自然也会降低这些搬迁户的融入效率和水平。

（五）心理认同：整村搬迁高于零星搬迁

心理认同是搬迁户对未来的心理预期。调研发现，整村搬迁方式下搬迁户的心理认同程度高于零星搬迁。

整村搬迁的大部分已经不愿意返村，因为整村搬迁方式下搬迁户的生存条件都是比较差的地区，相对而言，城镇集中安置社区的生产生活条件要好得多，所以搬迁户还是更喜欢留在安置社区。但很多零星搬迁的搬迁户，无论是青壮年还是老年人，因为零星搬迁的迁出地村庄还在，他们很多也都还是保留着未来返回农村的预期。

整村搬迁方式下，搬迁户的迁出地整个自然村都已经按照政策实行了拆除复垦，这些搬迁户已经不可能返回迁出地农村，所以无论他们是否愿意，整村搬迁方式下的搬迁户都只能留在城镇安置社区。而零星搬迁的搬迁户则不同，尽管他们个人已经搬进了城镇，但他们的村庄还在，他们也还有很多亲戚朋友住在迁出地的村庄。此时，如果他们在迁入地城镇的后续融入遇到困难，他们就容易怀念迁出地农村，进而可能在心理上更认同迁出地农村。

总之，相对于零星搬迁，整村搬迁更有利于搬迁户在迁入地城镇的社会融入，有两方面原因：一方面，整村搬迁有利于搬迁户在迁入地城镇的社会交往。相对于零星搬迁，整村搬迁实际上是一种带有迁出地结构的搬迁方式，在整村搬迁的模式下，整个村庄的村民都从农村迁入到了城镇安置社区。即便是进入城镇安置社区之后，整村搬迁的村民并不住在同一个楼栋，甚至即便不全部住在同一个安置社区，但因为整个村庄的村民都已经进城，他们只要在同一个城镇，相互之间的空间距离都不会太远，所以，互相之间联系就比较容易。这样，过去在迁出地农村已经建立和长期维护的社会关系可以在迁入地城镇继续发挥作用，互相之间也可以提供有效支持，整村搬迁的搬迁户在遇到困难和问题的时候也会更容易找到人倾诉和商量。而社会交往多也就意味着整村搬迁方式下搬迁对象可以利用的社会资本更多，其相应的社会融入能力也更高。而零星搬迁则不同，在零星搬迁的模式下，很多时候一个安置社区中只有一至两户来自同一个自然村的搬迁户，这就让这些搬迁户很容易在迁入地城镇感到孤独，遇到困难和问题往往也只能自己承担。

另一方面，整村搬迁有利于提高搬迁户在迁入地城镇的融入动力。相对于整村搬迁，零星搬迁是一种"有退路"的搬迁，因为在零星搬迁方式下，一个村庄中大多只有三至五户贫困户搬走，村庄中绝大部分村民还留在本来的村庄。村庄仍然须要为留下的村民提供水电路讯和教育、医疗等公共服务。此时，即便是按照政策要求，搬迁户将自己的住宅拆除复垦，只要他们想要返回村庄，他们仍然可以住在同一个村庄中的其他亲戚朋友家中，仍然可以维持在村庄中的正常生产生活。但整村搬迁则是一种"无退路"的搬迁方式，在整村搬迁的模式下，整个自然村的几乎所有村民都被搬走，整个自然村的住宅也几乎都会被拆除复垦，此时，这个自然村因为村民都已经搬迁，村庄的水电路讯等公共基础设施和教育、医疗等公共服务都将难以得到高质量的供给。或者说，迁出地的各种公共服务可能已经在全部村民迁出之后就已经停止。在此背景下，即便是搬迁到城镇安置社区的搬迁户想要返回迁出地村庄，搬迁户看到的也不再是一个完整的村庄，而是一片被复垦后的农田。既找不到同村的亲戚朋友可以借宿，也没有生产生活所需要的基础设施和公共服务。所以，整村搬迁方式下，搬迁户知道他们已经没有办法返回农村，他们就只能提高自己的各方面能力，从而让自己早日融入城镇安置社区。

当然，这里也并不是说整村搬迁方式下搬迁户在迁入地城镇的社会融入就一定各方面都比零星搬迁的搬迁户要高。因为通常情况下，整村搬迁方式下搬迁户的融入基础更低，因为整村搬迁的迁出地的地理环境往往都比零星搬迁恶劣。根据整村搬迁的政策要求，大部分整村搬迁的地方都要达到"两个 50"：即自然村在 50 户以下，贫困率在 50% 以上。而本身能够达到 50% 贫困率的村庄显然已经是深度贫困地区，这些基本都是交通极为不便，自然条件极为恶劣的地方，那些地方的村民长期与外部社会脱离，自然也无法进入外部城镇社会务工。同时，整村搬迁的地方因为都在自然条件极为恶劣的地方，通常也都是国家的公共服务难以有效到达的地方，这就造成那些地方的教育、医疗等水平比较差，尤其是教育。因此，这都决定了整村搬迁地方的搬迁户对迁入地城镇社会的认知基础非常差，很可能连迁入地城镇的语言都难以沟通。而在这种情况下，整村搬迁的搬迁户融入迁入地城镇的起点就比较低。

二、不同搬迁距离的社会融入差异

易地扶贫搬迁是将长期生活在"一方水土养不起一方人"的自然环境恶劣地方的贫困户搬迁到生产生活条件更容易的地方，从而彻底改善贫困户的生活环境，让他们真正摆脱贫困。但在此次易地扶贫搬迁过程中，出现了村内安置、乡镇安置、县城安置等不同区位的安置方式。而这些不同的区位往往也意味着不同的搬迁距离，不同的搬迁距离将带来不同的社会融入情况。

（一）搬迁距离—社会融入差异的研究基础

相关研究已发现，搬迁所带来的社交距离对社会融入的影响存在差异性。不同的安置方式和安置位置影响不同，社交距离越大，对分散安置户和城镇安置户社会融入的阻碍作用越大。[①]

既有研究发现，远距离搬迁会带来两方面的问题：一方面，搬迁距离越远，文化差异越大，搬迁对象的社会融入难度也会越大。从文化角度来

---

① 张晨，张正岩，马彪. 如何促进易地扶贫搬迁户的社会融入——基于社交距离视角的分析 [J]. 南京农业大学学报（社会科学版），2022,22(06):90-101.

看，搬迁距离在一定程度上意味着文化距离。"文化距离"指的是客源地与目的地之间以语言为主要特征的文化差异，主要包括了语言、生活习惯等方面的差异。[1] 而文化距离越大，往往后续社会适应与融入起来就越加困难。从国内工程性移民安置的实践经验来看，就近安置比远迁安置更具适应性，移民成功的可能性相对更大。[2] 这是因为，通常就近安置属于同一个文化圈，不但搬迁户的学习成本比较低，同时迁入地对搬迁户的接纳程度也会比较高。风笑天研究发现，"当地对移民的接纳程度越高，移民的社会适应状况越好。[3]"

另一方面，搬迁距离越远，搬迁对象能够依靠的社会资本越少。通常而言，以社会关系为基础的社会资本都集中在同一个县域之内，这就让远距离安置的社会资本降低。任远、陶力研究认为移民的社会资本分为两类：一类是初级社会资本（流动人口亲缘、血缘、乡缘关系所形成的社会资本），另一类是本地化的社会资本（流动人口在迁入地与本地居民、本地的社会群体、社会组织和地方政府互动形成的社会资本）[4]。移民与本地人（包括本地的社会组织与地方政府）形成的本地化社会资本更有利于移民的社会融入，其中，初级社会资本在移民的早期能够对移民的生活和发展起到很好的支持作用，但是随着居留时间的延长可能还会阻碍移民与本地人的接触与交往，并阻碍移民融入迁入地。[5] 赵延东、王奋宇认为流动人口要想进一步实现与迁入地城镇的融合，面临着突破在"乡土社会"中形成的

---

① Babiker,I.E.,Cox,J.L,Miller,P.,The Measurement of Cultural Distance And its Relationship to Medical Consulatation,Symptonmatology,and Examination Performance of Overseas Students at Edinburgh University,Social Psychiatry,1980,Vol.2. 转引自：吴晓萍，刘辉武.西南民族地区易地扶贫搬迁移民的社会适应研究[M].北京：人民出版社,2021:258.

② 索端智.三江源生态移民的城镇化安置及其适应性研究[J].青海民族学院学报,2009,35(02):75-80.

③ 风笑天.生活的移植——跨省外迁三峡移民的社会适应[J].江苏社会科学,2006(03):78-82.

④ 任远,陶力.本地化的社会资本与促进流动人口的社会融合[J].人口研究,2012,36(05):47-57.

⑤ 牛喜霞.社会资本在农民工流动中的负面作用探析[J].求实,2007(08):51-54.

"原始社会资本"的束缚，需要建立新型的社会资本。[①] 但实际上，对于搬迁对象而言，要在迁入地城镇短期内建立社会资本本身就存在较大的困难。但搬迁对象与迁入地的本地人建立社会关系对他们融入迁入地非常重要。丛玉飞、任春红认为，提高移民与本地人的社会交往，能够显著消减社会疏离感。[②] 李汉林认为农民工的彼此交往具有明显的内群体交往倾向，这会导致同一群体内部成员之间的交往比较亲密，而不同群体间（移民与本地人）因具有明显的交往边界导致社会距离拉大。[③] 邢朝国、陆亮认为，移民与本地人的社会交往有助于提高群体间的积极评价，这又有助于提高群体间的主观接受程度、缩小群体间的主观社会距离。[④]

尽管上述研究主要是基于过去的农民工展开，但对同样是移民的易地搬迁群众也具有一定的启发。田鹏以云南省昭通市 J 安置社区为研究对象，发现跨县安置造成就业生计重塑难、社区治理重塑难、社会适应重塑难和民族融合重塑难等四重困境，由此使跨县搬迁社区运行呈现"搬迁未断根"与"安置难融入"共存的实践特征。[⑤]

（二）搬迁距离—社会融入差异现象

根据"十三五"期间易地扶贫搬迁以县内安置为主的特点，将易地搬迁对象根据搬迁距离分成了县内安置和跨县安置两类。相对而言，跨县安置因为已经超出了同一个县域的范畴，所以搬迁距离相对县内安置远得多。

调研发现，从搬迁距离来看，村内安置的搬迁距离一般在 10 公里左右，镇内安置的搬迁距离一般在 20—30 公里左右，县内安置搬迁的距离一般在

① 赵延东,王奋宇.城乡流动人口的经济地位获得及决定因素 [J].中国人口科学,2002(04):10-17.

② 丛玉飞,任春红.城市外来务工人员社会疏离感影响因素分析——以长三角和珠三角为例 [J].中共福建省委党校学报,2016(08):96-102.

③ 李汉林.关系强度与虚拟社区——农民工研究的一种视角 [J].李培林主编.农民工——中国进城农民工的经济社会分析 [M].北京:科学文献出版社,2004.

④ 邢朝国,陆亮.交往的力量——北京市民与新生代农民工的主观社会距离 [J].人口与经济,2015(04):52-59.

⑤ 田鹏.城乡融合发展进程中跨县搬迁社区运行逻辑及反思——基于社区行动主体性视角 [J].南京农业大学学报(社会科学版),2024,24(01):73-83.

40—60公里左右。可见，县内安置的搬迁户通常坐车1个小时左右就可以回到迁出地农村。而跨县安置的搬迁户则要超过1个小时，甚至达到2—3个小时。

调研发现，县内安置的社会融入程度要比跨县安置相对高一些。

表 6-2：不同搬迁距离的社会融入差异

	县内安置	跨县安置
经济整合	高	低
社会适应	高	低
文化习得	高	低
数字融入	高	低
心理认同	高	低

表格来源：根据作者调查整理而得。

1. 经济整合：县内安置高于跨县安置

跨县安置搬迁对象的经济整合低于县内安置，主要包括两方面原因。

一方面，跨县安置直接导致了搬迁户传统经营性收入几乎丧失。在跨县安置模式下，搬迁对象在迁出地农村的经营性收入受空间距离影响，已经基本完全放弃，在城镇就业只剩下务工的工资性收入情况下，跨县安置搬迁户的收入很多会低于县内安置搬迁户（案例6-3）。跨县安置搬迁户放弃他们在迁出地农村的农业收入后，他们的家庭收入必不可少地出现降低，在迁入地城镇这样的市场社会中，家庭经济收入低，往往也就意味着搬迁户家庭的经济生活会受到多种影响。

案例6-3：在云南省东水区百花安置社区，安置了来自隔壁南里县的一万多名跨县安置搬迁户，2018年完成搬迁，因为东水区与南里县属于同一个地级市的不同县区，两者也不相邻，所以当南里县的搬迁户搬迁到东水区之后，发现回一次南里县的迁出地老家至少都要坐大巴车三个小时左右，这样就造成搬迁户根本不可能在一天之内完成往返，加上往返的车费也比较贵，于是搬迁的贫困户只能放弃迁出地农村的务农收入。

而县内安置尽管也主要是从农村迁移到城镇,搬迁带来的空间距离往往也给搬迁户在迁出地农村的农业生产带来了很大的影响。但通常情况下,因为来自农村的搬迁户短期内无法完全达到城镇的经济水平,所以他们都会适当地经营一些农业生产,成为"住在城里的农民"。农业生产变成了定期从城镇安置社区返回农村进行一些农业活动,通过这些农业活动来补充在迁入地城镇的生活。

因此,完全没有了迁出地农村农业收入的跨县安置户在家庭经济上会受到影响,进而也会影响到他们在城镇社会的经济整合。

另一方面,跨县安置也可能会影响搬迁对象的工资性收入。"十三五"期间的易地扶贫搬迁主要发生在我国中西部省份,迁入地基本都是农业型城镇,非农就业机会少,尤其是搬迁户集中的劳动力密集型产业整体处于供过于求的状态。在此背景下,搬迁对象在迁入地寻找非农就业机会并不是一件非常容易的事情,往往需要借助于一些社会关系。但当搬迁对象是跨县安置时,这个距离大多已经超过了他们的社会关系所能达到的范围,他们在寻找非农就业机会中能够借助的社会关系太少,能够找到的合适非农就业机会自然也少,工资性收入自然也会受到影响。

2.社会适应:县内安置高于跨县安置

县内安置的社会适应要高于跨县安置,主要是因为在县内安置模式下,搬迁户能够依靠的既有社会关系网络会更高。

在县内安置模式下,尽管也是来自农村的搬迁户借助国家政策搬迁到城镇地区,但县内的迁入地城镇中其实也会有或多或少的既有社会关系。改革开放以后,我国就进入了快速的城镇化过程,大量农民通过自己的努力实现了进城。在农民进城过程中,他们进城的第一站通常都是自己所在的县城,所以当贫困户借助国家政策帮扶进入县内的安置社区时,这些新搬来的搬迁户完全可以顺利对接他们已经进城的亲戚朋友,从而帮助他们适应迁入地城镇。

跨县安置则不同,跨县安置意味着搬迁户要离开自己所属的县城,进入一个陌生的城镇。而因为自发进城的农民很少会在离家更远的跨县安家，所以当贫困户借助国家政策到来时，这些搬迁户会在迁入地城镇会出现"举目无亲"的情况，在没有既有社会关系的支持下，搬迁户需要从零开始，其社会适应程度自然会相对较低。

既有对移民在迁入地社会关系的研究也发现，移民在进入迁入地之后的社会交往呈现"内卷化"问题。马荣芳对宁夏和顺村研究发现，当地移民活动范围多局限于移民村内部，虽然朋友比以前多了，但主要是移民朋友，非移民朋友占比很少。移民和当地居民的交往多出现在看病、购物等简单的互动中，不能形成异质性强的社会关系网络。[①] 桑才让对三江源移民的研究也同样发现移入城镇的搬迁户与当地城镇居民的接触比较少。[②] 陶格斯和张铁军的研究也发现，移民与周边城镇及农村居民交往之间存在隔阂，总体上呈现出移民交往的内清性和同质性强特点。[③] 王永平等对贵州少数民族移民的研究发现，城镇安置的移民存在被当地市民排斥、歧视的现象，影响了移民的社会融入。[④] 但对西南地区易地搬迁群体的研究发现，西南地区易地搬迁群众大多还是与周边群众交往，并没有呈现出明显的"内卷化"现象。这当然与"十三五"期间的易地搬迁主要是县内搬迁有关。[⑤]

3. 文化习得：县内安置高于跨县安置

县内安置的文化习得会高于跨县安置，这与搬迁户对本县文化习惯更加熟悉有关。

在县内安置模式下，搬迁户从农村迁到城镇，相对而言，因为县内安

① 马荣芳,骈玉明.宁夏农垦生态移民的社会关系适应性调查[J].中国农垦,2013(07):24-26.

② 桑才让.对三江源生态移民文化适应性问题的调查与思考[J].攀登,2011,30(06):15-20.

③ 陶格斯.生态移民的社会适应研究——以呼和浩特蒙古族生态移民为例[D].中央民族大学,2007;张铁军.生态移民社会适应问题研究[J].理论建设,2012,(03):85-88.

④ 王永平等.生态移民与少数民族传统生产生活方式的转型研究——基于贵州世居少数民族生态移民的调研[M].北京:科学出版社,2014:56.

⑤ 吴晓萍,刘辉武等.西南民族地区易地扶贫搬迁移民的社会适应研究[M].北京:人民出版社,2021:144.

置的距离在空间上还是要近一些，且县城作为一个区域的政治、经济和文化中心，即便是再封闭的山区农村，也总是会有一些村民需要经常往来县城，正常情况下，绝大部分村民都有多次往返县城的经历。在村庄这样一个"熟人社会"中，极少部分没有到过县城的村民也会从与其他村民的交谈中对县城的各种婚丧习惯、卫生习惯、人情交往、价值观念等文化规则有所耳闻。所以，当农村搬迁户真的搬迁到县城之后，他们也可以多多少少凭借之前的经验和了解等相对较好地熟悉县城的文化习惯。甚至于，同一个县城内，通常当地的方言都是基本一致，而一旦跨县，语言沟通上都可能出现问题。

跨县安置中，则是将搬迁户迁移到其他县域范围内。在我国，一个县域范围内往往都有比较健全且统一的行政、教育、医疗等体系。正常情况下，县内群众所需要的完整的正常生产生活都可以在一个县域范围内完成，所以大部分县内居民基本没有跨县的需要，来自偏远贫困农村的搬迁户往往更没有跨县的生产生活经验，甚至可能连传闻都没有。由此，当农村搬迁户完成跨县安置后，新的县域范围内的一切对搬迁户来说都非常陌生，包括县城之间的文化习惯也有可能存在一些不同，面对这些差异，跨县安置搬迁户的文化习得自然也会低一些。

4. 数字融入：县内安置高于跨县安置

县内安置的数字融入程度要高于跨县安置，主要是基于县内安置中能够得到既有社会关系网络的支持。

县内安置过程中，即便是搬迁户借助国家政策进入了县城，在同一个县城范围内，搬迁户仍然有一些先期进城的亲戚朋友的关系可以利用，这些关系能够给后进城的搬迁户在数字融入过程中提供一些帮助和支持，从而提高搬迁户在迁入地城镇的数字融入。

跨县安置模式下，搬迁户是迁移到不同的县域范围内，而当搬迁户离开了自己长期生活的区域，进入到一个完全陌生的县城，不仅是自己需要从零开始认识所在的地方，同时也意味着没有熟悉的社会关系提供支持，所以其数字融入程度也会相对较低。

5.心理认同：县内安置高于跨县安置

县内安置的心理认同往往高于跨县安置，因为县内安置既有相对熟悉的社会关系、社会规则、文化习惯等，同时在既有的政务服务等方面也往往更方便。

我国行政体系内的很多事情都是以县为单元进行划分，如养老保险、残疾人补贴、医疗保险等很多公共服务都是以行政范围内的县为基本单元，所以在跨县搬迁过程中，并不只是将人搬到其他县即可，还须要统筹这些相关的行政事务。这些事务统筹都需要时间，这自然也会影响搬迁户的心理认同。

通常情况下，跨县安置不仅是空间上距离的增加，同时也让整个生产生活体系都与搬迁户之前熟悉的模式变远，跨县安置的搬迁户总有一种"背井离乡"的感觉，心理认同感在相当长的一段时间中也比较低。

总之，跨县安置模式影响社会融入主要表现为两个方面：一方面，物理空间的增加。跨县安置与县内安置相比，最主要的就是搬迁的空间距离增加，而这种空间距离的增加会带来一系列的连锁效应。首先，随着距离的增加，跨县搬迁户已经不再能继续从事之前在迁出地的农业生产，这让本就经济比较薄弱的搬迁户失去了土地的经营性收入，对他们在迁入地城镇的稳定入住造成了影响。其次，距离的增加，让搬迁对象能够得到的社会支持网络大大减少。最后，距离的增加，往往也意味着文化上差异的增加，毕竟，不同的县域很可能都不是由同一个文化区的人组成。另一方面，行政区域的改变。在我国县域作为一个完整的基层行政单元的背景下，不同县域之间在一些财政补贴等政策方面都会存在差异，跨县安置往往也意味着搬迁户要接受不同县域之间在一些公共服务上的差异。

三、不同安置方式的社会融入差异

"十三五"期间，我国在短短 5 年时间内完成易地扶贫搬迁 1628 万人，这些易地搬迁人口会根据各地的不同情况而选择安置方式。按照群众自愿、应搬尽搬的原则，综合考虑水土资源条件和城镇化进程，采取集中安置与分散安置相结合的方式多渠道解决。其中，集中安置约 1244 万人，占 76.4%；分散安置约 384 万人，占 23.6%。[①]

可见，分散安置和集中安置已成为两种主要的安置方式。

集中安置指的是将搬迁对象统一安置到集中安置社区中居住，这些集中安置社区一般都由地方政府统一规划和直接监督建设。

分散安置包括农村的分散安置和城镇的分散安置两种方式，两种不同的分散安置方式会带来差异性的社会融入效果。本书为了表述方便，只研究城镇分散安置的方式。城镇分散安置的一般都是地方政府采用货币化的方式安置，即地方政府联系几个城镇中的楼盘，然后根据楼盘的价格给搬迁户一些经济补偿，从而让搬迁户自己到楼盘买商品房。

既有相关研究较少，其中李聪等对陕南地区的移民研究发现，移民搬迁有利于优化其生计结构，促进其生计方式向非农转型，其中集中安置方式显著降低其从事养殖业而促进其外出务工。[②]时鹏等对陕南三市 1712 户搬迁农户的调研后发现，分散安置对农户非农就业的影响大于集中安置。[③]罗媛月等利用宁夏"十三五"易地扶贫搬迁的实地调研数据，发现集中安置的移民家庭长期减贫效果更好。[④]

"十三五"期间的易地扶贫搬迁与过去生态搬迁最主要的两个不同在于：

---

① 国家发展改革委.全国"十三五"易地扶贫搬迁规划［EB/OL］.[2016-09].https://www.gov.cn/xinwen/2016-10/31/5126509/files/86e8eb65acf44596bf21b2747aec6b48.pdf.

② 李聪，柳玮，冯伟林等.移民搬迁对农户生计策略的影响——基于陕南安康地区的调查[J].中国农村观察,2013(06):31-44+93.

③ 时鹏，余劲.易地扶贫搬迁对农户非农就业的影响——基于内生转换 Probit 模型 [J].农业技术经济,2023(04):101-120.

④ 罗媛月，刘秀文，张会萍.易地搬迁对移民贫困脆弱性的影响——来自宁夏"十三五"搬迁移民的证据 [J].宁夏社会科学,2023(04):126-134.

一是此次易地扶贫搬迁以城镇安置为主，二是此次易地扶贫搬迁以集中安置为主。

调研发现，集中安置通过建设安置社区的方式，促进了搬迁户的城镇融入。

表 6-3：不同安置方式的社会融入差异

	分散安置	集中安置
经济整合	低	高
社会适应	低	高
文化习得	低	高
数字融入	低	高
心理认同	低	高

表格来源：根据作者调查整理而得。

（一）经济整合：集中安置高于分散安置

集中安置模式下的易地搬迁有助于搬迁户的经济整合，因为集中安置社区能够对搬迁户提供一定的经济保护。来自农村的搬迁户在进城之后，搬迁户自身的生计能力难以得到快速提高。尤其是在经济为基础的情况下，缺少足够经济能力的搬迁户往往会在融入迁入地城镇过程中出现障碍，此时，城镇集中安置社区就会提供一些保护和支持。

一方面，集中安置社区可以提供收入的支持。其一，集中安置社区建设有配套的扶贫车间。集中安置社区集中了大量搬迁户，具有了"规模优势"，就会在建设安置社区的同时建设一批配套的扶贫车间，这些扶贫车间在空间上距离安置社区非常近，在用工上优先照顾搬迁户。其二，集中安置社区设置了大量专门的公益性岗位。尽管集中安置社区建设了扶贫车间，但针对搬迁户中存在的弱劳动力，集中安置社区设置了一批公益性岗位来为他们提供基本的家庭收入，其中人数最多的就是作为社区物业的保安和保洁。其三，集中安置社区建设了价格优惠的菜市场、超市等，同时也会针对搬迁户遇到的问题进行有针对性的帮扶，如通过联系志愿者开展免费的四点半课堂，解决搬迁户无法及时照顾孩子的问题等。扶贫车间和公益性岗位都是基于解决搬迁户的收入问题，但面对城镇市场社会所带来的大量消费，搬迁户也往往会出现困难。所以，安置社区中通过建立优惠的菜市场，补贴性的超市等方式，在消费层面帮助搬迁户降低家庭开支。通过这些措施，集中安置社区中的搬迁户在迁入地城镇的经济整合程度相对较高。

在分散安置模式下，不会集中建设安置社区，分散安置都是利用既有的商品房。正常的商品房社区采用的是完全的城镇市场逻辑，既不会设置专门的扶贫车间，也不会为了照顾少数几个搬迁户而设置平价超市这些场所，这就要求分散安置的搬迁户只能依靠自己的力量完成迁入地城镇的经济整合，其整合程度会比较低。

（二）社会适应：集中安置高于分散安置

集中安置模式下，整个迁入地城镇安置社区都是来自农村的搬迁户。一方面，这些搬迁户之间的交流和建立社会关系相对容易。城镇安置社区中的搬迁户尽管并不是来自同一个村庄，但大家都是来自偏远农村的搬迁户，过去的生产生活经历类似，同时都搬进了城镇安置社区，遇到的困难和问题等也都具有相似性，这也让搬迁户之间有了交流和建立社会关系的基础。相对于城镇原住民，搬迁户之间的社会交往自然也容易一些。另一方面，安置社区也可以专门性地为搬迁户提供相关支持。城镇集中安置社区中都是搬迁户，大家基本是同一个时间进城，遇到的问题也都类似，所以各级政府就可以在城镇安置社区中进行相应的帮扶。如为了让社区中的搬迁群众互相认识，从陌生人成为熟人，安置社区会利用各种节假日举办有针对性的活动，如包粽子等，通过这些活动为搬迁户之间的社会交往提供空间。

分散安置模式下，来自农村的搬迁户都分散在城镇的各个不同商品房社区中，借助国家政策进城的搬迁户与商品房小区的自购房住户难有共同语言。同时，商品房小区也不可能为了少数几个搬迁户而开展专门的活动，这都让分散安置的搬迁户在城镇商品房小区的社会适应程度较低。

（三）文化习得：集中安置高于分散安置

在城镇的集中安置模式下，搬迁户的文化习得程度会比分散安置程度高。一方面，搬迁户之间可以互相交流城镇的文化习得经验。搬迁户都是来自偏远农村，他们在进入城镇社会之后，面临相对陌生的城镇文化习惯，搬迁户之间的文化适应问题都有共同性，所以，搬迁户之间无论是处于单纯的交流，还是主动性的传递学习，都能够促进彼此之间的文化习惯学习。另一方面，各级政府会在安置社区中有针对性地普及城镇文化习惯，提高搬迁户的文化适应能力。大规模的易地扶贫搬迁之后，针对来自农村的搬迁户短期内无法适应迁入地的城镇文化习惯的问题，各级地方政府都会提出一些帮扶措施，从而促进搬迁户更快融入城镇文化规则。

案例6-4：贵州省欣欣安置社区，为了帮助搬迁户尽快适应城镇的文化规则，社区不但开展各种政府服务、乘坐公交车等方面的专门讲座培训，还开展了针对贫困户的"六个一"：带贫困户逛一次菜市场，带贫困户去一次政务中心，带贫困户做一次公交车，带贫困户过一次红绿灯……通过这些措施，安置社区中的搬迁户快速熟悉了迁入地城镇的各种基本文化规则。

在分散安置下，搬迁户都是分散在城镇的各个商品房小区中，搬迁户之间难以联系和交流，各级政府也难以有针对性地对搬迁户进行迁入地城镇文化的集中学习。同时，搬迁户往往限于自身知识水平等原因，自我学习的能力也相对比较低，这都造成分散安置模式下搬迁户的文化习得程度会比较低。

（四）数字融入：集中安置高于分散安置

集中安置模式下的数字融入程度比较高，同样与集中安置社区中的内部学习和政府提供的帮扶密切相关。

从半自给自足的农村搬迁到作为市场社会的城镇，各种数字平台的学习与使用就变得非常重要，对缺少数字技术应用经验的搬迁户来说，他们的自我学习程度往往比较慢。所以，此时各级政府组织的有针对性的数字学习就变得非常重要，尤其是在当前数字社会存在巨大安全风险和搬迁户的防控风险意识相对比较薄弱的背景下，各级政府组织的数字学习就变得非常及时和重要。如针对搬迁户难以识别电信诈骗的问题，近几年几乎在所有城镇集中安置社区中都进行了多次电信诈骗方面的宣传，甚至很多集中安置社区中会针对家中可能遭遇电信诈骗的搬迁户进行重点上门宣传，从而提高了搬迁户在使用数字平台中的安全性。

但这些有针对性的数字技术普及和学习都难以针对分散安置的搬迁户开展，无论是让分散安置的搬迁户集中学习还是社区干部一户户上门宣传，难度都会比较大。在只能依靠搬迁户自己学习的情况下，分散安置搬迁户在迁入地城镇的文化习得程度自然会比较低。

（五）心理认同：集中安置高于分散安置

集中安置模式下的搬迁户对迁入地城镇的心理认同程度高于分散安置。

一方面，集中安置模式下搬迁户之间的认同度比较高。来自农村的搬迁户借助国家扶贫政策实现了快速进城，这是对搬迁户自身生产生活的巨大改变。但从个体而言，搬迁户进城之后，面对迁入地的现代城镇社会总会出现一些不适应，搬迁户也意识到他们与依靠自己能力进城的城镇居民还有较大差距，这会造成搬迁户面对城镇居民的时候表现出不同程度的自卑。在城镇集中安置社区中，所有的居民都是搬迁户，彼此之间就基本不存在歧视和自卑，对自我的认同度会比较高。反之，分散安置模式下，搬迁户面对周边都是经济实力比自己好的城镇居民，不免会感觉自卑，进而对迁入地的认同降低。

另一方面，集中安置模式下搬迁户对城镇安置社区的认同度也比较高。安置社区是专门为易地搬迁户新建的社区，这类社区往往不同于一般的商品房小区，这类社区为了保障搬迁户迁入之后的安居乐业，会为搬迁户提供很多有针对性的基础设施和公共服务，如扶贫车间、妇女之家、老人活动中心、乡愁馆、文化广场等，甚至是针对搬迁户想从事一些农业生产的要求，还会提供微菜园、微养殖场等，这些更加适配搬迁户的基础设施和公共服务能够一定程度上解决搬迁户的心理适应问题，提高搬迁户对迁入地城镇安置社区的心理认同。

总之，集中安置模式下的易地搬迁户融入城镇的程度更高，是因为集中安置的易地搬迁安置社区借助其"规模优势"，实际上形成了一个从农村到城镇的作为"过渡型社区"的"保护型社区"。

首先，基础设施方面的规模效应。"十三五"期间的易地扶贫搬迁是我国到目前为止规模最大，也是投入成本最高的一次搬迁。此次搬迁中，按照国家相关搬迁政策，每个搬迁户都配套有大约 6 万元左右的搬迁经费，这些经费在分散安置模式下看不出太大的效果，但如果在集中安置模式下，这些经费就积少成多，可以在集中安置社区中建设一批有针对性的公共设施，如帮助搬迁户融入城镇的"新市民"活动中心，帮助搬迁户缓解思乡之情的乡愁馆，解决搬迁户就业的扶贫车间等。

其次，公共服务方面的规模效应。在集中安置社区模式下，各级政府可以针对搬迁户遇到的普遍性问题，在集中安置社区开展针对性的公共服务。如在集中安置社区为搬迁户提供各类就业培训服务，成立帮助搬迁户就业的劳务输出公司等，地方政府开展这些公共服务能够提高效率，进而帮助集中安置的搬迁户更好地融入迁入地城镇。

最后，社区内部同辈群体之间的规模效应。城镇集中安置社区中都是来自偏远农村的搬迁户，这就让搬迁户之间有了很多共同点。在进入作为"陌生人社会"的城镇集中安置社区后，搬迁户之间要重建社会关系，此时大多会以同伴群体的形式构建，搬迁户之间共同点比较多，就容易构建这些关系。如搬迁户之中的病残群体比较多，他们因为自身的共同点，就容易建立内部的"病友群"等同伴关系。而如果在正常的城镇商品房社区中，作为社区中弱势群体的搬迁户往往很难与其他城镇居民建立平等关系。

　　由此，集中安置社区能够降低自身生计能力不足的搬迁户融入迁入地城镇的难度，为搬迁户提供系统的指导和帮助，从而促进搬迁户在迁入地城镇的社会融入。

第七章：当前易地扶贫搬迁社会融入的 风险、成因与对策建议

2020年3月，习近平总书记在决战决胜脱贫攻坚座谈会上指出，现在搬得出的问题基本解决了，下一步的重点是稳得住、有就业、逐步能致富。[①]2020年10月，国家民政部等9个部门联合印发的《关于做好易地扶贫搬迁集中安置社区治理工作的指导意见》中，明确提出"加快促进搬迁群众融入社区"。2020年11月，党的十九届五中全会发布的《中共中央关于制定国民经济和社会发展第十四个五年规划和二〇三五年远景目标的建议》中明确提出"做好易地扶贫搬迁后续帮扶工作"。2022年10月16日，习近平总书记在《高举中国特色社会主义伟大旗帜 为全面建设社会主义现代化国家而团结奋斗——在中国共产党第二十次全国代表大会上的报告》的"全面推进乡村振兴"中提出"巩固拓展脱贫攻坚成果，增强脱贫地区和脱贫群众内生发展动力"。2023年1月，国家发展改革委等19个部门联合印发《关于推动大型易地扶贫搬迁安置社区融入新型城镇化实现高质量发展的指导意见》中，明确提出要推动大型易地搬迁安置社区融入新型城镇化。

易地扶贫搬迁不仅是一项社区再造和重建工程，更是一项人口分布、资源环境、经济社会重新调整和完善的庞大社会系统工程，是脱贫攻坚

---

① 中国新闻网.既要搬得出也要稳得住,更要能致富［EB/OL］.［2020-06-11］.https://www.chinanews.com.cn/gn/2020/06-11/9209967.shtml.

"五个一批"中难度最大、政策性最强、标准最高的一批①。目前，"十三五"易地扶贫搬迁任务已全面完成，但搬迁群众仍是巩固精准脱贫成果难度最大、返贫风险最高的一类人群。②因此，由于易地扶贫搬迁本身时间短、任务重、要求高，所以对各级政府提出了更高要求。

相关研究也发现，由行政化主导的易地扶贫搬迁对实现脱贫攻坚历史性目标起着重要作用，但短时间内大规模搬迁也可能使安置社区面临产业发展水平低、就业机会缺乏保障、移民群体社会融入困难、稳定脱贫长效机制不健全等一系列问题与挑战，须要做好后续扶持工作以实现转型发展。③易地扶贫搬迁和集中安置打破了搬迁移民原有的生活、社会和生产关系，引起其生活空间压缩化、社会空间原子化、生产空间高成本化等变化，对后续发展中的"稳得住""融得进""能致富"三个关键问题形成了较大影响和冲击。④邰秀军、王艳鸿的研究发现，现阶段我国易地搬迁移民在自我发展上存在发展权利缺失、可行能力匮乏、发展意识淡薄、发展机会缺乏等突出问题。⑤刘升对贵州城镇易地搬迁户的研究发现，城镇易地搬迁户中存在诸多风险。⑥陈绍军等对三区三州怒江州少数民族515户的调查数据显示，搬迁移民现阶段的生计资本水平较低，生计资本与生计稳定性的耦合协调关系处于稳定恢复期。⑦付钊研究发现，易地搬迁安置社区居民的空间分异，使其原有的物理、社会、精神和治理空间解构，并催生新的空间区隔，使空间结构从血缘熟悉体到地缘陌生体转变，制约着

① 新华社中国经济信息社.易地扶贫搬迁贵州实践调研报告[J].内部资料,2019:3.
② 涂圣伟.易地扶贫搬迁后续扶持的政策导向与战略重点[J].改革,2020(09):118-127.
③ 赵文杰,于永达,贾泽诚.易地扶贫搬迁集中安置区转型发展的内在逻辑与实现路径[J].农村经济,2023(07):104-112.
④ 连宏萍,杨谨顿.三重空间再造与易地搬迁后续高质量发展[J].新视野,2023(01):88-95+104.
⑤ 邰秀军,王艳鸿.易地搬迁移民自我发展内生动力的影响因素与提升路径[J].农林经济管理学报,2022,21(05):627-634.
⑥ 刘升.城镇集中安置型易地扶贫搬迁社区的社会稳定风险分析[J].华中农业大学学报(社会科学版),2020(06):94-100+165.
⑦ 陈绍军,马明,陶思吉.共同富裕视域下易地扶贫搬迁移民生计资本、生计策略与生计选择行为的影响研究[J].河海大学学报(哲学社会科学版),2023,25(01):94-108.

安置社区共同体秩序的形成。[①]

一、易地扶贫搬迁社会融入的潜在风险[②]

尽管在我国各级党委政府的有效领导下，易地扶贫搬迁已取得了巨大的政治、经济、社会和生态效益。但客观来看，仍然存在部分易地搬迁贫困户社会融入不高所可能带来的一些社会稳定风险问题。社会稳定风险通常被认为是"发生社会危机的不确定性"[③]，是从我国政治实践演化出来的本土化专业名词，相对而言更符合我国的国情[④]。在现实中，无论是经济、文化还是政治问题最后都可能演化成社会稳定风险。而在自身生计能力不足的情况下，进入城镇之后生产生活的巨变对部分易地搬迁贫困户而言也构成了多种风险。

一是失业风险。失业风险指的是城镇集中安置社区中的易地搬迁贫困户由于在城镇无法有效就业而陷入失业的风险。稳定的就业是易地搬迁贫困户在城镇"稳得住"的基础。尽管在国家的就业帮扶政策下，当前易地搬迁贫困户中以家庭为单位的"完全失业"几乎不存在，但由于易地搬迁贫困户自身能力不足，在城镇非农就业市场中的竞争力非常弱，易地搬迁贫困户大多只能从事当地政府提供的保安、保洁等短期临时性就业岗位，或者在本地的低端制造业、批发零售业、住宿餐饮业等中小企业中短期临时性的打零工。这些工作不但就业收入低，而且就业环境差，就业稳定性得不到保障，导致他们经常处于"半失业"的状态。

二是经济风险。经济风险指的是易地搬迁贫困户因经济上入不敷出而

---

① 付钊.空间理论视角下易地搬迁安置社区的结构困境与治理逻辑——以 G 省 S 社区为个案 [J]. 湖南农业大学学报 (社会科学版),2023,24(02):49-57.

② 刘升.城镇集中安置型易地扶贫搬迁社区的社会稳定风险分析 [J]. 华中农业大学学报 (社会科学版),2020(06):94-100+165.

③ 高山，李维民.国内社会稳定风险研究的十年理论考察：进路与展望 [J]. 湖南社会科学 ,2016(06):63-69.

④ 文宏，陈路雪，张书.改革开放 40 年社会稳定风险的演化逻辑与知识图谱分析——基于 CiteSpace 软件的可视化研究 [J]. 华南理工大学学报 (社会科学版),2018,20(03):73-80.

城镇生活难以为继的风险。易地搬迁贫困户的失业风险将直接导致经济风险。尽管为了支持易地搬迁贫困户在城镇的生活，国家为易地搬迁贫困户提供了包括分红、低保、土地流转租金在内的多种收入来源，但由于受到地方财力和低保政策等限制，务工收入仍是易地搬迁贫困户在城镇生活的主要收入来源，所以在存在"半失业"风险情况下，易地搬迁贫困户在城镇收入较低，这些收入大多也只能维持他们在城镇的基本生活。实际上，即便在国家已经承担了大部分进城成本的情况下，城镇生活也会对部分易地搬迁贫困户的经济构成一定压力。而在缺少积蓄的情况下，如果在未来生产生活中遇到一些较大意外，易地搬迁贫困户将可能面临经济风险。

三是安全风险。安全风险指的是易地搬迁贫困户因不适应城镇生活而出现的风险。由于农村一户一宅的生活环境与城镇楼房式住宅的生活环境有很大不同，使部分易地搬迁贫困户尤其是老年人在短期内难以适应，在此期间可能出现多种安全风险。这具体表现为：一是生活安全风险，由于一些易地搬迁贫困户过去在农村较少使用天然气、电暖气和电磁炉等现代化生活用品，进城后，随着生活环境的变化，他们必须适应这些现代化生活用品。此外，一些易地搬迁贫困户因为生活习惯，会在所居住的小区中私搭乱建一些临时建筑，这些建筑往往又存在乱堆乱放、用电不规范可能引起火灾等风险。二是公共卫生风险，易地搬迁贫困户因为过去长期在农村生活，习惯了农村地区乱丢垃圾、随地吐痰、儿童随地大小便等生活卫生习惯，而城镇不同于农村，城镇人口居住密集，包括新冠肺炎在内的很多传染性疾病都可以通过唾沫、粪便等传播，这就会给城镇集中安置社区带来公共卫生风险。三是独居隔离风险。由于一些易地搬迁贫困户中的中青年人群需要常年外出务工，很多易地搬迁贫困户家中都只有1—2个老人生活，形成"空巢老人"。生活在村庄熟人社会的"空巢老人"尚有周边邻居朋友可以偶尔帮忙照看，但一旦迁居城镇就生活在由陌生人构成的社区之中，当老人独自在家中遇到生病等紧急情况时，受限于城镇独立封闭的居住结构和生活空间，可能难以及时获得帮助。

四是认知不足风险。认知不足风险指的是易地搬迁贫困户遇到事情无法正确认知而采取不恰当行动所带来的风险。对长期在农村生活的易地搬迁贫困户而言，城镇是一个相对陌生的"高风险"社会，那里存在种种需要他们面对和立刻处理的新问题。但易地搬迁贫困户学历低、社会阅历和城镇生活经验不足，在无法及时获得外界正确帮助的情况下，会使得他们在面对一些新问题时因认知不足而容易被人利用。如易地搬迁贫困户在他人的煽动下出现上访、群访等风险。

五是房产变卖风险。房产变卖风险指的是易地搬迁贫困户失去安置住房后没有稳定住房保障的风险。搬迁前，农村土地属于村集体所有，农民的房屋因此不能入市买卖，这样尽管农村房屋不能给农民带来直接的经济价值，但这至少保障了农民的居住安全。而到了城镇的安置社区之后，城镇安置社区的土地属于国家统一征用的建设用地，属国有土地，有房产证并且可以入市交易。更重要的是，因为较好的区位和良好的教育、医疗等配套服务资源，让城镇安置社区中安置房有了远远超过农村房子的市场价值。当易地搬迁贫困户在有现金需求的情况下（如失业后选择投资做生意），会通过各种方法绕过监管将安置房"变相"出售，如长期的以租代售等。届时，鉴于易地搬迁贫困户在农村的原有住房已拆除并完成复垦工作，这部分贫困户可能面临无处安身的困境。

六是心理压力。对易地搬迁贫困户而言，他们在城镇中遇到的种种生产生活上的困难都可能给他们带来心理压力。搬迁前，农村作为一个有大量闲暇时间的"熟人社会"，贫困户不论遇到工作，还是生活上的压力，都可以通过找人聊天等方式来寻求心理安慰和排解压力。而在城镇安置社区这样一个相对陌生的新环境中，他们的心理压力将缺少表达的对象和机会，这种心理压力，特别是负面情绪，如果长期无法得到有效表达和释放，可能会逐渐累积并转化为心理负担，最终可能演化成心理疾病。

七是信任风险。在易地搬迁贫困户自身生计能力不足所带来的失业、经济、安全生活等风险影响下，尽管少部分易地搬迁贫困户在搬迁迁入地的教育、医疗、住房等方面都得到了更好的保障，但他们却可能对地方政府产生不信任感。一些易地扶贫搬迁贫困户养成了"等靠要"的过度依赖思想，缺乏内生动力，不断向政府提出各种要求，遇到任何困难都要求政府解决。面对在城镇集中安置社区中出现的种种生产生活工作不如意情况，一些易地搬迁贫困户无法正确分析自身困境产生的原因，容易将这些困难和问题全部归结为地方政府安排不到位，可能产生出被地方政府"骗了"的感觉，从而导致对地方政府的不信任。

八是社会融合困境。社会融合困境指的是易地搬迁贫困户难以融入迁入城镇的地方社会。已有研究发现，"进城农民"与"城里人"之间的不平等，会促使原来农村与城市的老二元结构转化为城镇内部户籍居民与流动人口的新二元分割，从而阻滞城镇化过程中的社会融合①。这些通过自身努力渐进式进城的农民都面临融合困境，竞争力远不如渐进式进城农民的易地搬迁贫困户自然更难以融入城镇社会。调研也发现，易地搬迁贫困户在完成搬迁后，由于自身能力不足，他们很难与城镇社会开展良好互动。因此，无论是他们的日常生活还是社会关系等方面都很少与真正的"城里人"接触，这就容易使城镇集中安置社区发展成为城镇社会中一个相对孤立的部分。而对易地搬迁贫困户而言，如果他们长时间在经济、政治、社会等层面无法融入迁入地，他们就存在可能被所在城镇排挤甚至边缘化的风险。

九是家庭风险。调研发现，来自农村的搬迁户在进城之后，如果不能适应迁入地城镇安置社区的经济体系，家庭生活就容易由经济问题而带动出一些家庭和谐的问题。城镇安置社区中出现了相当多女性跑婚的情况。以贵州省欣欣安置社区为例，该社区一共搬迁了 2332 户，但搬迁 2 年时间内，已经出现了 35 户离婚，15 户女性跑婚后失联的情况，然而，这仅仅是已统计的案例，远非全部情况。实际中，仍有许多女性跑婚后未被纳入统计范畴（案例 7-1）。

案例 7-1：在贵州省白林街道安置社区，有一个女性搬迁户常年在家照顾孩子，老公则常年外出务工，于是该女性就和同一层楼的一个搬迁离异男性在日积月累中培养起了感情，后来两个人就一起偷偷跑出去务工，该女性的

---

① 陈云松，张翼. 城镇化的不平等效应与社会融合 [J]. 中国社会科学,2015(06):78-95.

老公知道情况从务工地赶回到安置社区后也没有办法。

综上，由于搬迁对象、搬迁方式和安置社区域等存在特殊性，使得此次易地扶贫搬迁群众的后续社会融入出现种种需要关注的潜在风险。而易地扶贫搬迁城镇集中安置社区本身的特殊性，进一步让其更容易出现社会稳定风险：第一，城镇集中安置社区本身是高度集中和同质性的社区，这类社区规模大，范围广，贫困户高度集中，提供了社会稳定风险的结构性基础。第二，在这些城镇集中安置社区中，广大易地搬迁贫困户具有高度同质性，容易因为面临着相同的生活困境且高度集聚而产生观念一致和情感共鸣，并在密切互动中加以放大，这就提供了社会稳定风险的促发因素和行动动员。第三，城镇集中安置社区中缺少传统"社会控制"力量。相对于农村社会中存在"熟人社会"的老人权威、精英权威等传统力量可以对很多越轨行为形成约束，在进入城镇这样一个原子化的"陌生人社会"之后，易地搬迁贫困户不再受到"熟人社会"中各种传统力量的约束，新的法治力量又难以在短期内深入，这就使得城镇集中安置社区中缺少有效权威，因偶然促发因素而带来聚集型群体性事件的概率也变得更高。

二、易地扶贫搬迁社会融入的困境成因

从 2015 年至 2020 年的 5 年时间内，在未计入约 700 万同步搬迁的非贫困人口的情况下，我国已成功完成了 986 万建档立卡贫困人口的易地搬迁工作。这等同于当今世界一个中等国家的人口规模，在如此短的时间内实施如此大规模的人口易地搬迁，无论是在中华民族还是在世界发展史上，均属罕见。尽管我国易地扶贫搬迁已取得了巨大成就，但易地扶贫搬迁作为我国脱贫攻坚"五个一批"中投入最大、难度最大、风险最大的系统工程，其"后半段"的后续发展、社会融入、社区治理等工作才刚刚开始，且由于此次易地扶贫搬迁的城镇化集中安置比例高、规模大、搬迁距离远等情况，使得此次易地扶贫搬迁所面临的风险和挑战也都前所未有，必须高度重视。

相关研究已经指出，贫困户在进行易地搬迁尤其是进城后，由于生活生产空间的巨大变化会带来很多问题，如移民社区空间变革会导致社区公共空间缺失、移民生计空间遭受挤压、社会网络空间断裂和文化心理空间弱化等移民社区治理困境[①]，移民的日常生活与制度之间会产生对立与冲突[②]，易地搬迁贫困户进城后会表现出文化不适[③]，须要面临多种家庭生计等方面的风险[④]，甚至有研究显示易地扶贫搬迁社区的治理陷入了内卷化风险[⑤]。由此，这就使得易地扶贫搬迁社区具有生成的行政主导性、社区原子化、定居不稳定性、社区共同体意识缺失、治理主体匮乏及治理结构不完善等属性所导致的社区治理复杂性[⑥]，脆弱性高，社会稳定风险大。

（一）城镇集中安置型搬迁社区的跨越式城镇化

跨越式城镇化是针对我国农民常规进城的渐进式城镇化[⑦]而提出的一种进城方式。渐进式城镇化指的是当前在我国城乡存在巨大差异的背景下，农民进城不可能一蹴而就，须要经过一个非常艰难且相对长期的过程，这个过程逐步推进。即便一个农村富裕家庭从在城镇买房开始，到他们真正彻底搬进城镇成为市民，大多也需要数年甚至数十年的准备阶段，在此过程中，这些农村家庭需要在农村和城镇之间反复适应。

但跨越式城镇化则不同，跨越式城镇化指的是农民通过跨越阶段和时间而实现快速进城的一种方式。一方面，跨越式城镇化跨越了阶段。从我

---

① 李晗锦，郭占锋.移民社区空间治理困境及其对策研究[J].人民长江,2018,49(17):107-112.

② 吴新叶，牛晨光.易地扶贫搬迁安置社区的紧张与化解[J].华南农业大学学报(社会科学版),2018,17(02):118-127.

③ 郑娜娜，许佳君.易地搬迁移民社区的空间再造与社会融入——基于陕西省西乡县的田野考察[J].南京农业大学学报(社会科学版),2019,19(01):58-68.

④ 马流辉，莫艳清.扶贫移民的城镇化安置及其后续发展路径选择——基于城乡联动的分析视角[J].福建论坛(人文社会科学版),2019(03):167-174.

⑤ 马良灿，陈淇淇.易地扶贫搬迁移民社区的治理关系与优化[J].云南大学学报(社会科学版),2019,18(03):110-117.

⑥ 王蒙.后搬迁时代易地扶贫搬迁如何实现长效减贫?——基于社区营造视角[J].西北农林科技大学学报(社会科学版),2019,19(06):44-51.

⑦ 夏柱智，贺雪峰.半工半耕与中国渐进城镇化模式[J].中国社会科学,2017(12):117-137.

国的现实经验来看，按照正常的农民渐进式城镇化进城路径，农村贫困户依靠自身努力进城需要经过"农村贫困户→农村富裕户→城镇居民"这样一个过程。而城镇集中安置社区中的易地搬迁贫困户则借助国家帮扶直接实现了"农村贫困户→城镇居民"这样一个跨越式过程。可见，城镇集中安置社区中的易地搬迁贫困户已经直接跨越了"农村富裕户"这个阶段。但实际上，一个农村贫困户成为农村富裕户的过程，不仅仅是经济财富的增长，更是家庭整体生计能力增长的体现，代表着他们市场博弈能力的增强，是他们能够适应现代市场竞争的一种表现。另一方面，跨越式城镇化跨越了时间。尽管此次易地扶贫搬迁并没有规定全国统一的搬迁时间，但根据国家相关政策，"易地扶贫搬迁过渡期原则上为搬迁群众实际入住后1年以内"。而即便是按照1年过渡期时间计算，其时长仍然远短于农民渐进式进城的过渡期。调研发现，2019年之后，为加快易地扶贫搬迁进度，一些地方能够给予的过渡期一般只有6个月左右。可见，借助国家政策支持，城镇集中安置社区中的易地搬迁贫困户确实已经走出了一条与传统渐进式城镇化不同的新路径，实现了跨越式城镇化。

国家之所以在此次易地扶贫搬迁过程中采用跨越式城镇化方式，也是因为经过多年扶贫，此次脱贫攻坚面对的都是我国历史上最难啃的重度贫困人口，这些贫困人口中的大部分生活环境恶劣，存在"一方水土养不起一方人"的情况，要真正实现这部分极端贫困人口的脱贫，就必须采用易地搬迁的方式。因此，从2015年10月开始，我国以政府统一安置为主，政府在投入大量资源基础上，通过其在土地权属、政策、资金、服务体系等方面享有的权利完成搬迁，在此过程中，广大农村贫困户在国家的帮扶下无偿获得了城镇的房子、城镇居民的身份和城镇社保等待遇，在不到5年时间内实现了数百万建档立卡贫困户的跨越式城镇化。应该承认，城镇集中安置社区改善了易地搬迁贫困户的生产生活条件和居住空间，有效破解了环境恶劣造成的"贫困积累"陷阱，降低了易地搬迁贫困户对生态系统服务的依赖①和贫困脆弱性，促进了易地搬迁贫困户思想观念更新，为易地搬迁贫困户的脱贫提供了条件②。因此，尽管获益程度存在一定差异，但建立城镇集中安置社区这种跨越式城镇化的方式还是在整体上给易地搬迁贫困户带来了巨大收益。

（二）跨越式城镇化的"半城镇化"困境

尽管易地搬迁贫困户通过跨越式的方式实现了城镇化，但在这种非常规的城镇化方式之下，进城的贫困户仍然会存在生计能力不足的问题。

生计能力主要通过物质资本、自然资本、社会资本、人力资本、金融资本这五种形式来展现。贫困户作为生计能力原本就不足的一个群体③，易地搬迁尽管在改善农户物质资本方面发挥了一定正向作用，但从短期来看，易地搬迁会损耗农户自然和社会资本④，因此，当前扶贫搬迁对贫困户提升可持续生计能力的表现均不显著⑤。以下对影响农户生计能力的五种资本进行分析：

第一，物质资本得到一定提高。贫困户的物质资本主要指住房面积、住房结构、生产生活资料等。借助国家的大力扶持，进入城镇集中安置社区的易地搬迁贫困户从农村的危房进入城镇的楼房，快速解决了住房问题，且住房结构和住房面积都得到较大幅度改善，所以在易地搬迁政策下，贫困户的物质资本水平实现了显著提升。

第二，自然资本受损。对贫困户而言，他们最重要的自然资本是包括耕地和林地在内的土地。搬迁之前，贫困户可以在农村通过土地耕作维持

① 李聪,郭嫚嫚,李萍.破解"一方水土养不起一方人"的发展困境?——易地扶贫搬迁农户的"福祉-生态"耦合模式分析 [J].干旱区资源与环境,2019,33(11):97-105.

② 刘明月,冯晓龙,汪三贵.易地扶贫搬迁农户的贫困脆弱性研究 [J].农村经济,2019(03):64-72.

③ 胡伦,陆迁.生计能力对农户持续性贫困门槛值的影响 [J].华中农业大学学报(社会科学版),2019(05):78-87+169-170.

④ 刘伟,黎洁.提升或损伤?易地扶贫搬迁对农户生计能力的影响 [J].中国农业大学学报,2019,24(03):210-218.

⑤ 王振振,王立剑.精准扶贫可以提升农村贫困户可持续生计吗?——基于陕西省70个县(区)的调查 [J].农业经济问题,2019(04):71-87.

基本生活，但易地搬迁后，由于搬迁距离大多较远，使得土地耕作半径增大，尤其是对于搬迁到县城的易地搬迁贫困户而言，由于新的居住地距离土地太远，实际上已无法继续耕作，从而被迫放弃了农村的土地资源，而新的城镇安置地又没有足够的土地给他们，所以他们的自然资本会出现一定程度受损。

第三，社会资本受损。贫困户的社会资本主要指的是身边亲朋好友的支持和对他们的信任等。对自身经验、知识、认知等都存在不足的贫困户而言，社会资本是他们正确认识世界和采取行动的重要保障。但搬迁后，易地搬迁贫困户与过去农村基于血缘、地缘关系建立起来的社会关系网在空间上出现分离，这种空间上的距离给他们带来了沟通上的障碍，因此易地搬迁贫困户在获得过去农村亲朋好友支持、身边人信任等方面会出现不足。同时，因为城镇集中安置社区中以搬迁贫困人口为主，缺少精英。且城镇集中安置社区是以陌生人为主体的原子化社会，易地搬迁贫困户大多社会交际能力有限，在短期内难以重新建立有效的社会支持网络。因此易地搬迁贫困户的社会资本在短期内会出现受损。

第四，人力资本受损。贫困户的人力资本主要包括劳动能力、受教育年限、健康状况等。尽管从表面来看，易地搬迁贫困户的人力资本从农村迁入城镇后不会有变化，但实际上，如果从劳动参与角度来看，易地搬迁贫困户的人力资本在短期内会出现受损。主要是因为，贫困户在农村的时候是以土地为基础构建他们的生产生活体系，由于土地耕作对劳动力素质要求的门槛较低，所以即便贫困户在身体健康状况、教育水平等方面存在不足，但他们仍然可以从事一些简单的土地耕作。但进城之后，由于土地距离变远，城镇的大多非农就业对劳动力的健康状况、受教育程度等普遍高于农业生产，而易地搬迁贫困户短期内因为不具备这些相关能力，所以易地搬迁贫困户的人力资本会因为与城镇非农就业结构不适应而出现短期的受损。

第五，金融资本受损。贫困户的金融资本主要包括人均纯收入、能够投入生产的金额、融资渠道等。搬迁前，贫困户在农村主要是以小规模的传统农业种植为收入来源，而农业投入资金要求小，所以尽管贫困户金融资本不足，也能够维持基本的农业生产活动，且尽管农村收入较低，但在土地支持下，农村生活开支也相对较小，从而在一定程度上缓解了经济压力。易地搬迁后，贫困户面对城镇的工商业市场社会，一方面，工商业投入的金融门槛比小规模农业高很多，而易地搬迁贫困户往往没有足够的融资渠道独立开展工商业生产；另一方面，城镇生活会提高最终消费[①]。相对于农村，城镇主要是一个商品社会，包括蔬菜、肉蛋奶等过去在农村都可以通过土地解决的生活用品现在都必须通过市场购买方式获取，同时城镇集中安置社区中的物业服务费等这些过去在农村没有或者较少的费用，到了城镇集中安置社区后都大大增加。按照当前我国每人每年 2300 元（2010年不变价）的农村贫困标准计算，2019 年城镇居民人均消费支出是 28063元。可见，进城的易地搬迁贫困户如果收入上无法得到快速提高，很可能面临经济上入不敷出的困境。所以相对而言，在国家帮扶下，尽管贫困户进城后的经济收入会有所增加，但其总体金融资本却可能在短期内受损。

可见，尽管城镇集中安置社区中的易地搬迁贫困户通过跨越式城镇化的方式进入了城镇，但他们的城镇化过程并没有全部完成。究其原因，"人的城镇化"本身是一个系统工程，其不仅是居住方式和户籍的城镇化，还包括了生产方式、生活方式、文明素质等的城镇化[②]。而按照常规的渐进式城镇化过程，农民进城至少需要经过三个阶段：首先是能力进城，其次是居住空间进城，最后是思想观念和行为习惯进城。由此可见，尽管国家投入了巨量人财物等资源实行易地扶贫搬迁，但这些投入并不能在短期内提高易地搬迁贫困户适应城镇的个人能力和素质，尤其是对易地搬迁贫困户在城镇生产中应相适应的知识、技能，以及与城镇生活方式转变相适应的交往素质、心理素质和审美素质等。因此，国家尽管能在短期内实现易地

---

① 潘明清，高文亮.我国城镇化对居民消费影响效应的检验与分析[J].宏观经济研究,2014(01):118-125.
② 李强，王昊.什么是人的城镇化?[J].南京农业大学学报(社会科学版),2017,17(02):1-7.

扶贫搬迁贫困户的"居住城镇化"、"户籍城镇化"和教育、医疗、社会保障等方面的"公共服务城镇化"，却无法代替易地搬迁贫困户实现生产方式、生活方式、文明素质等方面的"能力城镇化"和"素质城镇化"。也就是说，通过跨越式城镇化进城的易地搬迁贫困户仍只处于一种"半城镇化"状态，并没有实现"完全城镇化"，还需要"补短板"。

三、易地扶贫搬迁社会融入的对策建议

2020年3月6日，习近平总书记《在决战决胜脱贫攻坚座谈会上的讲话》中明确提出，"要加大易地扶贫搬迁后续扶持力度"。

易地扶贫搬迁城镇集中安置社区的形成有其特殊背景和原因，由于其人员构成的特殊性，应该对其树立正确的认识。从阶段而言，未来城镇集中安置社区中的易地搬迁贫困户将成为真正的城镇居民，未来的城镇集中安置社区也将成为真正的城镇社区。但就目前而言，由于易地搬迁贫困户还没有实现"能力城镇化"和"素质城镇化"，因此城镇集中安置社区仍只处于从农村向城镇的"过渡性"阶段，需要继续扶持。易地扶贫搬迁是一个长期系统工程，对易地搬迁贫困户不能"一搬了之"，他们自身的城镇生计能力不足，而能力的培养并非一蹴而就，需要一个相当长的时间，因此实现"全面城镇化"需要一个相对较长的"过渡期"。而治理资源是完善基层治理体系的重要内容，由于易地搬迁贫困户自身能力不足，只能依靠国家自上而下的人力资源、物质资源、政策资源等投入。因此，"过渡期"内应继续加强对城镇集中安置社区的人财物和政策等资源扶持。

具体而言，一是加强对易地搬迁贫困户的就业支持力度，尤其重点关注40岁以上"半失业"人群的就业；二是加强城镇安置社区中的教育、医疗建设，补齐短板，让易地搬迁贫困户能够真正享受到城镇同等公共服务；三是注重易地搬迁贫困户的能力培养，既要授人以鱼，更要授人以渔，让搬迁对象能够真正具有在迁入地城镇独立生活相适应的能力；四是加强城镇集中安置社区社会保障体系建设，对那些没有能力参与就业的易地搬迁

贫困户，应该对其进行适当的社会保障，让他们能够在城镇有尊严地生活；五是加强对易地搬迁贫困户的行为规范引导，让他们养成适应城镇生活的行为习惯和生活模式，最终形成与城镇相适应的工作能力和生活习惯。

但也应注意，对易地搬迁贫困户扶持的目的是让他们具有自主在迁入地城镇生计的能力，因此也应防止过度扶持，防止易地搬迁贫困户形成过度依赖思想，进而失去内生发展动力。

（一）发展迁入地的现代工商业

经济基础决定上层建筑，在搬迁对象进城后，他们过去在迁出地农村务农的经营性收入已经大大减少，在迁入地城镇务工的工资性收入成为他们的主要收入来源。因此，此时就业对搬迁对象的社会融入就至关重要。

一方面，拓展迁入地城镇的就业。尽管大量搬迁户借助国家政策实现了进城，但因为我国中西部的迁入地城镇缺少足够的非农就业机会，所以，搬迁户往往只能到东部沿海地区务工。中国制造业的空间集聚程度明显在加深，越来越多的制造业行业不断向东部沿海有限的几个省份或区县集中，成为高度集聚或非常集聚的行业[①]。易地搬迁的搬迁户出现了迁出地、迁入地和务工地三者相分离的情况，可能出现"一家三地"的情况：第一，迁入地是城镇集中社区，相对于迁出地自然条件恶劣的农村。迁入地最大的优势就是公共服务更加便利，水平更高，如安置社区中都有教育、医疗、交通等相对较好的资源，尤其是教育资源。教育对一个家庭至关重要，所以大部分迁出户都会为了子女教育而搬进安置社区。但迁入地位于中西部农业型城镇，或者说主粮农业型城镇地区，主粮品种相对单一，技术要求低，服务产业链短，经济附加值低，所以当地非农就业机会少，这就导致了当地就业门槛相对高，且缺少稳定就业机会。此时，迁入地的"就业难"就逐渐凸显出来，当然，学历较高且年轻的搬迁对象可以在国家政府部门找到部分稳定工作，因为这部分机会是由国家提供，相对更加稳定。但绝

[①] 文东伟,冼国明.中国制造业的空间集聚与出口：基于企业层面的研究[J].管理世界,2014(10):57-74.

大部分搬迁户只能选择外出务工，而搬迁户中的青壮年群体长期外出务工必然带来"三留守"问题，即留守老人、留守儿童和留守妇女。这种人口结构的变化不可避免地给家庭稳定带来了一定的挑战。

另一方面，拓展扶贫车间的就业。在此次易地扶贫搬迁过程中，为了保障搬迁对象的就业，基本所有的大中型集中安置社区都建设了扶贫车间。扶贫车间是一种相对特殊的就业场所，其中基本都是小微型劳动密集型企业，此类企业具有较强的外向性，高度依赖外部市场。因此，一旦外部市场发生波动，这些企业便可能面临严重的冲击。

扶贫产业发展是破解"稳得住、能致富"难题的关键所在。产业扶贫项目面临着相比一般产业更强的"脆弱性"，搬迁对象不仅天然是风险承受能力最弱的一群人，而且人力资本、劳动技能乃至组织性等水平相对较低，抗风险能力较差。当前扶贫产业发展主要面临三个方面的市场风险：一是产业项目的选择上，普遍暴露出单一化、雷同化特征，既缺乏差异化市场定位，又缺乏对市场需求和项目可行性的研究，这是产销脱节、项目失败的风险根源，或将造成资源的极大浪费。二是在产业项目实施过程中，欠缺产业链思维，特别是涉农产业，许多还停留在产品的初加工和初级产品的开发上，产品种类和生产链延伸不足，价值水平深挖不足，市场竞争力不强，抵御市场风险的能力较弱。三是产业项目实施完成之后，应对风险的利益联结机制和协调机制不健全[1]。

因此，需要借助国家政策支持，充分考量大规模搬迁群众融入迁入地城镇的发展需求，统筹产业、基础设施和社会事业发展规划，全面提升城镇综合承载能力，努力做到产业聚集与人口聚集同步、经济发展与社会事业发展同步，拓展稳定就业新途径，实现搬迁户的本地非农就业。

（二）大力提高搬迁对象的生计能力

搬迁对象尽管借助国家的扶贫政策实现了进城，但因为搬迁对象自身

---

① 贵州师范大学.贵州省"十三五"时期易地扶贫搬迁评估基地报告[J].内部资料,2019(12).

能力仍然存在一些欠缺。根据 2021 年西部 9 省 11 县脱贫户的实地调研数据发现，搬迁后脱贫农户的公益性岗位就业显著增加，而市场性就业没有明显变化。[①] 所以，仍然需要通过提高搬迁对象的生计能力，以加快搬迁对象的社会融入。

一方面，提高搬迁对象的勤劳致富思想。部分搬迁对象的内生动力不足，"等靠要"心理仍然存在。在易地扶贫搬迁的背景下，少部分搬迁群众认为既然是政府将他们从农村搬出来，那政府就有责任对他们负责到底，否则政府就背负了道义责任。因此，搬迁群众中观念滞后、能力不足、懒散懈怠者居多，依赖性较强。部分搬迁对象主观脱贫意识不强，观念保守，参加职业培训主动性不高，组织培训比较困难。

另一方面，提高搬迁对象的文化和技术水平。部分搬迁对象因文化水平低、适应能力差，不能很好地接纳政府部门推荐的招工岗位信息，在一定程度上出现了"招工者无工可用，求职者无业可就"的矛盾现象。部分搬迁对象因为年龄较大、学历偏低、技能较弱、薪资未达到预期等原因，存在推荐就业后又失业的情况。未就业的搬迁群众多为"老弱病残"，此类人群基本丧失劳动力或者劳动力能力低下，难以被用工单位接纳。如何有效激发搬迁户的内生动力，摒弃落后观念，摒除依赖心理，成为下一步要解决的关键问题[②]。

据国家统计局数据，2019 年中层及以上管理人员平均工资最高，生产制造及有关人员平均工资最低。一线劳动者（生产制造及有关人员）工资还不到中层及以上管理人员工资的 38%，而且从时间上来看占比呈现持续下降趋势[③]。因此，提高搬迁户的劳动力质量非常重要。

为此，下一步需要做的包括，一是加强扶贫扶志，激发搬迁对象的内

---

① 张焕柄，张莉琴.易地扶贫搬迁对脱贫农户就业的影响——基于西部 9 省 11 县的调研 [J].资源科学，2023,45(12):2449-2462.

② 贵州师范大学.贵州省"十三五"时期易地扶贫搬迁评估基地报告 [J].内部资料，2019(12).

③ 国家发展和改革委员会就业收入分配和消费司，北京师范大学中国收入分配研究院.中国居民收入分配报告（2020）[M].北京：社科文献出版社，2020:224.

生脱贫动力。通过扶志宣讲与典型示范转变易地搬迁群众长期以来存在的"等、靠、要"依赖心理，激发其自力更生、自我奋斗的精神坚定脱贫致富的决心与信心。二是扎实帮助搬迁群众提升就业技能。围绕扶贫产业发展和搬迁户就业需要，摸底搬迁户人力资本开发潜力，有针对性地安排实用、易学、市场前景广阔的技能培训和岗前教育。

（三）保障搬迁对象返乡务农的权利

在易地搬迁安置中，尽管搬迁户的迁出地自然条件相对较差，公共服务体系也亟待完善，但这些地区仍然有一定可耕作的土地。土地作为农民可以自由使用的生产资料，虽然直接经济产出相对较低，但进入门槛也不高，且随着机械化和农田水利的推广，土地的劳动需求已经大大降低。同时，从地方政府角度看，易地搬迁户多是来自"一方水土养不起一方人"的自然条件恶劣的地方，迁出地的土地难以通过机械化方式集中连片耕作，搬迁户留下的土地的大面积流转非常困难。

最重要的是，老年搬迁群体并没有享受城镇退休职工养老保险待遇，这些老年人只有最低的城乡居民基本养老保险，而城乡居民基本养老保险的保障水平低，在城镇这样一个市场社会中就出现了收入与开销不对等的情况。尽管老年人也可以通过低保＋城乡居民基本养老保险的方式维持在城镇社会的基本生活，但其生活品质势必受到影响。鉴于老年人在长期的农村生活中积累的经验和习惯，高龄老人更倾向于居住在迁出地农村地区。因此，允许易地搬迁老人返回原迁出地务农，当前对于提升搬迁户整个家庭在城镇的融入度具有积极意义。

（四）加强安置社区的社会支持体系建设

面对城镇集中安置社区这样一种几乎全部由易地搬迁贫困户组成的特殊社区，因其人员构成的特殊性，使得其内部出现各类风险的可能性增大。相关研究已发现，正式和非正式社会支持对移民群体实现经济再发展的促

进作用都很明显 ①。因此应加快城镇集中安置社区中的社会支持体系建设。

一是要加大易地扶贫搬迁城镇集中安置社区内部的精英人才培养。由于城镇集中安置社区中的易地搬迁贫困户自身能力不足，甚至可能缺少发展的内生动力。因此，第一，应加强培养作为带头人的精英群体。如培养包括基层党员在内的政治精英，为党组织领导下的"三治结合"的社区治理体系构建提供后备人员队伍；第二，培养作为致富带头人的经济精英，激发广大贫困户的内在动力，带领广大易地搬迁贫困户发家致富；第三，培养包括知识精英、文化精英等在内的社会精英，提高广大易地搬迁贫困户干事创业的能力。最终加快构建城镇集中安置社区中正常的社会体系，让城镇集中安置社区内部能够自主运转。

二是加强易地扶贫搬迁城镇集中安置社区内部的社会支持网络建设。城镇集中安置社区作为贫困人口组成的特殊社区，其内部的贫困户自身能力较差，需要的社会支持更多。因此，可以通过社区内部互助网络体系的构建（如通过组织建设），在原本陌生化的楼栋内部建立熟人合作体系来增强支持力量。

三是加强易地扶贫搬迁城镇集中安置社区内部的文化建设。一方面，通过建立"熟人社会"的沟通模式让城镇集中安置社区能够内部支持；另一方面，尝试建立专业化的心理疏导中心。利用人文关怀和心理咨询等方式，引导提高移民自我调节、自我适应、自我控制的能力，通过众多的媒体平台进行积极宣传，营造开放、包容、和谐的邻里环境，拉近搬迁群众与迁入地城镇居民之间的关系，消除沟通交流障碍，从而对易地搬迁贫困户一些生产生活中遇到的问题进行及时的心理疏导，防止心理问题扩大为社会稳定风险。同时，矫正行为方式。搬迁群众习惯了农村自由进出的宅院、生火做饭取暖的生活，也习惯了大声吆喝、穿鞋进屋的行为，要促进移民具备进入城市后应有的基本素质，必须进行有针对性的指导和帮助，使其快速了解迁入地的风土人情、风俗习惯，融入迁入地的生活。最后，

---

① 石智雷,彭慧.库区农户从贫困到发展：正式与非正式社会支持的比较 [J].农业技术经济,2015(09):48-56.

增加文化生活。通过开展知识讲坛、歌咏比赛、棋牌大赛、体育竞技等文化休闲活动，提高生活质量，增添生活乐趣。

（五）在安置社区实施保障性照料

城镇安置社区的建立确实让搬迁户的生产生活条件相比搬迁前获得了极大改善。但为了让搬迁户尽快"稳得住"和"能致富"，还应通过降低搬迁户家庭负担的方式提高搬迁户的城镇适应能力。安置社区中老弱病残特殊人群数量多，规模大，所需的照料服务以及所需的劳动力投入也相对较多，考虑到搬迁户本身并不具备通过其他渠道获得相关替代服务，所以可以计划在有条件的大中型集中安置社区实施对老弱病残等特殊群体的保障性照料，为那些老弱病残特殊群体提供日常看护、餐饮等方面的基本服务。通过规模化的方式降低单个家庭的照料成本，同时释放出一部分搬迁户家庭中的劳动力，让那些原本负责家庭照料的劳动力参与到外部劳动力市场，获取更多工资性收入，从而提高搬迁户的家庭收入，让搬迁户过上更优越的日子。

第一，对1—3岁的婴幼儿实施保障性集中托管。尽管当前安置社区基本都开办了公办幼儿园，极大缓解了幼儿的照料问题。但公办幼儿园只能接收3岁以上的幼儿，对1—3岁的婴幼儿则仍只能是家庭照料。因此，可以通过建立公办托儿所等方式，集中托管照料安置社区中1—3岁的婴幼儿，不仅能为在家照看婴幼儿的青年女性提供更多的时间去参与工作，进而增加家庭收入，同时也为婴幼儿提供了更为专业与细致的照料。

第二，通过四点半课堂、周末辅导班、寒暑假辅导班等将小学阶段部分课余时间进行集中保障性托管。当前，仅有少数大中型安置社区具备开设四点半课堂的条件，而四点半课堂、周末辅导班、寒暑假辅导班等对于提高安置社区女性劳动力的就业能力很重要。在中西部农业型地区，非农就业机会相对稀缺，女性劳动力在接送和照看孩子方面所花费的时间较长，这无疑会占据其大量的工作时间，进而影响其工作表现和家庭收入。通过四点半课堂、周末辅导班、寒暑假辅导班等集中保障性托管的方式对孩子的课余时间进行集中照料，可以节省搬迁户的家庭人力成本，为搬迁户家庭提高收入创造更多条件。

第三，对老年人、残疾人和重病人开展统一的保障性照料。目前，安置社区内的老年人、残疾人及重症病患主要依赖于家庭分散照料，这无疑加重了搬迁户家庭劳动力的负担。一些大中型安置社区尽管开办了老年人日间照料中心，但大多因为缺少配套支持经费，无法提供日常餐饮照料，那些生活不能完全自理的老年人仍然只能由家庭专人进行留守照料。因此，通过为安置社区提供一定的资金支持，将安置社区中的部分青壮年劳动力组织起来，对安置社区中的老年人、残疾人、重病人等生活不能完全自理的特殊人群进行统一保障性照料，这既为安置社区提供了就业机会，又让搬迁户能够释放出更多家庭劳动力外出务工，提高家庭收入，为安置社区的稳定和发展创造条件。

其中尤其是老人，调研已经发现，老年搬迁群体在城镇安置社区的融入程度比较低。为此，应有针对性的采取一些措施：首先，积极发展老年产业。低龄老人既具备一定的劳动能力，又具有较强的劳动意愿，且劳动不仅能提高收入，也能让易地搬迁老人产生意义感。因此，可以在老人集中的城镇集中安置社区周边建立老龄产业园区，引进一些适合低龄老人从事的简单工作，如保安、保洁、采摘等工作。同时，为易地搬迁老人提供相关技能培训，既在老龄化时代发挥好老人的积极作用，让老人"老有所为"，也帮助易地搬迁老人更好地融入城镇。其次，对安置社区进行适老化改造。易地搬迁老人中有大量身体不好的失能老人和半失能老人，他们既需要日常活动，也需要日常社交。因此，可以在易地搬迁社区中建立适合老人的公共活动场所，设置适合老人的活动器材，增加社区的无障碍设施建设。面对广大青壮年群体已外出务工、易地搬迁老人成了"留守老人""空巢老人"的现状，为了保障老人安全，对公共场所和老人家庭等进行适老化改造，让易地搬迁老人能够更好地在易地搬迁社区生活。同时，鉴于易地搬迁老人在家生活不方便的问题，可以通过建设公益性老年公共食堂解决其日常吃饭问题。最后，再造社区共同体。传统农村是一个"熟人社会",而安置社区对易地搬迁老人而言仍是一个"陌生人社会",可以通过在安置社区建设老年活动中心等公共空间,举办社区节日、公共活动等方式,人为地创造让易地搬迁老人建立联系的场所和机会。同时,宣传孝道文化,大力弘扬孝亲敬老等传统美德,通过宣传新时代家风、社风等方式建立尊老敬老的民风,增加易地搬迁老人对安置社区的心理归属感和认同感。在安置社区老人中发展低成本的互助养老,让老人"老有所用"和"老有所依"。总之,针对长期易地搬迁老人融入迁入地的需求,在易地搬迁老人短期还无法具备城镇自养能力的情况下,应努力为易地搬迁老人创造一个低成本高福利的养老环境,让易地搬迁老人在城镇集中安置社区中真正能够做到"老有所为""老有所依""老有所用""老有所乐"。[①]

（六）巩固安置社区的住房保障体系

"居者有其屋"是搬迁对象在迁入地融入的重要基础。在"十三五"易地扶贫搬迁过程中,为搬迁对象在迁入地提供保障性住房也是最基本的政策要求。但实际上,易地扶贫搬迁对象的住房正在成为搬迁对象融入迁入地城镇的限制因素,"人房矛盾"已经成为问题。

一方面,搬迁对象的保障性住房本身面积较小。根据国家统计局发布了《中国人口普查年鉴2020》,在2020年,从居住面积来看,我国人均住房建筑面积为41.76平方米。其中,我国城市家庭人均居住面积为36.52平方米[②]。而易地扶贫搬迁政策规定搬迁户的人均安置住房不超过25平方米,这个标准显然低于当前的城镇住房标准,更是低于农村的住房标准。所以,搬迁对象要融入迁入地城镇,在住房面积上同样需要达到迁入地城镇的标准。

另一方面,搬迁对象面临着家庭人口增加带来的住房压力。在此次易地扶贫搬迁安置过程中,采用的是"一次分配"的方式,也就是按照搬迁

---

① 刘升.养老型返迁:易地搬迁老人的社会融入困境及养老选择——基于某脱贫县集中安置社区的跟踪调查[J].南京农业大学学报(社会科学版),2023,23(04):119-129.

② 观察者网.普查年鉴:2020年全国人均居住面积41.76平方米.[EB/OL].[2022-06-27].https://www.guancha.cn/politics/2022_06_27_646597.shtml.

时候的户籍人口认定，之后房屋面积将不会随着家庭人口数量变更而发生变化。

面对这种"生不增，死不减"的住房分配方式，随着进城后搬迁户家庭人口数量的变化，尤其是儿子多的家庭，在搬迁户短期还不能依靠自己力量在迁入地城镇购房的情况下，很多搬迁户就面临着住房不够的难题，这已影响到搬迁对象社会融入的效果。调研发现，已经出现一个搬迁家庭中有 3 个儿子，在 2 个儿子结婚生子后，老人因为住房不够而返回迁出地农村居住的情况。

案例 7-2：广西壮族自治区的丹泉安置社区，到 2023 年 9 月，已经有 70 户左右的搬迁户出现住房紧张问题，约占搬迁户总数的 5% 左右。主要原因有三个：一是兄弟分家；二是儿子结婚；三是生孩子多。这些原因都会导致搬迁户的人均住房面积低于 13 平方米，生活空间拥挤。鉴于当前绝大部分搬迁户还买不起城镇的商品房，所以解决办法主要是两个：一是趁着农村老家的房子没拆，搬迁老人返回迁出地农村居住；二是青壮年长期在外务工，不占用家中房屋。但这都只是权宜之计，搬迁户自己认为，如果他们没有房子，未来他们只能返回迁出地农村老家盖房居住。

为此，需要通过国家层面出台统一的政策，支持易地搬迁对象申请迁入地城镇的保障房，从而通过保障房的方式降低搬迁户在迁入地城镇的生活成本。

（七）建立安置社区物业费共担机制

当前，物业费收取难已经成为众多安置社区所面对的共同难题，也已经影响到了搬迁对象在迁入地的社会融入。但目前而言，易地扶贫搬迁对象在短期内仍然难以真正承担起交纳物业费的责任。同时，受到新冠疫情、经济下行等多种因素的影响，短期内各县（市、区）地方财政情况仍然不会得到较大好转。因此，由各迁入地政府依靠有限的地方财政来承担物业费的方式显然也难以持久。这就须要建立一套适合的易地扶贫搬迁安置社区物业费收取制度。

1. 短期：建立物业费的多方共担机制

鉴于搬迁群众短期内无力承担物业费，为了保障安置社区物业的正常有效运转，须要再建立一个 3—5 年的过渡期，这期间的物业费仍主要是政府补贴，但须要考虑扩大政府补贴的资金来源。

一方面，允许易地扶贫搬迁后续专项资金来补贴部分物业费。当前仍处于易地扶贫搬迁过渡期，根据规定，这段时间国家仍然会持续提供专项的易地扶贫搬迁后续扶持资金，这些资金数额较大，使用范围较广，但目前这些后扶资金却受政策限制不能用来支付搬迁对象的物业费。所以，可以考虑允许将部分后扶资金用来支付搬迁群众物业费，从而在不增加省级财政负担的情况下有效降低县（市）的财政负担。

另一方面，各搬迁省市两级适当分担安置社区物业费。在易地扶贫搬迁过程中，为了缓解基层政府的财政压力，让基层政府能够集中精力开展扶贫搬迁的其他工作，如贵州省采用了坚持省级统筹统管、统贷统还易地扶贫搬迁资金的办法，这一办法也在实践中证明了其有效性。

同样，在易地扶贫搬迁的过渡期，在易地扶贫搬迁物业费方面也遇到了相同的问题，所以可以考虑省级和县级财政，或者是省市县三级财政共同负担易地扶贫搬迁物业费的方式，以减轻县（市）地方政府的财政压力，让地方政府能有更多精力做好服务工作。

2. 中期：发展安置社区产业解决部分物业费

在易地扶贫搬迁安置社区建设过程中，根据"五个体系"的要求，每个城镇安置社区都建立了配套的产业，这些产业未来如果发展得好，就可以为集体提供收入，从而适当补贴部分物业费。

调研发现，当前安置社区基本都有了或多或少的集体经济产业，然而，要使这些产业真正具备自我发展能力，仍需一定的时间来进行进一步培育和发展。因此，中期可以通过因地制宜发展安置社区产业，发展壮大集体经济的方式提高安置社区的造血能力，既带动搬迁群众就业致富，也实现安置社区集体经济增长。

3. 长期：提升搬迁群众交费能力和交费意识

易地扶贫搬迁安置社区最终会成为真正的城市小区，搬迁群众也将成为真正的市民，而物业费收取只是第一步，后续还需要收取停车费、房屋维修基金等费用。

所以从长期来看，一方面是不断提高搬迁群众应对市场的能力，以提高搬迁群众的收入；另一方面加强政策宣传引导。加强物业管理等方面的相关政策法规宣传，逐步引导培养搬迁群众养成物业服务的消费观念，同时要加强搬迁群众主人翁意识和家园观念的教育，增强搬迁群众对安置社区的认同感，提高搬迁群众的交费自主性。

（八）完善迁入地配套设施

此处迁入地配套设施指的并不是易地搬迁安置社区内部的配套设施。客观地说，易地扶贫搬迁作为"十三五"期间的重要工程，在各级党委政府的高度重视下，安置社区内部的水电路讯和教育、医疗、文化等公共服务都得到了较好的保障。

但调研也发现，此次易地扶贫搬迁给迁入地城镇的基础设施和公共服务带来了压力。此次易地扶贫搬迁以城镇集中安置为主，而城镇是一个整体性系统，短期内大量农村搬迁人口进城，直接增加了迁入地城镇的水电路讯和教育、医疗、文化服务等压力，往往会给迁入地的基础设施和公共服务造成了一定压力（案例7-3和案例7-4）。

案例7-3：在广西壮族自治区的江北镇，因为在短期内安置了3000多搬迁群众，使得镇上长住人口短期内几乎增加了一倍，这就给全镇居民的用水都带来了困难，镇上现有的供水系统显得不堪重负，经常出现供水不足等问题。

案例7-4：在云南省的西城县，当地有易地搬迁群众一万余人，搬迁群众进城后，他们过去的农村低保都要转换成城镇低保，这就需要县里配套资源，但农业县的财政有限，于是出现了1300多万的财政资金缺口，导致县里财政困难。

其中，尤其是须要在迁入地建立公益性丧葬制度。搬迁对象本身都是贫困户，他们过去在农村，可以直接土葬，墓地都在自家地里，不需要花钱。但进城之后，城镇须要火葬，同时购买墓地的开销也不小，这就给部分搬迁对象带来了经济压力，让很多搬迁老人不得不返回迁出地农村。

针对大量搬迁群众所带来的迁入地公共服务和公共设施不足等问题，尽管脱贫县有部分乡村振兴衔接资金支持，但资金量往往不足。所有，须要在上级党委政府的支持下，不断完善迁入地城镇的各种相关配套设施，以保障迁入地所有居民的生产生活。

（九）完善搬迁对象的退出机制

完善搬迁对象的退出机制是为了将有限的资源集中到更需要帮助的搬迁对象身上。随着搬迁对象完全搬迁，搬迁对象也开始了快速分化。调研发现，部分搬迁对象已经彻底脱贫，可以不需要国家的帮扶（案例7-5）。

案例7-5：在广西壮族自治区的河西安置社区，陈姐是安置社区中的搬迁户，之前因为老公车祸过世，陈姐一个人带着两个读书的孩子，无法外出就业，家庭经济困难，成为贫困户。但到了2021年，陈姐家的两个孩子都已经毕业，开始外出务工，人均月收入都达到六七千元，陈姐也不用照顾孩子，同样选择外出务工。这样，全家三个人在外务工，家庭收入极大提高，安置社区的房子都进行了精装修，用上了指纹锁和扫地机器人等先进设备。

但当前对易地搬迁对象并没有明确的退出机制，所有帮扶政策仍然采用"一刀切"的方式，这就会造成帮扶资源分配的不精准。因此，需要完善现有的针对易地搬迁对象的退出机制，对于那些已经不需要帮扶的搬迁户减少投入帮扶资源，从而集中资源投入到真正的弱势群体身上。

（十）完善安置社区风险防控机制

由于易地扶贫搬迁城镇集中安置社区中贫困人口的高度集聚性和同质性，使得城镇集中安置社区一旦出现问题就可能迅速演变成能影响社会稳定的大问题，因此应着重加强城镇集中安置社区的风险防控机制建设。

一是加强社会稳定风险研判机制建设。风险研判是风险防控的基础和起点，是由风险信息收集、来源识别、性质评判、原因分析和趋势预测等诸多环节构成的统一整体①。因此，对风险研判机制的建设同样应秉承整体性思维，充分发挥基层社区党组织的领导作用，构建一个基于城镇集中安置社区社会稳定风险的统一研判机制，及时发现城镇集中安置社区中可能出现的各种社会稳定风险源和传导路径等。

二是要加强社会稳定风险评估机制建设。社会稳定风险评估主要指的是针对项目或决策的合法性、可行性、合理性、安全性等内容实施评估②。在进行城镇集中安置社区的后续扶持和社区治理过程中，不可避免地还要出台大量帮扶措施和治理要求，为了避免这些后续措施带来的各种利益冲突，因此也应对这些措施潜在的社会稳定风险进行科学客观的评估。

三是完善社会稳定风险防控协同机制和风险防控责任机制建设。风险防控协同机制是指某一领域的风险防控主体及所有相关力量支持和资源在面临重大风险逼近时所应及时集结、有序互动、高效协作、集成合力、快速生效、综合施治的一系列做法设定和操作办法③。风险防控责任机制属于保障措施，是对风险防控中的主体责任和配合责任等进行的科学设定和划分的一系列做法。在当前我国基层治理部门仍存在一定"权力碎片化"④的背景下，城镇集中安置社区社会稳定风险的有效治理需要多部门协同配合，通过科学的责权划分，调动各部门积极性，提前建立应对各类社会稳定风险的防控预案，从而有效防止社会稳定风险的发生和扩大。

可见，易地扶贫搬迁城镇集中安置社区的社会稳定风险防控机制的完善是一个整体性机制，须要通过党组织领导下的组织建设、制度建设、人员建设等多方面共同努力来实现。

① 易承志.进一步建立健全风险研判机制[N].学习时报,2019-03-04(005).
② 常健,许尧,张春颜.社会稳定风险评估机制中的问题及完善建议[J].中国行政管理,2013(04):105-108.
③ 邱霈恩.提高风险防控能力 健全风险防控机制(上)[N].中国纪检监察报,2019-02-19(005).
④ 刘升.基层治理中的"权力执行碎片化"研究——以城管执法为研究对象[J].云南大学学报(社会科学版),2020,19(02):117-130.

　　总之，搬迁对象的社会融入是一个长期过程，不能指望一蹴而就，要做好长期准备。

参考文献

[1] Babiker,I.E.,Cox,J.L,Miller,P..The Measurement of Cultural Distance And its Relationship to Medical Consulatation,Symptonmatology,and Examination Performance of Overseas Students at Edinburgh University[J],Social Psychiatry,1980,Vol.2.

[2] Berry,W.Immigration,Acculturation,and Adaptation[J],Applied psychology,1997,Vol.46,No.1.

[3] Bourhis,R.Y.&Dayan,J.Acculturation Orientations Towards Israeli Arabs and Jewish Immigrants in Israel,International of Psychology[M],2004, Vol.39,No.3,pp.118-131.

[4] 白南生,何宇鹏.回乡,还是进城?——中国农民外出劳动力回流研究(英文)[J].Social Sciences in China,2003(04):149-159.

[5] 本刊.努力实现全体人民住有所居——住房和城乡建设部领导在国新办新闻发布会上答记者问[J].城乡建设,2021(17):4-9.

[6] 毕文芬,初奇鸿,潘孝富.城市化居住空间下教育对邻里关系的影响机制:基于两性比较[J].西北人口,2018,39(02):65-73.

[7] 边燕杰.中国城市家庭的社会网络资本[J].清华社会学评论,2000(2).

[8] 曹锦清,张乐天.传统乡村的社会文化特征:人情与关系网———一个浙北村落的微观考察与透视[J].探索与争鸣,1992(02):51-59.

[9] 常健,许尧,张春颜.社会稳定风险评估机制中的问题及完善建议

[J]. 中国行政管理 ,2013(04):105-108.

[10] 陈桂生 , 张跃蟥 . 精准扶贫跨域协同研究 : 城镇化与乡村振兴的融合 [J]. 中国行政管理 ,2019(04):79-85.

[11] 陈经富 . "三西" 移民社区居民社会交往影响因素的实证研究 [D]. 兰州大学 ,2010.

[12] 陈绍军 , 马明 , 陶思吉 . 共同富裕视域下易地扶贫搬迁移民生计资本、生计策略与生计选择行为的影响研究 [J]. 河海大学学报 (哲学社会科学版),2023,25(01):94-108.

[13] 陈晓毅 , 马建钊 . 粤北山区瑶族移民的文化适应 [J]. 民族研究 ,2006(04):48-55+108.

[14] 陈肖英 . 民族聚集区经济与跨国移民社会适应的差异性——南非的中国新移民研究 [J]. 开放时代 ,2011(05):41-51.

[15] 陈云松 , 张翼 . 城镇化的不平等效应与社会融合 [J]. 中国社会科学 ,2015(06):78-95.

[16] 程丹 , 王兆清 , 李富忠 . 易地扶贫搬迁研究——以山西省五台县为例 [J]. 天津农业科学 ,2015,21(01):70-73.

[17] 程瑜 . 一个三峡移民村落在广东的生活适应 [D]. 中山大学 , 2004.

[18] 仇焕广 , 陈菲菲 , 刘湘晖等 . 易地扶贫搬迁研究 : 产业、就业与社区融入 [M]. 北京 : 经济科学出版社 .2022.

[19] 仇焕广 , 冷淦潇 , 刘明月等 . 中国千万人的易地扶贫搬迁 : 理论、政策与实践 [M]. 北京 : 经济科学出版社 .2021.

[20] Cowles,Henry Chandler. The Ecological Relations of the Vegetation on the Sand Dunes of Lake MIchigan,Montana USA：Kessinger Publishing[M],1899.

[21] 丛玉飞 , 任春红 . 城市外来务工人员社会疏离感影响因素分析——以长三角和珠三角为例 [J]. 中共福建省委党校学报 ,2016(08):96-102.

[22] 崔冀娜 , 王健 . 资本禀赋、公平感知与生态移民城镇融入研究——以三江源地区为例 [J]. 干旱区资源与环境 ,2020,34(07):97-103.

[23] 寸红彬,张文娟.云南濒危少数民族语言的生态环境[J].学术探索,2016(07):146-150.

[24] 丁波.新主体陌生人社区：民族地区易地扶贫搬迁社区的空间重构[J].广西民族研究,2020(01):56-62.

[25] 董亮.民族地区生态移民的文化教育与职业培训模式研究——以格尔木曲麻莱昆仑民族文化村为例[J].贵州民族研究,2014,35(04):173-177.

[26] EL-Hinnawi E.,Environmental refugees,Nairobi:United Nations Programme[M],1985,pp.1-3.

[27] Ethan Goffman,Environmental Refugees:How Many,How bad?[M] CSA,Discovery Guides,2006,pp1-15.

[28] 风笑天."落地生根"？——三峡农村移民的社会适应[J].社会学研究,2004(05):19-27.

[29] 风笑天.安置方式、人际交往与移民适应江苏、浙江343户三峡农村移民的比较研究[J].社会,2008(02):152-161+223.

[30] 风笑天.生活的移植——跨省外迁三峡移民的社会适应[J].江苏社会科学,2006(03):78-82.

[31] 冯文华.生态移民民族文化制衡机制的建构——以宁夏生态移民问题为例[J].人民论坛,2013(11):166-168.

[32] 冯雪红.藏族生态移民的生计差异与社会适应——来自玉树查拉沟社区的田野考察[J].北方民族大学学报(哲学社会科学版),2019(03):50-58.

[33] 付钊.空间理论视角下易地搬迁安置社区的结构困境与治理逻辑——以G省S社区为个案[J].湖南农业大学学报(社会科学版),2023,24(02):49-57.

[34] 盖志毅,宋维明,陈建成.草原牧区生态移民及其对策[J].北京林业大学学报(社会科学版),2005(03):55-58.

[35] 高山,李维民.国内社会稳定风险研究的十年理论考察：进路与展望[J].湖南社会科学,2016(06):63-69.

[36] 顾仲阳.截至今年6月底易地搬迁脱贫群众就业规模459.4万人

[N]. 人民日报 ,2022-07-11(001).

[37] 贵州省生态移民局 . 非凡的印记 历史的足迹——"十三五"易地扶贫搬迁的贵州行动 [J]. 内部资料 ,2020(12).

[38] 贵州师范大学 . 贵州省"十三五"时期易地扶贫搬迁评估基地报告 [J]. 内部资料 ,2019(12).

[39] 国家发展和改革委国土开发与地区经济研究所 , 贵州省生态移民局 . 中国特色脱贫攻坚道路的贵州探索——贵州省易地扶贫搬迁实践与理论总结 [J]. 内部资料 ,2020(10).

[40] 国家发展和改革委员会就业收入分配和消费司 , 北京师范大学中国收入分配研究院 . 中国居民收入分配报告（2020）[M]. 北京 : 社科文献出版社 ,2020.

[41] 郝玉章 , 风笑天 . 三峡外迁移民的社会适应性及其影响因素研究——对江苏 227 户移民的调查 [J]. 市场与人口分析 ,2005(06):64-69+79.

[42] 何得桂 , 党国英 . 秦巴山集中连片特困地区大规模避灾移民搬迁政策效应提升研究——以陕南为例 [J]. 西北人口 ,2015,36(06):99-105.

[43] 何军 . 代际差异视角下农民工城市融入的影响因素分析——基于分位数回归方法 [J]. 中国农村经济 ,2011(06):15-25.

[44] 贺立龙 , 杨祥辉 , 胡闻涛 . 易地搬迁农户的乡村产业可惠及性——湖南湘西的微观实证 [J]. 西北农林科技大学学报 (社会科学版),2020,20(03):9-24.

[45] 胡伦 , 陆迁 . 生计能力对农户持续性贫困门槛值的影响 [J]. 华中农业大学学报 (社会科学版),2019(05):78-87+169-170.

[46] 胡荣 . 影响村民社会交往的因素分析 [J]. 厦门大学学报 (哲学社会科学版),2005(02):122-128.

[47] 胡湛 , 彭希哲 , 吴玉韶 . 积极应对人口老龄化的"中国方案"[J]. 中国社会科学 ,2022(9):46-66.

[48] 黄海燕 , 王永平 . 城镇安置生态移民可持续发展能力评价研究——基于贵州生态移民家庭的调研 [J]. 农业现代化研究 ,2018,39(04):643-653.

[49] International Organization for Migration(IOM).[J]Discussion Note: Immigration and the Environment,2007(11).

[50] 贾晓波.心理适应的本质与机制 [J]. 天津师范大学学报 (社会科学版),2001(01):19-23.

[51] 焦克源，王瑞娟，苏利那.民族地区的生态移民效应分析——以内蒙古阿拉善移民为例 [J]. 西北人口 ,2008(05):64-68.

[52] 金梅，申云.易地扶贫搬迁模式与农户生计资本变动——基于准实验的政策评估 [J]. 广东财经大学学报 ,2017,32(05):70-81.

[53] Jusin Lyle,Resettlement of Ecological Migrants in Georgia:Recent Developments and Trends in Policy,Implementation and Perceptions,Flensburg[M]:The European Centre for Minortity Issues Working Paper,2012,Vol.53,No.3,p.6.

[54] 匡远配，纪玉昭.城镇安置模式下易地搬迁农民社会适应性研究——基于湖南省 445 个微观农户数据 [J]. 湖南农业大学学报 (社会科学版),2023,24(01):54-63.

[55] 雷洪，孙龙.三峡农村移民生产劳动的适应性 [J]. 人口研究 ,2000(06):51-57.

[56] 黎洁.陕西安康移民搬迁农户的生计适应策略与适应力感知 [J]. 中国人口·资源与环境 ,2016,26(09):44-52.

[57] 黎洁.陕西安康移民搬迁农户生计选择与分工分业的现状与影响因素分析——兼论陕南避灾移民搬迁农户的就地就近城镇化 [J]. 西安交通大学学报 (社会科学版),2017,37(01):55-63.

[58] 李伯宁等.库区移民安置 [M]. 北京：水利水电出版社 ,1992.

[59] 李博，左停.遭遇搬迁：精准扶贫视角下扶贫移民搬迁政策执行逻辑的探讨——以陕南王村为例 [J]. 中国农业大学学报 (社会科学版),2016,33(02):25-31.

[60] 李聪，郭嫚嫚，李萍.破解 " 一方水土养不起一方人 " 的发展困境 ?——易地扶贫搬迁农户的 " 福祉 - 生态 " 耦合模式分析 [J]. 干旱区资源

与环境 ,2019,33(11):97-105.

[61] 李聪 , 柳玮 , 冯伟林等 . 移民搬迁对农户生计策略的影响——基于陕南安康地区的调查 [J]. 中国农村观察 ,2013(06):31-44+93.

[62] 李丹丹 . 教育程度提高了农民工的幸福感吗——来自 2015 年中国企业一员工匹配调查的证据 [J]. 经济理论与经济管理 ,2017(01):39-54.

[63] 李国平 , 宋昌耀 , 孙瑀 . 中国县域小城镇就业岗位对人口集聚的影响研究——基于分位数回归的实证检验 [J]. 地理科学 ,2017,37(12):1785-1794.

[64] 李晗锦 , 郭占锋 . 移民社区空间治理困境及其对策研究 [J]. 人民长江 ,2018,49(17):107-112.

[65] 李培林 . 农民工——中国进城农民工的经济社会分析 [M]. 北京 : 科学文献出版社 ,2004.

[66] 李锦 . 四川横断山区生态移民的风险与对策研究 [J]. 中南民族大学学报 (人文社会科学版),2008(02):50-55.

[67] 李菁怡 , 施国庆 , 周建 . 生态移民工作中的民族心理认同——以新疆塔里木河生态移民为例 [J]. 新疆师范大学学报 (自然科学版),2006(03):154-157+182.

[68] 李培林 , 田丰 . 中国农民工社会融入的代际比较 [J]. 社会 ,2012,32(05):1-24.

[69] 李强 , 王昊 . 什么是人的城镇化 ?[J]. 南京农业大学学报 (社会科学版),2017,17(02):1-7.

[70] 李文钢 . 后搬迁时代易地扶贫搬迁社区内部碎片化的表现形式与原因分析——以贵州 F 社区为例 [J]. 求实 ,2022(04):69-81.

[71] 李霞 , 文琦 , 朱志玲 . 基于年龄层次的宁夏生态移民社会适应性研究 [J]. 干旱区资源与环境 ,2017,31(05):26-32.

[72] 连宏萍 , 杨谨顿 . 三重空间再造与易地搬迁后续高质量发展 [J]. 新视野 ,2023(01):88-95+104.

[73] 廖桂蓉 , 盛伟 , 周灵灵 . 劳动力流动对民族地区易地搬迁人口多维

贫困脆弱性的影响——来自藏羌彝走廊 12239 户易地扶贫搬迁家庭的微观证据 [J]. 民族学刊 ,2023,14(07):74-90+161.

[74] 刘慧君 . 移民搬迁中的社会支持机制与农村老年人的心理健康 [J].人口与社会 ,2016,32(03):3-13+22.

[75] 刘金龙 , 金萌萌 . 易地移民搬迁能实现"搬得出、稳得住、能致富"吗?——基于陕南 S 县的调查 [J]. 中国农业大学学报 (社会科学版),2020,37(02):32-43.

[76] 刘明月 , 冯晓龙 , 汪三贵 . 易地扶贫搬迁农户的贫困脆弱性研究 [J].农村经济 ,2019(03):64-72.

[77] 刘庆 , 陈世海 . 移居老年人社会适应的结构、现状与影响因素 [J].南方人口 ,2015,30(06):59-67.

[78] 刘少杰 . 易地扶贫的空间失衡与精准施策 [J]. 福建师范大学学报 (哲学社会科学版),2020(06):45-50+169.

[79] 刘升 . 城镇集中安置型易地扶贫搬迁社区的社会稳定风险分析 [J].华中农业大学学报 (社会科学版),2020(06):94-100+165.

[80] 刘升 . 基层治理中的"权力执行碎片化"研究——以城管执法为研究对象 [J]. 云南大学学报 (社会科学版),2020,19(02):117-130.

[81] 刘升 . 家庭结构视角下的"半工半耕"及其功能 [J]. 北京社会科学 ,2015(03):75-81.

[82] 刘升 . 养老型返迁:易地搬迁老人的社会融入困境及养老选择——基于某脱贫县集中安置社区的跟踪调查 [J]. 南京农业大学学报 (社会科学版),2023,23(04):119-129.

[83] 刘升 . 易地搬迁女性群体的社会融入障碍研究 [J]. 河北北方学院学报 (社会科学版),2024(02):45-48.

[84] 刘伟 , 黎洁 . 提升或损伤?易地扶贫搬迁对农户生计能力的影响 [J]. 中国农业大学学报 ,2019,24(03):210-218.

[85] 刘银妹 . 毛南族生态移民文化变迁研究——以环江县堂八村 S 屯为例 [J]. 广西民族研究 ,2015(02):136-142.

[86] 刘有安 . 论移民文化适应的类型及心理变化特征——以新中国成立后迁入宁夏的外地汉族移民为例 [J]. 思想战线 ,2009,35(06):23-27.

[87] 龙彦亦 , 刘小珉 . 易地扶贫搬迁政策的"生计空间"视角解读 [J]. 求索 ,2019(01):114-121.

[88] 鲁顺元 . 三江源区生态移民社会适应问题的调查与思考 [J]. 青海师范大学学报 (哲学社会科学版),2009(05):10-17.

[89] 陆汉文 , 覃志敏 . 我国扶贫移民政策的演变与发展趋势 [J]. 贵州社会科学 ,2015(05):164-168.

[90] 罗康隆 . 论文化适应 [J]. 吉首大学学报 (社会科学版),2005(02): 67-73.

[91] 罗凌云 , 风笑天 . 三峡农村移民经济生产的适应性 [J]. 调研世界 ,2001(04):21-23.

[92] 罗媛月 , 刘秀文 , 张会萍 . 易地搬迁对移民贫困脆弱性的影响——来自宁夏"十三五"搬迁移民的证据 [J]. 宁夏社会科学 ,2023(04):126-134.

[93] 骆桂花 . 三江源生态移民安置与后续产业发展的社会调查 [J]. 青海民族学院学报 ,2009,35(02):81-86.

[94] 吕建兴 , 曾小溪 , 汪三贵 . 扶持政策、社会融入与易地扶贫搬迁户的返迁意愿——基于 5 省 10 县 530 户易地扶贫搬迁的证据 [J]. 南京农业大学学报 (社会科学版),2019,19(03):29-40+156.

[95] Marybelle Mitchell，From Talking Chiefs to a Native Corporate Elite:The Birth of Class and Nationalism among Canada Inuit,Montreal,McGill-Queens University Press,1996,p.1.

[96] 马宝龙 . 困境与对策：三江源区藏族生态移民适应性研究——以果洛州扎陵湖乡移民为例 [J]. 甘肃联合大学学报 (社会科学版),2007(03):13-15.

[97] 马德峰 . 我国水库外迁移民社区经济适应研究——以大丰市三峡移民安置点为个案 [J]. 广西社会科学 ,2005(11):164-166.

[98] 马良灿 , 陈淇淇 . 易地扶贫搬迁移民社区的治理关系与优化 [J]. 云

南大学学报 (社会科学版),2019,18(03):110-117.

[99] 马流辉 , 莫艳清 . 扶贫移民的城镇化安置及其后续发展路径选择——基于城乡联动的分析视角 [J]. 福建论坛 (人文社会科学版),2019(03):167-174.

[100] 马荣芳 , 骈玉明 . 宁夏农垦生态移民的社会关系适应性调查 [J]. 中国农垦 ,2013(07):24-26.

[101] 马伟华 . 生态移民与文化调试 : 西北回族地区吊庄移民的社会文化适应研究 [M]. 北京 : 民族出版社 ,2011:78.

[102] 马小平 . 人类学视野下生态移民的文化变迁 [D]. 西北民族大学 ,2012.

[103] 马燕 , 罗彦莲 . 城市化进程中回族女性的文化适应——以宁夏为例 [J]. 回族研究 ,2016,26(03):20-29.

[104] 迈克尔 .M. 塞尼 . 移民、重建、发展 : 世界银行移民政策与经验研究 (二)[M]. 水库移民经济研究中心 , 编译 . 南京 : 河海大学出版社 ,1998:13.

[105] [美] 詹姆斯·C·斯科特 . 国家的视角 : 那些试图改善人类状况的项目是如何失败的（修订版）[M]. 王晓毅译 . 北京 : 社会科学文献出版社 , 2012 : 3.

[106] 宁静 , 殷浩栋 , 汪三贵等 . 易地扶贫搬迁减少了贫困脆弱性吗 ?——基于 8 省 16 县易地扶贫搬迁准实验研究的 PSM-DID 分析 [J]. 中国人口·资源与环境 ,2018(11):20-28.

[107] 牛喜霞 . 社会资本在农民工流动中的负面作用探析 [J]. 求实 ,2007(08):51-54.

[108] 潘明清 , 高文亮 . 我国城镇化对居民消费影响效应的检验与分析 [J]. 宏观经济研究 ,2014(01):118-125.

[109] 彭婧 . 易地扶贫搬迁安置社区语言生活研究——基于贵州黔东南的语言调查 [J]. 原生态民族文化学刊 ,2023,15(02):143-152+156.

[110] 彭雪芳 . 美国苗族移民的社会适应与文化传承 [J]. 世界民

族 ,2017(02):57-66.

[111] 祁进玉 , 陈晓璐 . 三江源地区生态移民异地安置与适应 [J]. 民族研究 ,2020(04):74-86+140.

[112] 祁进玉 . 草原生态移民与文化适应——以黄河源头流域为个案 [J]. 青海民族研究 ,2011,22(01):50-60.

[113] 邱霈恩 . 提高风险防控能力 健全风险防控机制 (上)[N]. 中国纪检监察报 ,2019-02-19(005).

[114] 渠鲲飞 , 左停 . 协同治理下的空间再造 [J]. 中国农村观察 ,2019(02):134-144.

[115] Redfield,R.Linton,R.Herskovits,M.J.A Memorandum for the study of acculturation″,American Anthroplogist,1936,Vol.38.

[116] 任耀武 , 袁国宝 , 季凤瑚 . 试论三峡库区生态移民 [J]. 农业现代化研究 ,1993(01):27-29.

[117] 任远 , 陶力 . 本地化的社会资本与促进流动人口的社会融合 [J]. 人口研究 ,2012,36(05):47-57.

[118] 桑才让 . 对三江源生态移民文化适应性问题的调查与思考 [J]. 攀登 ,2011,30(06):15-20.

[119] 石德生 . 三江源生态移民的生活状况与社会适应——以格尔木市长江源生态移民点为例 [J]. 西藏研究 ,2008(04):93-103.

[120] 石智雷 , 彭慧 . 库区农户从贫困到发展 : 正式与非正式社会支持的比较 [J]. 农业技术经济 ,2015(09):48-56.

[121] 时鹏 , 余劲 . 农户生态移民意愿及影响因素研究——以陕西省安康市为例 [J]. 中国农业大学学报 ,2013,18(01):218-228.

[122] 时鹏 , 余劲 . 易地扶贫搬迁对农户非农就业的影响——基于内生转换 Probit 模型 [J]. 农业技术经济 ,2023(04):101-120.

[123] 时鹏 , 余劲 . 易地扶贫搬迁对农户消费的影响 [J]. 中国人口科学 ,2023,37(06):111-126.

[124] 史梦薇 , 王炳江 . 民族地区生态移民心理适应的特征及影响因素

[J]. 中南民族大学学报（人文社会科学版）,2020,40(02):68-72.

[125] 束锡红 . 宁夏南部山区回族聚居区生态移民的社会适应研究 [J].
北方民族大学学报（哲学社会科学版）,2015(04):58-61.

[126] 税伟 , 徐国伟 , 兰肖雄等 . 生态移民国外研究进展 [J]. 世界地理研
究 ,2012,21(01):150-157.

[127] 索端智 . 三江源生态移民的城镇化安置及其适应性研究 [J]. 青海
民族学院学报 ,2009,35(02):75-80.

[128]"十三五"易地扶贫搬迁建设任务基本完成 [N]. 人民日
报 ,2020-03-07(001).

[129] 邰秀军 , 王艳鸿 . 易地搬迁移民自我发展内生动力的影响因素与
提升路径 [J]. 农林经济管理学报 ,2022,21(05):627-634.

[130] 邰秀军 , 昝欣 . 易地移民邻县安置的意愿、期望与社会适应性 [J].
管理评论 ,2019,31(11):267-278.

[131] 唐宏 , 张新焕 , 杨德刚 . 农户生态移民意愿及影响因素研究——
基于新疆三工河流域的农户调查 [J]. 自然资源学报 ,2011,26(10):1658-1669.

[132] 陶格斯 . 生态移民的社会适应研究——以呼和浩特蒙古族生态移
民为例 [D]. 中央民族大学 , 2007.

[133] 田凯 . 关于农民工的城市适应性的调查分析与思考 [J]. 社会科学
研究 ,1995(05):90-95.

[134] 田鹏 . 城乡融合发展进程中跨县搬迁社区运行逻辑及反
思——基于社区行动主体性视角 [J]. 南京农业大学学报（社会科学
版）,2024,24(01):73-83.

[135] 涂圣伟 . 易地扶贫搬迁后续扶持的政策导向与战略重点 [J]. 改
革 ,2020(09):118-127.

[136] 汪国华 . 两代农民工文化适应的逻辑比较与实证研究 [J]. 西北人
口 ,2009,30(05):47-50+55.

[137] 李强等 . 城镇化与国内移民：理论与研究议题 [M]. 北京：社会科
学文献出版社 ,2015.

[138] 王回澜 . 女性受教育程度的社会经济回馈——对青岛女性受教育程度与社会经济关系的分析 [J]. 甘肃社会科学 ,2007(02):185-188.

[139] 王江义 . 三峡坝区移民安置的实践与思考 [J]. 人民长江 ,1995(11):48-52.

[140] 王金涛 , 陈琪 . 动员力度、心理聚合与搬迁绩效——以陇中某地易地搬迁为例 [J]. 中国行政管理 ,2016(09):82-87.

[141] 王婧洋 . 小组工作介入易地扶贫搬迁老年人人际关系适应问题研究 [D]. 贵州民族大学 ,2022.

[142] 王娟 , 王宝红 . 民族地区易地搬迁群体的语言服务研究——基于西藏 "三岩" 搬迁工程的案例 [J]. 西藏民族大学学报 (哲学社会科学版),2023,44(06):57-63+156.

[143] 王娟 . 民俗学概论 [M]. 北京 : 北京大学出版社，2002.

[144] 王丽萍 , 曾祥岚 . 宁夏生态移民社会适应与心理健康现状调查——以杨显村等 10 个移民点为例 [J]. 宁夏社会科学 ,2015(03):60-64.

[145] 王蒙 . 后搬迁时代易地扶贫搬迁如何实现长效减贫 ?——基于社区营造视角 [J]. 西北农林科技大学学报 (社会科学版),2019,19(06):44-51.

[146] 王乃新 , 何笑笑 . 农民工城市化影响因素及解决措施研究 [J]. 科技创新导报 ,2010(35):241.

[147] 王培先 . 生态移民 : 小城镇建设与西部发展 [J]. 国土经济 ,2000(06):25-26.

[148] 王沛沛 . 后期扶持对水库移民生计资本的影响 [J]. 生态经济 ,2015,31(05):170-174.

[149] 王永平等 . 生态移民与少数民族传统生产生活方式的转型研究——基于贵州世居少数民族生态移民的调研 [M]. 北京 : 科学出版社 ,2014:56.

[150] 王寓凡 , 江立华 . "后扶贫时代" 农村贫困人口的市民化——易地扶贫搬迁中政企协作的空间再造 [J]. 探索与争鸣 ,2020(12):160-166+200-201.

[151] 王寓凡,江立华.总体性动员与激励性实践:易地搬迁人口文化堕距治理的双重逻辑[J].社会科学研究,2022(05):123-129.

[152] 王振振,王立剑.精准扶贫可以提升农村贫困户可持续生计吗?——基于陕西省70个县(区)的调查[J].农业经济问题,2019(04):71-87.

[153] 威廉·奥格本.社会变迁——关于文化和先天的本质[M].杭州:浙江人民出版社,1989:205.

[154] 韦仁忠.藏族生态移民的社会融合路径探究——以三江源生态移民为例[J].中国藏学,2013(01):120-125.

[155] 文东伟,冼国明.中国制造业的空间集聚与出口:基于企业层面的研究[J].管理世界,2014(10):57-74.

[156] 文宏,陈路雪,张书.改革开放40年社会稳定风险的演化逻辑与知识图谱分析——基于CiteSpace软件的可视化研究[J].华南理工大学学报(社会科学版),2018,20(03):73-80.

[157] 乌力更.试论生态移民工作中的民族问题[J].内蒙古社会科学(汉文版),2003(04):12-14.

[158] 吴丰华,于重阳.易地移民搬迁的历史演进与理论逻辑[J].西北大学学报(哲学社会科学版),2018,48(05):112-120.

[159] 吴莎,吴晓秋.扶贫生态移民文化变迁——基于对于榕江县古州镇丰乐移民新村调研[J].贵州社会科学,2013(06):137-140.

[160] 吴伟东.农民工社会融入的性别差异——来自五大城市的证据[J].兰州学刊,2012(06):118-121.

[161] 吴晓萍,刘辉武.易地扶贫搬迁移民经济适应的影响因素——基于西南民族地区的调查[J].贵州社会科学,2020(02):122-129.

[162] 吴晓萍,刘辉武等.西南民族地区易地扶贫搬迁移民的社会适应研究[M].北京:人民出版社,2021.

[163] 吴新叶,牛晨光.易地扶贫搬迁安置社区的紧张与化解[J].华南农业大学学报(社会科学版),2018,17(02):118-127.

[164] 吴毅. 何以个案 为何叙述——对经典农村研究方法质疑的反思 [J]. 探索与争鸣,2007(04):22-25.

[165] 夏柱智,贺雪峰. 半工半耕与中国渐进城镇化模式 [J]. 中国社会科学,2017(12):117-137.

[166] 向华丽. 女性农民工的社会融入现状及其影响因素分析——基于湖北 3 市的调查 [J]. 中国人口·资源与环境,2013,23(01):103-110.

[167] 肖云,林子琪. 农民工城市化影响因素及公共政策 [J]. 重庆大学学报 (自然科学版),2006(04):142-146.

[168] 新华社中国经济信息社. 易地扶贫搬迁贵州实践调研报告 [J]. 内部资料,2019.

[169] 邢朝国,陆亮. 交往的力量——北京市民与新生代农民工的主观社会距离 [J]. 人口与经济,2015(04):52-59.

[170] 邢成举. 搬迁扶贫与移民生计重塑:陕省证据 [J]. 改革,2016(11):65-73.

[171] 熊瑞梅. 影响情感与财物支持连系的因素 [J]. 人文及社会科学研究集刊.1994(6).

[172] 闫丽娟,张俊明. 少数民族生态移民异地搬迁后的心理适应问题研究——以宁夏中宁县太阳梁移民新村为例 [J]. 中南民族大学学报 (人文社会科学版),2013,33(05):24-28.

[173] 阎蓓. 新时期中国人口迁移 [M]. 长沙:湖南教育出版社,1999:22.

[174] 杨福军. 云南永平:财政支持易地扶贫搬迁工程 [J]. 中国财政,2008(08):16.

[175] 杨菊华. 从隔离、选择融入到融合:流动人口社会融入问题的理论思考 [J]. 人口研究,2009,33(01):17-29.

[176] 杨萍,张海峰,高丽文等. 三江源区生态移民适应问题研究 [J]. 青海环境,2013,23(02):73-75+89.

[177] 杨轶华,王昆. "以地自我养老"与"代际关系维护"——生命历程视角下农村老年人的养老策略分析 [J]. 吉林大学社会科学学

报 ,2021(04):45-54.

[178] 叶青 , 苏海 . 政策实践与资本重置 : 贵州易地扶贫搬迁的经验表达 [J]. 中国农业大学学报 (社会科学版),2016,33(05):64-70.

[179] 易承志 . 进一步建立健全风险研判机制 [N]. 学习时报 ,2019-03-04(005).

[180] 余吉玲 . 民族地区生态移民中的文化变迁 [J]. 黑龙江史志 , 2009(24):16-17.

[181] 张晨 , 张正岩 , 马彪 . 如何促进易地扶贫搬迁户的社会融入——基于社交距离视角的分析 [J]. 南京农业大学学报 (社会科学版),2022,22(06):90-101.

[182] 张富富 . 民族地区易地扶贫搬迁老年移民社会融入的路径研究——基于贵州省十三个移民地的调查 [J]. 西华大学学报 (哲学社会科学版),2021(02):69-77.

[183] 张焕柄 , 张莉琴 . 易地扶贫搬迁对脱贫农户就业的影响——基于西部 9 省 11 县的调研 [J]. 资源科学 ,2023,45(12):2449-2462.

[184] 张晖 , 何凯 , 罗军等 .95 后大学新生心理适应与心理健康的关系 : 自我接纳的中介作用 [J]. 中国健康心理学杂志 ,2016,24(05):762-766.

[185] 张铁军 . 生态移民社会适应问题研究 [J]. 理论建设 , 2012,(03): 85-88.

[186] 张雪筠 . 农民工城市社会交往影响因素探析 [J]. 社会工作下半月 (理论),2007(08):42-44.

[187] 赵文杰 , 于永达 , 贾泽诚 . 易地扶贫搬迁集中安置区转型发展的内在逻辑与实现路径 [J]. 农村经济 ,2023(07):104-112.

[188] 赵延东 , 王奋宇 . 城乡流动人口的经济地位获得及决定因素 [J]. 中国人口科学 ,2002(04):10-17.

[189] 郑娜娜 , 许佳君 . 易地搬迁移民社区的空间再造与社会融入——基于陕西省西乡县的田野考察 [J]. 南京农业大学学报 (社会科学版),2019,19(01):58-68+165.

[190] 郑娜娜 . 空间变革下的生计策略与养老保障——基于易地搬迁老年移民养老方式的考察 [J]. 河海大学学报 (哲学社会科学版),2022,24(04):116-124+137.

[191] 钟曼丽 , 杨宝强 . 性别、圈层与嵌入 : 女性农民工城市融入研究 [J]. 新疆社会科学 ,2021(03):138-146+168.

[192] 钟涨宝 , 杜云素 . 移民研究述评 [J]. 世界民族 ,2009(01):68-72.

[193] 周恩宇 , 卯丹 . 易地扶贫搬迁的实践及其后果——一项社会文化转型视角的分析 [J]. 中国农业大学学报 (社会科学版),2017,34(02):69-77.

[194] 周丽 , 黎红梅 , 李培 . 易地扶贫搬迁农户生计资本对生计策略选择的影响——基于湖南搬迁农户的调查 [J]. 经济地理 ,2020,40(11):167-175.

[195] 朱力 . 论农民工阶层的城市适应 [J]. 江海学刊 ,2002(06): 82-88+ 206.